JN101535

Goal　Task　Structure　Art & Technology　Assessment

授業づくりの深め方

「よい授業」をデザインするための5つのツボ

石井英真 著

ミネルヴァ書房

はじめに

本書が目指すこと

全国で教員の世代交代が急速に進行しています。その中で，特に若手教員において，授業づくりの基本的な方法へのニーズが高まっています。しかし，近年の教育現場では，職場で子どもや授業について語り合う余裕がなくなっている上に，ワイングラス型とも形容される各学校の年齢構成のアンバランスも手伝って，日本の教師達の蓄積してきた，授業づくりに関する卓越した哲学や知恵や技術（教育文化）の伝承が困難になっています。

個別の○○メソッドや完成された指導プランは書店やネットにあふれていますし，各自治体も，経験の浅い教師のために，授業スタンダードという名の標準指導案や指導マニュアルを作成しています。しかし，多くの場合，それらを学ぶだけでは，即席で授業はこなせても，それらを生かしつつ，子どもたちの反応を受け止めながら子どもたちとともに授業を創っていったり，自分で授業計画を組み立てたりすることにはつながりません。

一方，校内研修においては，研究授業と事後検討会も盛んになっていますが，立派な指導案を作成して授業後は当たり障りのないコメントで終わる儀式になっていたり，教師の指導技術を批評する場になっていたり，あるいは，表面的な子どもの事実の交流に止まったりしがちで，授業の本質を掘り下げ，教師としての根っこを育てる学びの場になっているとはいえません。また，研修の場における，管理職や研究主任や指導主事等からの助言も，学習指導要領等（流行）の解説に終始しがちで，授業の実際に即しながら，日本の教育実践の厚みに即した知恵や哲学（不易）を説くものであることはまれですし，そうしたリーダー的な教師たちも若くなっています。

現場における日本の授業づくりの技と文化の継承の危機に対し，本書は，目の前の子どもの事実に即応して，個々の技術や手法をアレンジして使いこなしたり，授業を組み立てたりする上での原理・原則（「授業づくりのツボ（発想）」）をまとめたものです。

コンピテンシー，アクティブ・ラーニング，カリキュラム・マネジメントなど，横文字が踊り，そうした新しい言葉が出てくるたびに，現場も行政も研究者も流行に飛びつき翻弄されています。近年の，教育改革者の語りは，日本の外部（海外）や教育的な発想の外部（「民間」という名のビジネス感覚など）にユートピアを見出し，他方で「日本の教育は崩壊している」という現状認識から出発しがちな点に危うさを感じます。そして，そうしたきらびやかで先導的な語りに，自分たちの頭で考え判断する余裕を失った教育現場は翻弄され，それに飛びつけばとびつくほど，自前の言葉や文化や理論を失っていっています。

「○○科学に基づく授業」や「世界が認めた○○」などといったビジネス書風の目を引くタイトルの著作で軽いタッチで語られる授業論の多くは，見た目は目新しいですが，中身を見れば，日本の教育実践研究の蓄積からみて，常識的なことを述べるにとどまるものであったり，あるいは，授業という営みの本質を外しているように感じられる議論であったりすることがしばしば見受けられます。

たとえば，グループ学習など，協働で思考を深めていく授業の必要性が言われますが，日本の授業はもともと協働的に思考を深めていく点に特徴があり，それは，本書第１章で紹介するように，グループではなく，クラスみんなで思考を練り上げる創造的な一斉授業によってでした。また，第２章でも述べるように，教師中心か学習者中心かという二項対立図式は，「授業」という営みの本質を見失った議論のし方と言わざるをえません。

そこで本書は，授業づくりの不易，特に日本の教育現場や教育実践研究が蓄積してきた「現場の教育学」を包括的に整理・統合することを試みました。そして，そうした日本の良質の教育文化を継承しつつ，新しい時代の教育文化を自分たちで作っていくための，教師修行と自己研鑽のための手引書として作成しました。

本書の構成

本書の構成を説明しておきましょう。本書は３部，９章構成です。本書ではまず，授業という営みの本質を確認した上で，授業づくりにおける判断の節目である「５つのツボ」を示した授業づくりのフレームを紹介します（第１章)。その上で，自らがめざす理想の授業像（ヴィジョン）を構想する手がかりとなる，現代の学校の置かれている社会状況や教育政策の展開を整理するとともに，学力を三層構造（知っている・できる，わかる，使える）で捉える学力モデルと「教科する」授業というヴィジョンを提起します（第２章)。以上が，第Ⅰ部「授業の本質とロマンの追求」です。続く第３章から第７章（第Ⅱ部「よい授業をデザインする５つのツボ」）では，授業づくりの「５つのツボ」それぞれについて，それぞれの判断の節目で妥当な判断を行う上での原理・原則を明らかにし，日本の教育実践研究が蓄積してきた実践知と理論知のエッセンスを包括的に整理します。さらに，第Ⅲ部「５つのツボを生かして授業づくりを深める」が続きます。第８章では，「５つのツボ」を念頭に置いて授業を組み立てていく一連の思考の流れを示すとともに，学力の質の違いに応じた授業の組み立て方の違い（「わかる」授業を創るポイント，さらにそれを越えて「教科する」授業へとバージョンアップしていくためのポイント）について述べます。最後に，第９章では，以上のような授業づくりの原理・原則をふまえて自己研鑽を深めていくための教師同士の学び合いの場をどう創っていけばよいのかについてまとめます。

本書の使い方

次に，本書の活用の仕方について説明しておきましょう。本書は，若い先生向けに，授業の本質と授業づくりの深め方と自己研鑽の方法論を説く手引書であるとともに，大学の研究者や教育センターの指導主事やそれぞれの学校の管理職や研究主任が，現職の教師を指導したり教師の学び合いの場をデザインしたりする際の指南書でもあります。さらに，教職課程の「教育の方法と技術」等の授業のテキストとしても用いることができます。教員養成課程の学生，学校現場の若手教師，リーダー的・スーパーバイザー的役割の教師，大学の教育実践研究者など，それぞれがそれぞれのニーズに合わせて学び，教師のライフコースのそれぞれの段階で学び直せる，いわば「教授学のバイブル」といってもいいでしょう。

本書は，各章の冒頭に Opening Question を示しています。これらは筆者が大学の教職課程の授業や現場の教師向けの研修で用いるネタをもとにしています。これらの問いを考えることで，各章のポイントとなる実践的思考を経験するとともに，大学や教育行政や現場の教師教育者にとっては，これらの問いを，大学の授業の教材や教育センター等での教員研修のネタとして生かしていくこともできるでしょう。また，各章の冒頭には各章のポイントも箇条書きでまとめています。ここをざっと見るだけでも，授業づくりの本質，理想の授業像，「５つのツボ」（原理・原則），教師の学びの場の創り方のエッセンスを捉えアウトラインを描くことができるでしょう。各章の章末には，引用・参考文献として，それぞれの章のトピックについての，特に重要な文献を厳選して挙げるようにしました。これらを芋づる式に読んでいくことで，より発展的に学んでいくことができるでしょう。さらに，子ども理解や総合学習や学級づくりや教育実践史といった，教育方法学の重要テーマではあるが，本書ではフォローできていないものを補うべく，巻末のブックガイドで重要文献を挙げつつ論点を整理しています。本書は，必ずしも最初から読み進めなくても，自分の興味のあるトピックを扱った章から読み始めてもよいですし，章の中の項目は，問いの形で示していますので，自分の課題と関連するところを重点的に読むとよいでしょう。

「日本の授業」と「教授学」の再評価へ

本書のタイトルは，当初は『授業づくりの発想』，あるいは『授業づくりの構想力』とするつもりでした。こうしたタイトルを聞いて，藤岡信勝氏や吉本均氏の著書のタイトルを思い浮かべた人もいるでしょう。1990年代以降，授業研究や教育方法学の分野においては，「教えること」から「学び」へというパラダイム転換が叫ばれ続けてきました。その結果，授業のデザインに関わる「教えること」の創造的側面を対象化し，授業づくりの理論（教授学）を構築する作業は，藤岡，吉本両氏の仕事から前進することなく，教授学への関心とその日本における蓄積は長らく忘却されてきました（石井英真「教育方法学——『教育の学習化』を越えて教育的価値の探究へ」『教育学年報第11号　教育研究の新章（ニューチャプター）』世織書房，2019年を参照）。本書は，この30年近くの空白を埋め，この間に展開した学習者主体の授業実践も含めて，授業づくりのアートを教授学的に一般化しようとするものです。

本書は，本当ならばもっと早く世に出すつもりで執筆を開始したのですが，多忙さにかまけて，完成に多くの年月を費やしてしまいました。教師の世代交代において日本の教育文化の継承の一助になればと考えて作成した著作ですが，タイミングを逸することになっていないことを祈るばかりです。本書の刊行が，日本の良質の文化の蓄積の上に，若手とベテランがそれぞれの持ち味を生かしながら，地に足の着いた真の意味での「未来の教室」を現場から創出していく動きにつながれば望外の喜びです。

本書を作成する過程で，2017年～2019年にかけて，京都大学の「教育方法学特論」や「教育方法学研究」，立命館大学教職大学院の「学力の理論と評価の実際」，京都教育大学の「教育方法学特講」等，筆者が担当する授業で，本書の草稿をもとに受講者とディスカッションを行い，多くのヒントや示唆を得ることができました。受講者の皆さんに感謝申し上げます。

最後になりましたが，ミネルヴァ書房ならびに担当の吉岡昌俊氏には，本書の企画から刊行にいたるまで，多大なご支援をいただきました。ここに記して感謝申し上げます。

2019年８月13日

石井英真

目　次

第Ⅲ部　5つのツボを生かして授業づくりを深める

第Ⅰ部

授業の本質とロマンの追求

第1章　授業づくりのフレームと
5つのツボ

Opening Question

【問題】

豆電球が光っているとき，電流はどのように流れているのでしょうか？　下の図を使って説明してください。

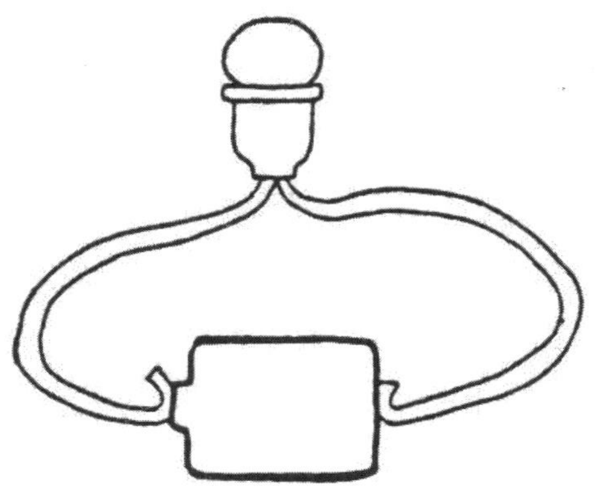

（出所）堀（1998）p. 18.

「電流」についてまだ学んでいない子どもは，豆電球に明かりがつく仕組みをどんなふうに説明するでしょうか？　想像してみましょう。

「授業」という営みについては，教える内容に精通していれば，あるいは，マニュアルさえあれば誰でもこなせるという見方（作業としての授業）か，逆に，才能や人間的な魅力がものをいうという見方（名人芸としての授業）といった極論で語られがちです。授業は人間的な成熟を伴った熟練した技量が求められる営みであり，教師の声のトーン，眼差し，立ち姿一つひとつがメッセージ性を持つ，技術の使い手自体が問われる営みです。しかし，そうした熟練の技量は，適切な方法論をもって日々の実践の中で研究的に学び続けていくことで，誰もがある程度のレベルまでは到達可能なものです（専門職の実践としての授業）。この章では，授業を創る教師の技量の本質について述べるとともに，そうした専門的技量を磨く方法論と，本書が提起する「授業づくりのフレーム」（５つのツボ）の概要を提示します。

本章のポイント

- 授業とは，文化を介した教師と子どもたちとの創発的なコミュニケーションの過程であり，教師の技量の中心は判断力である。
- 教師の技量を磨くには，授業の構想・実施・省察の全過程を，教師自身の学習の機会として充実させることがポイントとなる。
- 本書が提示する「授業づくりのフレーム」は，実践における判断の節目（５つのツボ）を自覚化し，節目で妥当な判断を行う上での基本的な考え方を提示するものである。
- 日本の練り上げ型授業の伝統の発展的継承が求められる。

1．授業の本質と教師の技量

（1）「授業」とは何か

授業とは，文化内容を担う「教材」を介して，「教師」と「子どもたち」が相互作用しつつ，文化内容を獲得し学力を形成していく過程です。それは，教育的意図をもって組織されたカリキュラムや学習環境の下で，教師の目的意識的で計画的な働きかけによって成立する，合目的的な過程です（**授業の技術性**）。「教育技術の法則化運動」[(1)]（現在のTOSS）の生みの親である向山洋一（1985）は，「『三日間，高熱が続いているのです』と言ったとき，医師が『それは，つらいでしょうね』という優しさを示してくれるだけで満足するだろうか。常識的な病気に『原因は分りませんし，治療方法も分りません。でも，とにかく一生懸命やってみます』という医師に命を預けるだろうか」という例を引きながら，できないことをできるようにしてやることこそ教師の仕事であり，「愛」や「思想」だけでなく，子どもを変えられる確かな「技術」が必要だと説きました。

しかし，ここで注意すべきは，「**教育における技術**」は，工場での「モノ作り」のように，作り手の都合に合わせて機械的に遂行しえない点です。子どもたちは，それぞれに個性があり，しかも，自ら成長する願いと力を持って絶えず自己創出しています。しかも，授業という営みは，そうした子どもたち同士が複雑に相互作用しながら，教師の意図からはみ出して学習が展開したり，張り詰めた集中や空気の緩みなど，一定のリズムを持って展開したりする，遊び的で生成的な過程です（**授業の人間性（ドラマ性）**）。子どもたちとな

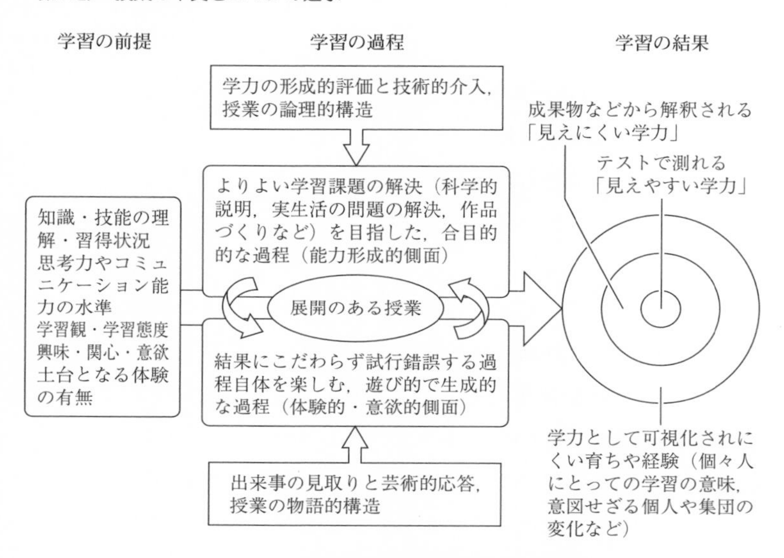

図1－1　学力形成と学習過程との関係

んの直接的なやりとりもない一方的な授業であっても，対面の授業であれば，聞き手の反応に応じて言葉のチョイスやトーンなどを変えるなど，何らかの応答性は働いているものです。こうしたドラマ性ゆえに，学校の授業は，深い理解や創造的思考力（「見えにくい学力」），さらには，学びの経験や意味も含んで，すそ野の広い真に発展性のある学力を育てるものとなりうるのです（図1－1）。

こうして，その授業がよい授業かどうかは，結果として子どもに何がもたらされたか（学力の量と質）のみならず，学習の過程自体がどれだけ充実していたか（没入・集中の成立，および，教師や子どもたちがともに学び合っている感覚や成長への手応えの実感）の両面から判断されるのです。

（2）教師に求められる力量とは

授業の技術性とドラマ性をふまえるなら，「法則化」された技術の断片や○○方式の適用のみで授業が展開できないということは明らかでしょう。子どもたち，教師，教材が織りなす授業のダイナミズムの中で，教師は，子どもたちの個性的な反応を受け止め，それに合わせて技術を組み合わせたり新たに創造したり，思い切って当初の計画を変更したり，授業の目標自体を微調整したり設定し直したりと，即興的に判断するわけです（**授業の芸術性**）。

こうした教師の仕事における判断の重要性は，「**教育的タクト**」（授業における臨機応変の対応力），「**ジレンマ・マネージング**」（教師の教えたいことと子どもの学びたいこと，学習の進んでいる子と後れている子といった無数のジレンマについて，その時々に瞬時に判断し，やり繰りしていく教師の仕事）といった具合に，さまざまな形で強調されてきました（佐藤，2010；柴田，2010；吉本，2006）。一見地味でドラマ性や芸術性と無縁に見える日々の授業においても，即興的な判断の連続で授業は成立しています。近代教授学の祖ヘルバルトが言うように，「教育的タクト」は，教師に対する最大限の要求であると同時に最低限の要求でもあるのです。

また授業に限らず，基本的に教師の仕事は，**無境界性**，**複線性**，**不確実性**によって特徴づけられます（表1－1）。医師や弁護士などの，専門職と呼ばれる他の職種においては，専門性の根拠となる専門的知識が明確です。しかし，その仕事の包括性や複雑性ゆえに，教職については，そうした専門的知識を明確にするのが困難です。たとえば，専門教科の学問的内容を熟知しているだけ，あるいは，子どもの学習や発達の過程を深く理解しているだけでは，教育活動

表1－1　教師の仕事の三つの特性

無境界性：授業にしても学級経営にしても，ここまでやれば終わりというものがない。 ・意欲次第でいくらでもよりよいもの（卓越性）を追求できる可能性。 ・児童・生徒のためにとやりすぎてしまってオーバーワークに陥る危険性。
複線性：教科指導から生徒指導・生活指導，保護者対応に至るまで，多様な種類の違う仕事を同時に並行して担わねばならない。特に日本では，知識・技能を教えるだけでなく，トータルな人間形成に関わることを教師に期待する傾向がある。 ・多面的に人間としての成長に関われることで，教師としてのやりがいや手応えを生み出す可能性。 ・無限責任につながる危険性。多様な仕事が予期せぬ形で一度に押し寄せてくるために，仕事の見通しのなさやせわしなさ・消耗感を生み出しがち。
不確実性：何がよい教育なのかという安定した一義的な基準がない。 ・教師の自律性の尊重を要求する根拠でもあり，創造的な実践が生まれる基盤でもある。 ・達成感が得られず常に不全感や不安感がつきまとい，それゆえ，確かさをもとめてマニュアルに依存したり，他と歩調を合わせたりする傾向を生み出す危険性。

（出所）秋田（2006），佐藤（1997）をもとに作成

は成立しません。学問の論理と学習者の論理とは必ずしも一致せず，それをつなぐには，学習者を想定しながら学問の知を教育内容として組み換え，学習活動を教育的意図をもって組織化する，教える方法に関する知（**教授学的知見**）が必要となります（図1－2）。さらに，めざすべき教育や授業のあり方自体も，問い続けていくことが求められます。こうして，多様な領域にまたがる専門的知識を実践過程において統合する見識や判断力が，教師の専門性の核であり，その熟達の程度（判断の妥当性や熟慮の深さや配慮の厚さ）が教師の技量の高低を決めるのです。

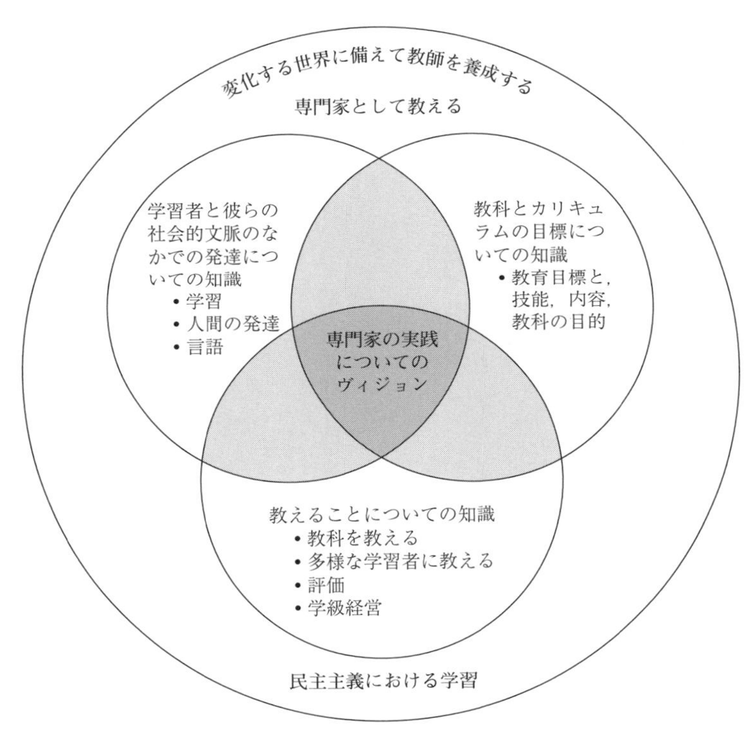

図１－２　教師の教育実践を支える知識

（出所）ダーリング-ハモンド・バラッツ-スノーデン（2009）p. 8.

2．学ぶことと教えること

（1）子どもはいかに学ぶのか

このように，芸術的とも言える教師の技量の本質について認識する一方で，それが教師中心の授業の見方に陥らないために，子ども

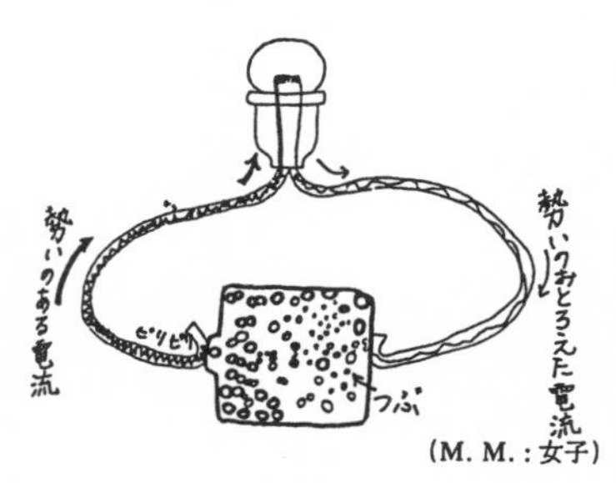

図1－3　「電流」に関する子どもの素朴概念
（出所）堀（1998）p. 18.

はものごとをどのように学ぶかを確認しておきましょう。

子どもは身の回りの事象について，学校で教わる前から生活経験などをもとに自然発生的に知識（**生活的概念**，あるいは**素朴概念**）を構成しています。そして，そうした生活的概念と教師が教えたい**科学的概念**（科学的知識の体系を習得することで形成される）との間には大きなギャップがあります。たとえば，冒頭に示した「電流の流れ」の問題については，次のような素朴概念が出てきます。①両極から流れた電流が豆電球でぶつかって光るという説。また，＋極から流れ出た電流が－極に戻ることで光ると正しく認識しているようだが，豆電球通過後の電流について，②勢いが衰えたり使えなくなったりしていると考える説（図1－3）や，③違うものに変化していると考える説も出てきます。

子どもは白紙でそれに新しく知識を書き込むのが教育だと思われがちです。しかし，子どもは生活を背負い自分なりの世界観を頭に描いて学校にやって来ます。そして，教師が教えようとする知識に対して，子どもはそれまでの生活経験や既有知識をもとに解釈し，知識同士を関連づけて，その意味を構成しようとします（**構成主義の学習観**）。「知識は詰め込みたくても詰め込めない」のであって，教師の意図どおりに子どもが学ぶとは限らないのです（西林，1994）。ゆえに，「電流」についての科学的概念も，それが生活的概念を無視して教えられるならば，仮に単元末テストでは正しく答えられたとしても，数か月後にはまた生活的概念に戻ってしまっているということが起こります。

さらに，教科の内容だけを指導しているつもりでも，学校教育は無意識のうちに，必ず何らかの社会的，人格的な影響を子どもたちに与えています（「**隠れたカリキュラム**（hidden curriculum）」）。たとえば，答えよりも考え方が大事だと授業で言いながら，テストでは答えだけを求めるために，結局答えを暗記すればよいと子どもが学んでしまっているという具合です。

それゆえ，一見したところ，順調に計画通りに進んでいるような授業であっても，子どもが40人いれば40通りの学習が同時進行で生起していますし，それらは教師の意図との間にずれを生み出しています。まさに教育的タクトとは，そういったずれから学習のきっかけを生み出すものですが，そうした教師のすぐれた判断力をもってしても何らかのずれは生じます。

逆に，教える側が失敗だと思っていても，子どもはしたたかに学んでいるということはしばしば起こりますし，技量が未熟な教師の下で，子どもたちが教師を助けて豊かな学習を生み出すこともあります。授業は，教師と子どもたちとが協同で成立させていくものであり，たとえ一斉授業の形態であっても，子ども同士の見えない支え合いが授業を支えています。昨今，「**学び合い**」が強調され，グループ学習が脚光を浴びていますが，グループ学習を導入する意味は，教師の目が届かない（しかし，教師と子どもたちとのつながりは維持した）時間・空間を生み出すことで，授業を潜在的に支えてきた子ども同士の学び合いの力を引き出すことにあるのでしょう。

（2）教師の技量を磨くことの意味とは

こうした「教える」という営みの不確実性を強調することは，教える技を磨くことの断念を意味しません。教室における子どもの学習は，教師のデザインした教材や学習環境によってかなりの部分が規定されています。偶然に任されている豊かな学習の成立をより高い確率で実現するために，偶然を必然にするために，教師が技量を磨くことは重要です。力量次第で教師は子どもの学習を制御しきれると発想するのは子どもに対して不誠実ですが，教師が技量を磨くこと自体は，教室での子どもの学習に対して責任を持つ上で不可欠です。

その際，教師と子どもたちが協同で生み出すものとして授業を捉えるなら，授業のよしあしが，教師の技術の巧みさではなく，学習者個々人やその間に成立した学習や学力の質によって語られねばならないことがわかるでしょう。「うまい授業」ではなく，学力・学習の質を保障するという意味での「**よい授業**」を，さらに，授業の個性的で創造的な性格をふまえるなら，「すべての教師が同じやり方でよい授業」ができることではなく，「すべての教師が自分なりのやり方でよい授業」を追究することが尊重されねばならないのです。

3．教師の技量を磨く方法論

（1）判断力を磨くにはどうすればよいか

では，教師の技量，とくにその中核である**判断力**はどのようにして磨かれていくものなのでしょうか。それは，スポーツや芸道などの「技」の学習一般がそうであるように，基本的には，**「なすことによって学ぶ**（learning by doing）」という形を取ります。すなわち，教室の外側で理論を学んで実践に当てはめるのではなく，実践の中で反省的に思考（省察）し，教訓（実践知）を蓄積しながら，実践をよりよいものへと自己調整していくわけです。よって，教師の技量を磨くには，授業の構想・実施・省察の全過程を，教師自身の学習の機会としてどう充実させられるかがポイントとなります[(2)]。

また，そうした教師の学びは，同年代や先輩教師たちとの間の，タテ・ヨコ・ナナメの重層的な共同関係の下で遂行されていきます。たとえば，経験の浅い教師にとって，先輩教師（熟達者）たちにあこがれ，それらをモデルとして創造的に模倣するというプロセスは重要な意味を持っています。ここで言う模倣とは，たんに表面的な行動を真似るのではなく，目の前の状況に対して，「〇〇先生ならば，どこに着目して，どう考えるだろうか」と思考し，目指す授業像，および，視線の先に見据えているものや思考方法や感覚を共有することです（生田・北村，2011）。そうして実践者としてのものの見方・考え方や現実への向かい合い方を模倣することは，それを徹底するほどに，自分なりのスタイルを構築すること（モデルからの卒業）に行き着くがゆえに，創造的な営みと言えます。

すぐれた判断を支える実践知の多くは，論理的に明晰には言語化されにくく，具体的なエピソードや，それに伴う感覚や意味づけという形で，**暗黙知**（感覚的で無意識的な知）として，実践者個人や実践者の間で蓄積されています。こうした，実践共同体に蓄積されている実践知は，あこがれの教師のように日々思考したり，同僚と授業や子どものことについて対話したり，実践記録を読んだり書いたりするなど，生（なま）のエピソードや事例を介した判断過程の追体験を通して学ばれていきます。

もともと日本には，教師が実践記録や教育に関する専門書をまとめ，学校外の教育サークルで検討し合ったり，校内研修において授業を集団的に計画し振り返ったりといった具合に，教師自身が研究主体となった「**授業研究**」の伝統があります。こうした伝統を継承しつつ，個々の教師の学び（実践研究）の方法論を示したり，それをサポートする場づくり・条件づくりに取り組んだりすることによって，すべての教師が「自分らしいよい授業」を創出することが可能になっていくのです。

（2）授業づくりのフレームを学ぶ意味とは

そうして実践経験やその省察を通して，暗黙的な実践知を豊かにしていく一方で，教科内容，子どもの学習，教育方法などに関する諸理論（形式知）を学ぶことも重要です。理論を学ぶだけで実践はできませんが，だからといって理論を学ばないというのは誤りです。教師たちが自らの実践を支えている論理を自覚化し，より広い視野から実践の意味を理解し，それを語る言葉を持つ。それは，教師の感覚的な判断を根拠や確信を伴ったものとし，実践の変革可能性や柔軟性も準備するでしょう。教師の学びは，模倣と省察の過程で理論知と実践知を統一する**研究的な学び**として遂行されねばならないのです。

教師が教材を介して子どもに働きかける過程には，判断の節目を形成するいくつかの問題領域を見出すことができます（表1-2）。そうした判断の節目において教師が出す答えの妥当性が，その授業

表1-2　授業づくりの問題領域

藤岡信勝	中内敏夫	藤岡完治	上條晴夫
・教育内容 ・教材 ・教授行為 ・学習者	・教育目標 ・教材・教具 ・指導過程・学習形態 ・教育評価	・ねがい ・目標 ・学習者の実態 ・教材の研究 ・教授方略 ・学習環境・条件	・教材学 ・技術学 ・評価学 ・身体学 ・構造学

（出所）藤岡（1989），中内（1998），藤岡（2000），上條（2009）をもとに作成

の成否を左右し，ゆえに，それぞれの判断のポイントにおける一般的な原則を学ぶことが重要となります。本書が提示する**「授業づくりのフレーム」**（図1-4）は，こうしたいわば**「授業づくりのツボ」**とでも呼ぶべきものを一般化したものです。

哲学は進むべき道を示してくれますし，逆に科学は心や社会の仕組みを説明してくれますが，それらを実践にどう具体化したり応用したりすればよいかについて，多くの場合，哲学や科学は教えてくれません。逆に，明日の実践ですぐに役立つ個別のノウハウ（術）は，どのような方向性を目指してそれらをどう組み合わせていけばよいのかという全体像は示してくれません。

本書が提示する「授業づくりのフレーム」は，実践における判断の節目を自覚化し，節目で妥当な判断を行う上での基本的な考え方を提示するものであり，「学」と「術」との間をつなぐ位置にあります。それは，哲学や科学に対しては具体化に当たっての思考のフレームを，一方，個別のノウハウに対してはそれらがどの判断のポイントでレパートリーとして生かせるのかを分類・整理するフレームを示すものです。そして何より，そうしたフレームで実践を眺めることで，より効果的にものの考え方や手法を学ぶことができます。

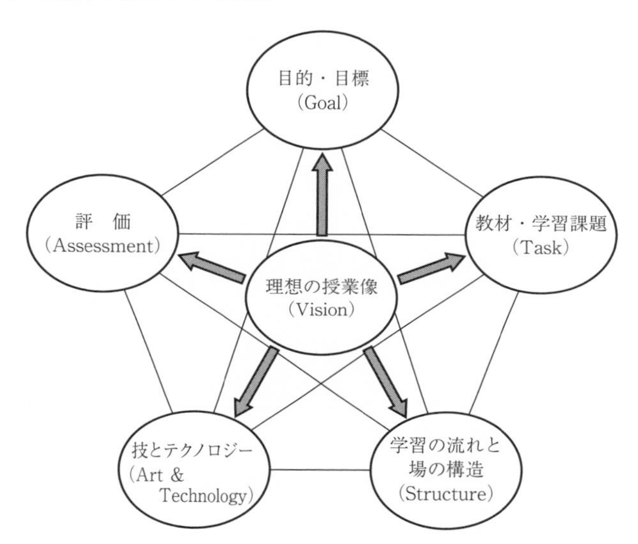

図1－4　授業づくりのフレーム（5つのツボ）

（3）授業づくりにおける判断のポイントとは

「授業づくりのフレーム」では，授業づくりにおける判断の節目（ツボ）を次の五つのカテゴリーで捉えています。

第一に，「**目的・目標**」は，「何を教え，どのような学力を形成し，どんな子どもを育てたいか」を問うことです。それは，教育目的（ねがい）と教育目標（ねらい・めあて）を精選し，明確化し，構造化することを意味します。

第二に，「**教材・学習課題**」は，「どういう素材や活動を通してそれを学ばせるか」を問うことです。望ましく適切な目標を設定できたとしても，それだけでは授業にはなりません。教師が教えたいものを子どもの学びたいものにするような教材や学習課題をデザインすることが必要になります。

第三に，「**学習の流れと場の構造**」は，「**授業の展開**をどう時系列で組織化し，**学習形態**やモノの配置や空間をどうデザインし，学びの文化的環境をどう再構成するか」を問うことです。教材や学習課題が一時間や一単元の中のどこに位置づけられるか，それらに取り組む学習形態や空間がどう設定されるか，さらには，教室にどのような共同体や文化が成立しているか，それらは授業や単元の骨組み（構造）を構成し，子どもの思考や活動の流れを規定します。

第四に，「**技とテクノロジー**」は，「**言葉**と**身体**でどう働きかけるか，テクノロジーや**メディア**をどう活用するか」を問うことです。すぐれた教材・学習課題が設計され，授業の展開や場が適切に構造化されていたとしても，課題提示でもたついたり，説明がわかりにくかったり，落ち着きのないそぶりを見せたり，情報機器をうまく操作できなかったりすると，授業はうまくいきません。

第五に，「**評価**」は，「どのような方法で学習の過程と成果を把握し，その結果をどう実践に生かすか」を問うことです。すでに述べたように，いかに緻密に計画し実践したとしても，教師の意図どおりに子どもが学ぶとは限りません。ゆえに，学習を**可視化**する手立てを講じ，そうした**ずれ**を明らかにしながら，目的・目標の実現に向けて明日の授業の改善を図る，あるいは授業過程で教え方を自己調整することが重要です。

なお，これら５つのツボは，実践の段階や順序を示すものでなく，行きつ戻りつしながらそれぞれの節目での判断が明確になっていきます。たとえば，教材づくりの過程で，また評価方法を設計する過程で目標は設定し直されたり明確になったりするでしょう。

（4）「授業づくりのフレーム」の特徴とは

一般に授業づくりという場合，「教材・学習課題」（ネタ）や「技とテクノロジー」の工夫に終始しがちです。一方で，教育目標や教育評価については，十分に検討されることなく，学習指導要領や指導書の引き写しに陥りがちで，それが授業の構想の形式化を呼び込む一因にもなっています。またそれは，教科内容の理解や再検討にまで踏み込まない教材研究を生み出しているようにも思います。

しかし本来，教育目標を検討することは，教育的価値と授業の基本的な方向性を吟味することであり，授業者の子どもたちへの願いや教育に関する哲学が表れる場面です。また，目標を明確化しそれに基づく評価方法を考案することは，不確実性に満ちた「教える」という営みにおいて，教えっぱなしにしないことで，子どもが育つ中身のある実践を実現することにつながるでしょう（教育におけるリアリズムと実質主義の追求）。

さらに近年は，新任教師の増加に対して一定の教育水準を保つべく，さまざまな地方自治体で指導案やノート指導の方法など，授業の進め方レベルでの標準化も進行しています。その結果，個別のノウハウは意識的に工夫しても，それらの布置を決める「学習の流れと場の構造」は所与のものと捉えられがちで，授業では与えられた形式をなぞることになりがちです。他方，学習者中心の活動的で協働的な授業を実施するには，学習の配列・時間配分や学習環境の構成といった間接的な指導性がより重要となります。

本書の「授業づくりのフレーム」は，目標と評価や授業の構造の問題もトータルに視野に入れながら，**「目標と評価の一体化」**と**「展開のある授業（ドラマとしての授業）」**とを結びつける授業づくりの方法論を提起しています。実践上の仮説としての教育目標の性格を意識しながら，授業で最低限押さえるべき本質的な目標を具体的に絞り込むことは，ドラマ的な授業展開の条件である追求過程の焦点化・簡略化にもつながり，シンプルでストーリー性をもった創造的な授業を見通しを持って進める基盤となります。また，目標を子どもの姿で具体化することは，授業過程での多様な子どもたちの発言を受け止め，応答し，組織化していく上での土台となる，授業や学習をイメージする力を磨くことにつながるでしょう。

4．授業づくりにおける卓越性の追求

（1）「よい授業」を追求するとはどういうことか

図１-４が示すように，５つのツボそれぞれについてどのアプローチを選択するのが妥当かは，その教師がめざしたい**「理想の授業像」**に規定されます。先述のように，うまい授業かどうかよりも，どんな子どもの姿が生まれ子どもに何が残るかが重要です。しかし，それを自覚した上であれば，教師として「うまい授業」を目指して技量を磨くことも，授業の卓越性と学習の質を追求するという，専門職としての不可欠の責任を果たすことにつながるでしょう。

こうして授業の卓越性を追求することに対しては，日々の授業は地味な営みの連続であって，授業のドラマ性や創造性を追求すること自体がナンセンスだと感じる人もいるかもしれません。また，すでに述べたように，授業という営みは本質的に困難な営みであり，心からうまくいったと授業者が感じることも少ないでしょう。しかし，「授業なんてどうせ地味なもので淡々とこなせばよい」と卓越

性の追求を諦めてしまったならば，その教師の授業はその枠内でしか展開しないでしょう。そして，そうした教師の姿勢は子どもにも伝わり，子どもの学びの可能性を制限することにつながります。

そもそも，日々の授業を淡々と進めることで満足している教師はあまりいないのではないでしょうか。授業の困難さを自覚した上で，同僚や他校の教師の授業や実践記録などに学びつつ，こんな子どもを育てたい，こんな学級を育てたい，こんな授業がしたいという理想の授業のイメージを豊かにし，日々それを目指し続けることが重要なのです。授業づくりのロマンを大事にしたいものです。

（2）日本の伝統的な「よい授業」のイメージとは

学習のプロセスの充実と結果の保障の両面を実現する「よい授業」のあり方として，日本の多くの教師は，**学級集団**で学ぶ意味を生かして，一人ひとりの考えを出し合い練り上げていく授業を理想として追求してきました。多様な意見が出会い，それらの間で化学反応が起こり，一人では到達できない発見や考え方が生まれてくる，そんな授業を理想としたのです。たとえば，戦後を代表する実践家である斎藤喜博や東井義雄の授業はその典型でしょう（斎藤，2006）。詳しくは，ブックガイドに挙げた実践記録を読んでもらいたいですが，1950年代末に東井により小学５年生に行われた「いなむらの火」の授業の概要を紹介しましょう（東井，1987；川地，2005）。

「いなむらの火」とは，五兵衛という庄屋が，大津波の襲来を予知し，400人の村人を津波から救うために，収穫を待つばかりの稲むらすべてに火を放ち，火事によって村人を丘の上にかけあがらせ，命を救ったという物語です。この作品の読み取りにおいて，Ａという子どもが，作者の意図とは異なる読み取りをノートに書いていました。すなわち，五兵衛が稲むらのすべてに火を放ち終わり，たいまつを捨ててじっと沖を見つめる場面を，「五兵衛さんは，豊年でたくさんとれた稲をみんなもやしてしまって，おしいことをしたと思いながら沖をみつめているのだろう」と読んでいました。集団での学習の場面で，東井はこのAの読解を発表させました。

すると他のクラスメートは口々に「おかしいぞ」とつぶやきます。そこで東井はわざと，「だって，せっかくとれた稲に，みんな火をつけてしまったんだもの，五兵衛さんは，惜しいことをしたと思うだろうなあ」と，Aの肩を持つ投げかけをしました。するとある子どもが，「ぼくらだったら，おしいことをしたと思うかもしれないが，五兵衛さんはちがうと思います」と言うので，「それなら，何かそんな証拠でもあるのかな？」と水をむけてやると，子どもたちは証拠を見つけるために躍起になりだしました。

そして，「五兵衛さんは，稲むらに火をつける前に…『もったいないが，これで村中のいのちが救えるのだ』といっている。ここを読むと，五兵衛さんも，一ぺんは火をつけることを惜しいと思っていることがわかる。けれども，その次に『が』ということばをつかって，反対のことをいっている。ここは，稲のねうちと，村の人のいのちのねうちをてんびんにかけているところだ。しかし，五兵衛さんは，てんびんにかけた結果，『これで村の中のいのちが救えるのだ』と，大へん強い言い方をしている。この『のだ』は，もう迷いのなくなった『のだ』だ」という，本文の記述にもとづく発言がBから飛び出します。「のだ」という表現の意味は，東井も気づかなかった点でした。子どもたちの発見をふまえて東井は，「きょうは，すばらしくはりきった，ねうちのある勉強ができたが，この原因を考えてみると，A君があいう読みをやってくれたおかげだ」といって，黒板の隅っこに白いチョークで小さい丸を書いてやりAに感謝しました。以上が実践の概要です。

（3）伝統的な「よい授業」から何を引き継ぐべきか

東井の授業では，子どもの「**つまずき**」（間違った答えや正解からずれた意見）を否定的に扱うのではなく，それをきっかけに「**練り上げ**」が展開されていることがわかるでしょう。それはつまずいている子にとってのみ意味があるのではなく，わかったと思っている子どもたちにとっても意味があります。わかったと思っている子どもたちも，自分の考えの理由を突っ込まれるとうまく答えられないということはよくあります。自分とは異なる考えを持っている子に，根拠を挙げながら自分の考えを説明したり，わからないといっている子に教えたりすることで，より深くわかるようになるのです。何より，わかっている状態をゆさぶられ，証拠見つけを始めようとする瞬間，教室にはドラマのヤマ場のような内的集中とよい意味での張りつめた空気が，子どもたちの中には何かが起こりそうなわくわく感が生まれたことでしょう。

このような**創造的な一斉授業**（**練り上げ型授業**）に対しては，古きよき実践ではあるが，現在の子どもや教室の状況から見て難しさを感じたり，教師主導の授業の進め方に違和感を持ったりする人もいるでしょう。第2章（p. 37）や第8章（p. 297）で詳述するように，現代の社会の変化（学校教育に対して内容を習得することに止まらない一般的で包括的な資質・能力の育成を求める）や子どもたちの実態

（ニーズが多様化し，より軽いノリや弱いつながりに慣れ，十数分おきにCMが入るテレビのように変化や刺激がないと集中力も持続しにくい）もあって，近年の授業の形は，「言語活動の充実」や「学び合い」や「アクティブ・ラーニング」など，思考を表現しつつコミュニケーションしたり，ペアやグループでカフェのような雰囲気で話しあったりする**学習者主体の参加型授業**の方向にシフトしてきています。

そうした傾向は，子ども一人ひとりの自律的な学習をより尊重する，「よい授業」の新しいイメージを提起しているように思います。しかし，思考の表現をベースにした授業は，〈課題把握→自力解決→集団解決→まとめ〉といった決まった形式をなぞり，多様な考えを交流するだけの授業になることが危惧されます。また，グループ学習については，グループでリラックスして活発な対話が行われる一方で，そのあとのクラス全体での交流は形式的になりがちです。こうした新しい授業スタイルの弱点を補う上で，「ドラマとしての授業」という発想や，個々人の思考が組織化され思考が質的に深まっていく「練り上げ」のイメージに着目し，それを引き継いでいくことが有効でしょう。

授業とはたんなる知識の伝達の過程ではなく，みんなで学ぶことで一人では生まれない考え方が誘発・創造されたり，それによって，学ぶ側に発見の悦びをもたらし，ものの見方や行動の変化を生みだしたりする，「**創発的コミュニケーション**」の過程だといえます。それは，クラス全体での創造的な一斉授業であっても，グループをベースにした学習者主体の参加型授業でも変わりません。そして，こうした創発的コミュニケーションこそが家庭学習や塾では体験できない学校でしかできない学びの核心でしょう。そして，文化の伝達だけでなく，その再創造の過程を含むがゆえに，学校の授業は，たんに今ある社会や文化の再生産ではなく，未来を創り変えていく力を育むものにもなるのです。

「創発的コミュニケーション」にもさまざまな形があり，その中身を自分なりに具体化していくことが大切です。第３章から第７章では，多くの教師が，自分なりの「創発的コミュニケーション」のある授業を創っていけるための基本的な原則を，「授業づくりのフレーム」の５つのツボに沿って説明していきます。その前に，自分なりの理想の授業像や実践の方向性を考える足場として，第二章では，現代社会において学校に何が求められていて，子どもたちにどのような学力や学びを保障していくことが求められているのかについて述べておきたいと思います。

〈注〉

(1) 教育技術の法則化運動とは，1983年，現場教師の向山洋一が，教育技術の法則化・共有化をめざして始めた運動。日常の実践において必要とされる教育技術を紹介する投稿論文を募り，そこで発掘され共有された技術を他の教師が追試することで，一般化を図ろうとした。法則化運動は2000年に解散し，TOSS（Teachers' Organization of Skill Sharing）として生まれ変わり，TOSS ランドというポータルサイトを立ち上げた。

(2) 松尾睦は，「適切な『思い』と『つながり』を大切にし，『挑戦し，振り返り，楽しみながら』仕事をするとき，経験から多くのことを学ぶことができる」と，経験から上手に学ぶ上でのポイントをまとめている（松尾，2006，p. 2）。

〈引用・参考文献〉

秋田喜代美 2006「教師の日常世界へ」秋田喜代美・佐藤学編『新しい時代の教職入門』有斐閣。
生田久美子・北村勝朗編 2011『わざ言語』慶應義塾大学出版会。
石井英真 2008「学力を育てる授業」田中耕治・井ノ口淳三編『学力を育てる教育学』八千代出版。
石井英真 2012「普通の学校で普通の先生が『自分らしいよい授業』をするために―授業の構想力を高める教師の授業研究―」『発達』第130号。
石井英真 2012「学力向上」篠原清昭編『学校改善マネジメント』ミネルヴァ書房。
石井英真 2014「授業研究を問い直す―教授学的関心の再評価―」日本教育方法学会編『教育方法43 授業研究と校内研修』図書文化。
上條晴夫 2009『図解 よくわかる授業づくり発想法』学陽書房。
川地亜弥子 2005「東井義雄と『村を育てる学力』」田中耕治編『時代を拓いた教師たち』日本標準。
斎藤喜博 2006『授業入門（新装版）』国土社。
佐藤学 1997『教師というアポリア―反省的実践へ―』世織書房。
佐藤学 2009『教師花伝書』小学館。
佐藤学 2010『教育の方法』左右社。
佐藤学・稲垣忠彦 1996『授業研究入門』岩波書店。
柴田義松 2010『柴田義松教育著作集1　現代の教授学』学文社。
ダーリング-ハモンド，L.・バラッツ-スノーデン，J.編（秋田喜代美・藤田慶子訳）2009『よい教師をすべての教室へ』新曜社。
田中耕治編 2007『よくわかる授業論』ミネルヴァ書房。
東井義雄 1987『いのち根っこを育てる学力』国土社。
中内敏夫 1998『中内敏夫著作集Ⅰ「教室」をひらく』藤原書店。
西林克彦 1994『間違いだらけの学習論―なぜ勉強が身につかないか―』

新曜社。
藤岡完治 2000『関わることへの意志』国土社。
藤岡信勝 1989『授業づくりの発想』日本書籍。
堀哲夫編著 1998『問題解決能力を育てる理科授業のストラテジー――素朴概念をふまえて―』明治図書。
松尾睦 2006『経験からの学習―プロフェッショナルへの成長プロセス―』同文舘出版。
向山洋一 1985『授業の腕をあげる法則』明治図書。
吉本均 2006『吉本均著作選集４　授業の演出と指導案づくり』明治図書。

第２章　未来社会をよりよく生きるための新しい学力と学びの形

Opening Question

2003年のOECD（経済協力開発機構）の国際学力調査（PISA）[1]の結果（読解力の順位が８位から14位に低下）を受けて，日本では学力向上，特に「PISA型学力」向上に向けた動きが加速しました（PISAショック）。では，低下したと騒がれた「PISA型学力」とはどのようなものだったのでしょうか？　以下に示す調査問題例から，PISAでどのような学力が問われたのか考えてみましょう。

【「数学的リテラシー」の問題例（盗難事件）】

あるTVレポーターがこのグラフを示して，「1999年は1998年に比べて，盗難事件が激増しています」と言いました。

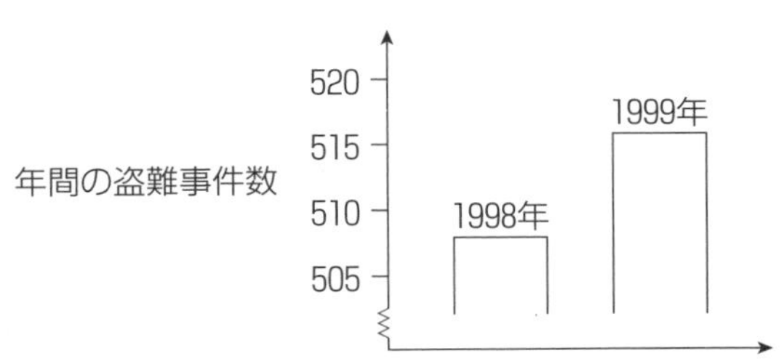

このレポーターの発言は，このグラフの説明として適切ですか。適切である，または適切でない理由を説明してください。

【「読解リテラシー」の問題例（落書き）】

学校の壁の落書きに頭にきています。壁から落書きを消して塗り直すのは，今度が４度目だからです。創造力という点では見上げたものだけれど，社会に余分な損失を負担させないで，自分を表現する方法を探すべきです。 禁じられている場所に落書きするという，若い人たちの評価を落とすようなことを，なぜするのでしょう。プロの芸術家は，通りに絵をつるしたりなんかしないで，正式な場所に展示して，金銭的援助を求め，名声を獲得するのではないでしょうか。 私の考えでは，建物やフェンス，公園のベンチは，それ自体がすでに芸術作品です。落書きでそうした建築物を台無しにするというのは，ほんとに悲しいことです。それだけではなくて，落書きという手段は，オゾン層を破壊します。そうした「芸術作品」は，そのたびに消されてしまうのに，この犯罪的な芸術家たちはなぜ落書きをして困らせるのか，本当に私には理解できません。 ベルガ	十人十色。人の好みなんてさまざまです。世の中はコミュニケーションと広告であふれています。企業のロゴ，お店の看板，通りに面した大きくて目ざわりなポスター。こういうのは許されるでしょうか。そう，大抵は許されます。では，落書きは許されますか。許せるという人もいれば，許せないという人もいます。 落書きのための代金はだれが払うのでしょう。だれが最後に広告の代金を払うのでしょう。その通り。消費者です。 看板を立てた人は，あなたに許可を求めましたか。求めていません。それでは，落書きをする人は許可を求めなければいけませんか。これは単に，コミュニケーションの問題ではないでしょうか。あなた自身の名前も，非行少年グループの名前も，通りで見かける大きな製作物も，一種のコミュニケーションではないかしら。 数年前に店で見かけた，しま模様やチェックの柄の洋服はどうでしょう。それにスキーウェアも。そうした洋服の模様や色は，花模様が描かれたコンクリートの壁をそっくりそのまま真似たものです。そうした模様や色は受け入れられ，高く評価されているのに，それと同じスタイルの落書きが不愉快とみなされているなんて，笑ってしまいます。 芸術多難の時代です。 ソフィア
問　あなたは，この２通の手紙のどちらに賛成しますか。片方あるいは両方の手紙の内容にふれながら，自分なりの言葉を使ってあなたの考えを説明してください。	

（出所）国立教育政策研究所編（2007）

グローバル化やAIの進歩により，変化の激しい現代社会において，学校も「改革」への要求に絶えずさらされています。学習指導要領改訂などを通じて，グローバル人材やAI人材の育成，規範意識の育成など，社会の問題を反映した多様な要求が学校に寄せられ，教育現場の多忙化や「改革疲れ」を招いています。目先の「改革」に翻弄されずに，教師一人ひとりが自分の頭で，めざすべき学力や学びや授業のあり方を考えていくには，「改革」の背景にある社会の変化やそれに伴う学校に期待される役割の変化といった，根っこの部分をつかんでおく必要があります。この章では，そうした「改革」に翻弄されないために知っておくべき根っこの部分を解説するとともに，今どのような学力や学びをめざし地に足のついた授業改善を行っていけばよいのかについて説明します。

本章のポイント

・新学習指導要領では，内容ベースから「資質・能力」（コンピテンシー・）ベースへのカリキュラム改革が焦点となっている。
・学校教育において，「使える」レベルの学力を追求し，「真正の学習」の機会を保障していくことが必要である。
・「使える」レベルの思考を試す課題は，単元末あるいは複数の単元を総括するポイントで取り組み，日々の授業では，むしろシンプルな課題を豊かに深く追求する「わかる」授業を組織する。
・教科指導においては，「教科の内容を学ぶ（learn about a subject)」授業を越えて「教科する（do a subject)」授業をめざすべきである。

1．コンピテンシー・ベースの教育改革の展開

（1）「学力向上」政策は何をめざしてきたのか

まずは，この間教育改革がどのように展開してきたのかを概観した上で，それを批判的に対象化し掘り下げることで，改革の根っこの部分を浮き彫りにしていきましょう。

教育内容の削減や「総合的な学習の時間」の創設を盛り込んだ1998年版学習指導要領が発表されて間もなく，「学力低下」を危ぶむ声が高まり，また，**「PISA ショック」**（p. 27）もあり，2000年代に入って教育改革のスローガンは「ゆとり教育」から**「学力向上」**へとシフトしていきました。PISA は，本章冒頭で示した問題例のように，現代社会が求める知識・技能を活用する力を評価しようとするものです。

2007年から始まった「全国学力・学習状況調査」は，「知識」問題（A 問題）と「活用」問題（B 問題）で構成されてきました。そして，2008年に改訂された学習指導要領では，「習得」「活用」「探究」をキーワードとする**「確かな学力」観**（「総合的な学習の時間」等において教科横断的で問題解決的な「探究」活動を組織するとともに，教科学習においては，基礎的・基本的な知識・技能の「習得」と，知識・技能の「活用」を通した思考力・判断力・表現力等の育成を「車の両輪」として重視する）が示されました。

このように，「確かな学力」観の下での「学力向上」政策の特徴は，「知識・技能」でも「関心・意欲・態度」でもなく，「知識・技能を活用して課題を解決するために必要な思考力・判断力・表現力

等」(「活用する力」) が重視されている点にあります。さらに，思考力・判断力・表現力については，各教科の内容を活用して思考し判断したことを，記録・要約・説明・論述・討論といった言語活動（図・グラフ，構想や設計なども含む）を通じて評価することとされており，思考力と表現力とを，そして，思考することとコミュニケーションすることとを一体のものとして指導し評価していく方向性が示されたのです。

以上のように，「学力向上」と言っても，読み・書き・計算のドリル学習が推奨されてきたわけではなく，知識を習得すること以上の能力（知識を使いこなしたり創造したりする力）を育てる，思考し協働し表現する活動が目指されてきたわけです。そこには，PISA 調査の出題形式や学力（リテラシー）観の影響を見て取ることができます。

（2）コンピテンシー・ベースのカリキュラムとは

2017・2018年版学習指導要領において，「学力向上」政策は新しいステージに入り，内容ベースから「**資質・能力**」(コンピテンシー・) ベースへのカリキュラム改革が焦点となっています。そこでは，21世紀型の学びや高次の学力に焦点を合わせて，目標，カリキュラム，授業，評価，入試，教員養成など，教育システムの総体を一体のものとしてデザインし直すことが企図されています。こうして，学力観については，「活用」に代わり「**コンピテンシー**」や「**資質・能力**」が，指導法については，「言語活動の充実」に代わり「**アクティブ・ラーニング（Active Learning: AL）**」や「**主体的・対話的で深い学び**」が，キーワードとなっています。

コンピテンシー・ベースへの改革は，先進諸国に共通する動向です。多くの先進諸国のナショナル・カリキュラムやスタンダード（共通教育目標）において，教科の知識・技能に加えて，教科固有，あるいは教科横断的な能力（汎用的スキル）を明確化する動きがみられます。そこでは，批判的思考，意思決定，問題解決，自己調整といった高次の認知的スキルに加えて，コミュニケーションと協働といった社会的スキル，さらに協働的な知識構築・問題解決にメディアやテクノロジーを活用するスキルなどが挙げられています。

2000年代に入り，日本でも，初等・中等教育においては，PISAリテラシーを意識して，知識・技能を活用して課題を解決する思考力・判断力・表現力等の育成に重点が置かれるようになりました。また，高等教育でも，「学士力」や「社会人基礎力」といった形で，汎用的スキルの重要性が主張されてきました。そして2014年３月に出された「育成すべき資質・能力を踏まえた教育目標・内容と評価の在り方に関する検討会」の論点整理において，表２-１のような項目で学習指導要領の構成を整理し，内容のみならず，非認知的なものも含めた教科横断的な汎用的スキルなどの「資質・能力」も明確化し，系統立てて指導したり評価したりしていくことが提起されました。こうして，カリキュラム開発とその評価において，内容ベースからコンピテンシー・ベースへのシフトが進められてきました。

一般に「**コンピテンシー**」とは，職業上の実力や人生における成功を予測する，社会的スキルや動機や人格特性も含めた包括的な能力を指します。それは，「何を知っているか」ではなく，実際の問題状況で「何ができるか」を問うものといえます。たとえば，

表２-１　資質・能力に対応した目標・内容について

ア）教科等を横断する汎用的なスキル（コンピテンシー）等に関わるもの ①汎用的なスキル等としては，例えば，問題解決，論理的思考，コミュニケーション，意欲など ②メタ認知（自己調整や内省，批判的思考等を可能にするもの） イ）教科等の本質に関わるもの（教科等ならではの見方・考え方など） 例：「エネルギーとは何か。電気とは何か。どのような性質を持っているのか」のような教科等の本質に関わる問いに答えるためのものの見方・考え方，処理や表現の方法など ウ）教科等に固有の知識や個別スキルに関するもの 例：「乾電池」についての知識，「検流計」の使い方

（出所）文部科学省（2014）の【主なポイント】

OECD の DeSeCo プロジェクト(2)が示した「キー・コンピテンシー（key competency）」は，①相互作用的に道具を用いる力，②社会的に異質な集団で交流する力，③自律的に活動する力の三つで構成されています（ライチェン＆サルガニク，2006）。キー・コンピテンシーは PISA の背景となっている枠組みで，PISA は①の要素の一部を評価するものとされています。

コンピテンシー・ベースのカリキュラムをめざすということは，社会が求める「実力」との関係で，学校の役割を，学校で育てる「学力」の中身を問い直すことを意味します。これまでの「学力」概念が，内容に即した認知的能力を軸に捉えられがちであったのに対して，「資質・能力」という言葉を使うことで，「実力」を構成する中心的な要素である非認知的要素も含め，包括的で全人的な育ちを学校で追求していこうとしているわけです。また，労働や社会生活の知性化や流動化が進む中で，「コンピテンシー」概念は，特定の職業や専門分野に固有のものというより，教科・領域横断的で汎用的なものを中心に捉えられる傾向にあります。

表2-2　コンピテンシー・ベースのカリキュラムの危険性と可能性

改革の３つの志向性	危惧する点	可能性として展開すべき点
学校での学びの社会的有用性を高めていく志向性	社会的有用性を高めていくことが，経済界からの要請に応え，「国際競争を勝ち抜く人材」や「労働者として生き抜く力」の育成に矮小化され，早期からの社会適応（個人の社会化）を子どもたちに強いることにつながりかねない。	内容項目を列挙する形での教育課程の枠組み，および，各学問分野・文化領域の論理が過度に重視され，レリバンス(3)や総合性を欠いて分立している各教科のw内容を，現代社会をよりよく生きていく上で何を学ぶ必要があるのか（市民的教養）という観点から問い直していく機会となりうる。
全人教育・全面発達への志向性	「○○力」という言葉を介して教育に無限責任を呼び込みかねない。全人格や日常的な振る舞いのすべてが評定のまなざしにさらされかねない。	「学力向上⇒教科の授業改善」という図式に限定された人々の視野を広げ，教科と教科外，さらには学校外の学びの場も視野に入れて，子どもの学習環境をトータルに構想する機会としても位置づけうる。
学びの活動性・協働性・自律性を重視する志向性	カリキュラム上に明示された教科横断的な汎用的スキルが一人歩きすることで，活動主義や形式主義に陥る。特に，思考スキルの直接的指導が強調され，しかもそれが評価の観点とも連動するようになると，授業過程での思考が硬直化・パターン化し，思考する必然性や内容に即して学び深めることの意味が軽視される。	認識方法面（プロセス）から目標や教科の本質を捉えることで，「一時間でこの内容をこの程度までは必ず習得させないと」という認識内容面の学問的厳密性の要求（教科を学ぶこと・正解を学ぶこと）をゆるめ，学習者主体の試行錯誤を含んだ思考やコミュニケーション（教科すること・最適解をつくること）を許容することができやすくなる。

（注）「資質・能力」は，レントゲン写真のようなものであって，そのもとになった社会像や人間像を明らかにしないと，カリキュラムの内容や系統は明らかにならない。逆に，骨格のみを示すものなので，内容や活動による肉付けの仕方に幅が生まれる。

（出所）石井（2015）p. 10に加筆・修正

各教科の授業で，また学校教育全体で，そうした汎用的で非認知的なものを含む資質・能力をどう意識的に育てていくのかが問われているのです。その際，表2-2に示したように，コンピテンシー・ベースのカリキュラムの３つの志向性について，その危険性を自覚しつつ，可能性の面に目を向け，プラスの方向で展開していくことが重要です。コンピテンシー・ベースの改革については，社会の要求が，企業社会からの**人材育成**要求や教育の効率性・経済性要求に矮小化されがちで，現状適応主義や学校教育全体の直線的なキャリア教育化に陥りがちです。経済の論理の下で軽視されがちな民主主義や市民形成の視点を重視することで，また，「子ども期」に固有の価値を尊重し，人間らしく育つための手間や回り道も大切にすることで，子どもたち世代の未来社会を創造する自由と主体性の基盤を形成する**人間教育**を実現していくことが求められます。

（3）アクティブ・ラーニングや主体的・対話的で深い学びとは

こうして，コンピテンシー・ベースのカリキュラムをめざすことに伴って，「何を学ぶか」だけでなく「どのように学ぶか」も重視されるようになり，アクティブ・ラーニング（AL）の必要性が提起されるようになりました。AL（能動的学習）とは，「課題の発見と解決に向けて主体的・協働的に学ぶ学習」であり，具体的には，問題解決学習，体験学習，グループ・ディスカッション，ディベート，グループ・ワークなどの方法があるとされます。もともとALは，大学教育の授業改善において，一方向的な知識伝達型講義を聴くという（受動的）学習を乗り越えるためのスローガンとして提起され広まった概念です。

このように書くと，読者の多くは，これまでの言語活動の充実の取り組みをやめて，ALという手法を新たに導入しなければならないと思ったかもしれません。実際，ALについては，特定の型と受け取られがちであったため，授業づくりを見直す視点として「**主体的・対話的で深い学び**」という言葉が用いられることになりました。しかし，こうしてキーワードが変わっても，改革の背景と大きな方向性には変化がない点を認識しておくことが重要です。

現代社会をよりよく生きていく力を育てるために，学校教育は，知識の習得（「何を知っているか」）に止まらず，知識を使いこなしたり創造したりする力（「何ができるか」「それを使ってどのように社会・世界と関わり，よりよい人生を送るか」）も育てることが期待されるようになってきています。そのためには，学校での学習をより活動的で協働的なものにしていく必要があるわけです。

こうした課題に対して，「**言語活動の充実**」は，小・中学校の授業改善の取り組みを一定程度促しました。しかし，高校の授業改善を促すには必ずしも至りませんでした。そこで，高大接続改革とも連動しながら，大学での授業改善のキーワードである AL を初等中等教育段階でも導入することで，幼・小・中・高，さらには大学教育をも，現代社会をよりよく生きるために必要な資質・能力の育成という観点で一貫させ，高校の授業改善も促していこうというのが，新学習指導要領において AL がキーワードになった背景です。

こうした事情をふまえれば，小学校の授業については，AL はすでにやってきたことで，言語活動の充実の延長線上に受け止めればよいのだということがわかるでしょう。ただし，「資質・能力」ベースの新学習指導要領では，「深い学び」や「見方・考え方」といった言葉によって，たんに授業をアクティブにすること，言語活動を取り入れることに止まらない，学習活動の質を追求する視点が盛り込まれています。

たんにアクティブであることを越えて，いかなる学習活動の質を追求すべきかを明確にする上で，また，学習指導要領の改訂のたびに変わる言葉に振り回されないためにも，改革の根っこにある，社会の変化，それに伴う学校教育に期待される役割（学力観や授業観）の変化を理解しておくことが重要です。

２．現代社会で求められる学力と学びの質

（１）「資質・能力」重視の背景とは

グローバル社会，知識基盤社会，成熟社会等と呼ばれ，AIの進歩による技術革新も背景に，個別化・流動化が加速する現代社会（**ポスト近代社会**）においては，生活者，労働者，市民として，他者と協働しながら「正解のない問題」に対応する力や，生涯にわたって学び続ける力など，高次で汎用性のある知的・社会的能力が必要とされるようになっています。

ただ，このように言うだけでは，どのような学力や学びをめざしていけばよいのか，その具体はつかめないでしょう。「○○社会」や「○○力」という言葉が氾濫する中，「○○社会」と「○○力」の間をつなぐ人間像をイメージし，めざす子ども像を描くことが重要です。グローバル人材，労働者，市民，生活者など，それぞれの活動が社会の変化で実際どう変わるのかをイメージできなければ，なぜそうした力が求められるのかを理解できませんし，授業で何をどのように学ぶべきかも具体的に考えることができないのです。

「**知識基盤社会**」というキーワードについて，それがどういう社会で，そこで活躍する人間の姿はどのようなものなのかを考えてみ

ましょう。たとえば,「ものづくり」の代表格と思われている自動車産業については，循環型社会への動きも手伝って，車は個人所有するものからシェアするものになってきており，性能のよい車（もの）をつくることより，自動運転をベースにした移動システム（ソフトウェアとサービス）を開発することへと重点が移行してきています。ソフトウェアやサービスの開発においては，既存の枠にとらわれず，新しいアイデアやイノベーションを絶えず生み出し続ける人材や人々のネットワークやシステムが重要です。こうして，労働者に求められるスキルはソフト化し，専門性も国も地域も超えて他者と協働しながら，問題解決や知識創造を行い，その中で自分自身も絶えず知識や能力を更新していくことが求められます。「グローバル人材」という言葉でイメージされているのは，こうした人間像でしょう。

すべての人がグローバル人材のように世界に出て活躍するわけではありませんが，個別化・流動化が進む社会を生きるのは国内の労働者も同じです。一つの会社に勤め続けるのではなく，転職を前提とした生き方がより一般的になるでしょう。「今ある職業のおよそ半分が20年後にはなくなっている」と言われるように，産業構造も大きく変化していきます。しかも，高齢化が進む中で定年は延長され，社会の変化に対応して学び続けながら，長期化するキャリアを自分でどう設計するかも問われるようになっています。

AIによって多くの仕事も代替されるようになると，労働者としてだけではない，プライベートや余暇生活（遊びや文化の享受）も含めて，人間らしくより善く生きること（well-being）も重要性を持ってきます。特に，すべての子どもたちに公的に保障すべきものという点でいえば，市民の育成という視点は外せません。ポスト近代社会において人類が抱える問題は，自然災害や饑餓などの自然リスク（科学技術の進歩によって解決可能なものも多い）以上に，環境汚染，原発問題，遺伝子操作，AIがもたらす社会格差など，科学技術の進歩が生み出す人工的なリスクが中心となります。人工的なリスクへの対応は専門家の間でも意見が分かれていますし，市民の倫理観や価値観の対立が起こる問題でもあります。そうした正解のない問題に対しては，他者との対話や協働を通して，市民一人ひとりやコミュニティーが理性的・批判的に判断し，自分たちで納得できる解，最適な解を見出していかなくてはなりません。

では，これまでの学校教育は，こうした，現代社会をよりよく生きるための力を育ててきたかといえば，必ずしもそうとはいえません。たとえば，ドリブルやシュートの練習（ドリル）がうまいからといってバスケットの試合（ゲーム）で上手にプレイできるとは限らず，ゲームで上手にプレイできる力は，実際にゲームする中で可視化され，育てられていきます。しかし，従来の学校教育では，子どもたちはドリル（知識・技能の訓練）ばかりして，ゲーム（学校外や将来の生活で遭遇する本物の，あるいは本物のエッセンスを保持した活動：「**真正の学習**（authentic learning）」）を経験せずに学校を去ることになってしまっています。

現代社会が求める「**正解のない問題**」に対応する力に関して言えば，正解のある問題なら誰かに正解を教えてもらえばよいですが，正解のない問題については，納得解や最適解を自分たちで創っていかねばなりません。テニスすることはガイドブックを読むだけでは上達しないように，「思考する」「表現する」「実践する」など，動詞で表されるものは，実際にそれをやらないと上達しません。ゆえに，最適解を創る力は実際にそれを他者とともに創る経験なしには育たないのです。

（2）教科指導で育てるべき学力・学習の質的レベルとは

現代社会が求める知的・社会的能力，および「真正の学習」は，「総合的な学習の時間」や特別活動も含めた学校カリキュラム全体，さらには学校外での学習機会も視野に入れて保障されるべきものです。そうした学校外，教科外の活動と結び付けながら，教科指導でも「真正の学習」は追求される必要があります。

ある教科内容に関する学びの深さ（**学力・学習の質**）は，図2-1のように三つのレベルで捉えることができます。個別の知識・技能の習得状況を問う**「知っている・できる」レベル**の課題（例：穴埋め問題で「母集団」「標本平均」等の用語を答える）が解けるからといって，概念の意味理解を問う**「わかる」レベル**の課題（例：「ある食品会社で製造したお菓子の品質」等の調査場面が示され，全数調査と標本調査のどちらが適当かを判断し，その理由を答える）が解けるとは限りません。さらに，「わかる」レベルの課題が解けるからといって，「真正の学習」の中で知識・技能の総合的な活用力を問う**「使える」レベル**の課題（例：広島市の軽自動車台数を推定する調査計画を立てる）が解けるとは限りません。なお，「使える」レベルの円の中に「わかる」レベルや「知っている・できる」レベルの円も包摂されているという図の位置関係は，知識を使う活動を通して，知識の意味の学び直しや定着（**機能的習熟**）も促されることを示唆しています。

活動的で協働的な学びを展開しつつ，学業成績などの結果も保障していくためには，友達とともに「わかった感」を伴って学んだ内容を，学習者個々人が真に自分のものとし，自分の中に定着させる機会，つまり習熟の機会を設ける必要があります。習熟というと，ドリル学習など演習を繰り返す方法（機械的習熟）をイメージしがちですが，たとえば英単語が英文読解や英作文の中で使うことにより定着していくのと同じで，知識・技能を現実の問題に活用したり，学んだことをまとめ直したり表現したりする活動も機能的習熟を促すのです。

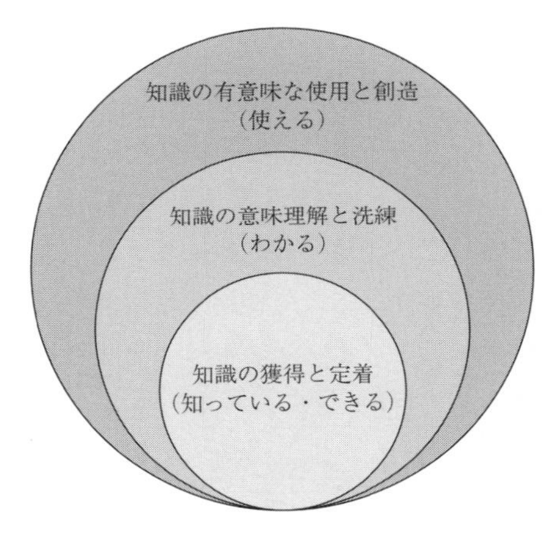

図2-1　学力・学習の質的レベル

（注）マルザーノ（Marzano, R. J.）らの「学習の次元（Dimensions of Learning）」の枠組みに若干の修正を加えたものである（Marzano, 1992 p. 16）。
（出所）石井（2012）p. 140. より抜粋

（3）どのレベルの考える力を育てるのか

学力・学習の質的レベルをふまえると，「考える力を育てるかどうか」という問い方ではなく，「どのレベルの考える力を育てるのか」という発想で考えていかねばならないことが見えてきます。従来の日本の教科指導で考える力の育成という場合，基本的な概念を発見的に豊かに学ばせ，そのプロセスで，知識の意味理解を促す

「わかる」レベルの思考力（解釈，関連付け，構造化，比較・分類，一般化・特殊化（帰納的・演繹的推論）など，理解志向の思考）も育てるというものでした（**問題解決型授業**）。

しかし，「かけ算」や「わり算」といった個別の内容を積み上げていくだけでは，それら一つひとつをいくら豊かに学んだとしても，目的や場面に応じて使用する演算を選ぶ経験などが欠落しがちとなります。よって，現実世界の文脈に対応して個別の知識・技能を総合する，**「使える」レベル**の思考力（問題解決，意思決定，仮説的推論を含む証明・実験・調査，知やモノの創発など，活用志向の思考）を発揮する機会が独自に保障されねばならないのです。

「わかる」レベルの思考と「使える」レベルの思考の違いに関しては，ブルーム（B. S. Bloom）の目標分類学[(4)]において，問題解決という場合に，「**適用**（application）」（特定の解法を適用すればうまく解決できる課題）と「**総合**（synthesis）」（論文を書いたり，企画書をまとめたりと，これを使えばうまくいくという明確な解法のない課題に対して，手持ちの知識・技能を総動員して取り組まねばならない課題）の二つのレベルが分けられていることが示唆的です。「わかる」授業を大切にする従来の日本で応用問題という場合は「適用」問題が主流だったといえます。しかし，「使える」レベルの学力を育てるには，折に触れて，「総合」問題に取り組ませることが必要です。

PISA の読解リテラシーが日本の国語教育に提起した課題もまさにその点でした。PISA 以前の従来の日本の読解指導は，与えられたテキストの内容理解（解釈）を深めるために，指示語の指す内容や段落構成や本文の要点を答えさせるものでした。これに対して，冒頭でも触れた「落書き」問題は，二つのまとまった量のテキスト

表2-3　学力・学習の質的レベル（学力の三層構造）に対応した各教科の課題例

	国　語	社　会	数　学	理　科	英　語
「知っている・できる」レベルの課題	漢字を読み書きする。文章中の指示語の指す内容を答える。	歴史上の人名や出来事を答える。地形図を読み取る。	図形の名称を答える。計算問題を解く。	酸素，二酸化炭素などの化学記号を答える。計器の目盛りを読む。	単語を読み書きする。文法事項を覚える。定型的なやり取りをする。
「わかる」レベルの課題	論説文の段落同士の関係や主題を読み取る。物語文の登場人物の心情をテクストの記述から想像する。	扇状地に果樹園が多い理由を説明する。もし立法，行政，司法の三権が分立していなければ，どのような問題が起こるか予想する。	平行四辺形，台形，ひし形などの相互関係を図示する。三平方の定理の適用題を解き，その解き方を説明する。	燃えているろうそくを集気びんの中に入れると炎がどうなるか予想し，そこで起こっている変化を絵で説明する。	教科書の本文で書かれている内容を把握し訳す。設定された場面で，定型的な表現などを使って簡単な会話をする。
「使える」レベルの課題	特定の問題についての意見の異なる文章を読み比べ，それらをふまえながら自分の考えを論説文にまとめる。そして，それをグループで相互に検討し合う。	歴史上の出来事について，その経緯とさまざまな立場の声を紹介し，その意味を論評する歴史新聞を作成する。ハンバーガー店の店長になったつもりで，駅前のどこに出店すべきかを考えて，企画書にまとめる。	ある年の年末ジャンボ宝くじの当せん金と，1千万本当たりの当せん本数をもとに，この宝くじの当せん金の期待値を求める。教科書の問題の条件をいろいろと変えて発展的に問題をつくり，追究の過程と結果を数学新聞にまとめる。	クラスでバーベキューをするのに一斗缶をコンロにして火を起こそうとしているが，うまく燃え続けない。その理由を考えて，燃え続けるためにどうすればよいかを提案する。	まとまった英文を読んでポイントをつかみ，それに関する意見を英語で書いたり，クラスメートとディスカッションしたりする。外国映画の一幕をグループで分担して演じ，発表会を行う。

（注）「使える」レベルの課題を考案する際には，E.FORUM スタンダード（http://e-forum.educ.kyoto-u.ac.jp/seika/）が参考になる。そこでは，各教科における中核的な目標とパフォーマンス課題例が整理されている。

を読み比べて，自分の考えを論理的に説明することを求めるものです。従来の読解指導が「テキスト自体を目的にして読む」ことを求めていたのに対して，PISA の読解リテラシーは「テキストを手段にして考える」ことを求めたわけです。実際，大学で学んだり，社会人として読書する際には，読んだ本の内容をもとに考えたり，議論したり，文章を書いたりといったように，読む・書く・話す・聞く活動が統合されています。なお，表2-3には，各教科において学力の三層構造がどう具体化できるかを示しています。

（4）教科固有の学びを汎用的スキルにつなげるには

ところで，知識を活用・創造する力は，そうした一般的な能力（スキル）があると仮定し，その形式を訓練することによっては育ちません。**思考スキル**とは，すでに巧みに思考できている人の特徴を後付けで分析し抽出したもので，それを教わったからといって深く思考できるようになり思考力が育つとは限らないわけです。知識を活用・創造する力は，思考しコミュニケーションする必然性のある文脈において，協働的で深い学習（「真正の学習」）に取り組む中でこそ育てられます。汎用的スキルを個別に訓練するのではなく，そうしたスキルが自ずと盛り込まれるような，問いと答えの間の長い学習活動を，そうした学びが生じる必然性を生み出すことが重要です。

「真正の学習」のように問いと答えの間の長い学習活動において，その分野の内容知識や思考力，さらには，その分野の本質（より善い活動）を追求しようとする態度は，一体のものとして育っていきます。そして，そうしたダイナミックな学びの経験を振り返ったりまとめたりする際に，概念や汎用的スキルを意識しながら，他の内容や場面にも一般化可能な形で学びの意味の自覚化を図ることで，能力は汎用性を帯びてくるのです（例：既習事項をもとに五角形の内角の和を求めた経験を，「五角形の内角の和の求め方」ではなく，「多角形の内角の和の求め方」を学んだ経験として，さらには「補助線を引くなどして，既習事項が使える単純な問題に帰着させる」といった汎用性のあるスキルを学んだ経験として，授業のまとめで意味付ける）。

先述のように，「**コンピテンシー**」や「**資質・能力**」という言葉によって強調されているのは，汎用的で教科横断的なものや非認知的なものです。**汎用的**なものの強調については，蛸壺化した教科の壁の高さを低くするべく，教科の枠に閉じず知の総合化を追求していくことを本丸と捉えるべきでしょう。具体的には，教科書を教わる授業を超えて，時には複数教科のものも参照しながら，教科書を資料として学ぶ授業をめざしていくわけです。また，**非認知的**なものの強調については，成果が目に見えやすい個人の認知的学力のみに限定されがちな視野を広げるべく，情動的な経験や他者との協働や試行錯誤を含んだ，ダイナミックで統合的な学びのプロセスを追求していくことを本丸と捉えるべきでしょう。具体的には，目標達成に向けてストレートに淡々と進めていく授業を超えて，問いと答えの間が長くてドラマのように展開のある授業をめざしていくわけです。

3．アクティブ・ラーニングを超える授業へ

（1）資質・能力の３つの柱とアクティブ・ラーニングの３つの視点をどうとらえるか

2017・2018年版学習指導要領では，育成すべき資質・能力を「３つの柱」（「何を理解しているか，何ができるか（生きて働く**『知識・技能』**の習得）」「理解していること・できることをどう使うか（未知の状況にも対応できる**『思考力・判断力・表現力等』**の育成）」「どのように社会・世界と関わり，よりよい人生を送るか（学びを人生や社会に生かそうとする**『学びに向かう力・人間性等』**の涵養）」）でとらえ，各教科や領域の目標を整理しています。

また，ALについては，特定の型を普及させるものではなく，現在の授業や学びのあり方を，子どもたちの学習への積極的関与や深い理解を実現するものへと改善していくための視点として理解すべきとし，①学ぶことに興味や関心を持ち，自己のキャリア形成の方向性と関連付けながら，見通しを持って粘り強く取り組み，自己の学習活動を振り返って次につなげる**「主体的な学び」**が実現できているか。②子供同士の協働，教職員や地域の人との対話，先哲の考え方を手掛かりに考えること等を通じ，自己の考えを広げ深める**「対話的な学び」**が実現できているか。③各教科等で習得した概念や考え方を活用した**「見方・考え方」**を働かせ，問いを見いだして解決したり，自己の考えを形成し表したり，思いを基に構想，創造したりすることに向かう**「深い学び」**が実現できているか，という授業改善の３つの視点が挙げられています。

表２−４　教科学習で育成する資質・能力の要素を捉える枠組み

<table>
<tr><td colspan="2"></td><td colspan="4">資質・能力の要素（目標の柱）</td></tr>
<tr><td colspan="2" rowspan="2">能力・学習活動の階層レベル（カリキュラムの構造）</td><td rowspan="2">知　識</td><td colspan="2">ス　キ　ル</td><td rowspan="2">情意（関心・意欲・態度・人格特性）</td></tr>
<tr><td>認知的スキル</td><td>社会的スキル</td></tr>
<tr><td rowspan="3">教科等の枠づけの中での学習</td><td>知識の獲得と定着（知っている・できる）</td><td>事実的知識，技能（個別的スキル）</td><td>記憶と再生，機械的実行と自動化</td><td rowspan="2">学び合い，知識の共同構築</td><td>達成による自己効力感</td></tr>
<tr><td>知識の意味理解と洗練（わかる）</td><td>概念的知識，方略（複合的プロセス）</td><td>解釈，関連付け，構造化，比較・分類，帰納的・演繹的推論</td><td>内容の価値に即した内発的動機，教科への関心・意欲</td></tr>
<tr><td>知識の有意味な使用と創造（使える）</td><td>見方・考え方（原理と一般化，方法論）を軸とした領域固有の知識の複合体</td><td>知的問題解決，意思決定，仮説的推論を含む証明・実験・調査，知やモノの創発（批判的思考や創造的思考が深く関わる）</td><td>プロジェクトベースの対話（コミュニケーション）と協働</td><td>活動の社会的レリバンスに即した内発的動機，教科観・教科学習観（知的性向・態度）</td></tr>
</table>

（出所）石井（2015）より抜粋

資質・能力の３つの柱と**AL の３つの視点**の意味は，教科の**学力の質の三層構造**（図２−１参照）と，**学習活動の三軸構造**をふまえて考えるとより明確になります。

学力・学習の質的レベルの違いに関わらず，学習活動は何らかの形で**対象世界・他者・自己**の３つの軸での対話を含んでいます。そして，そうした対話を繰り返す結果，何らかの認識内容（知識），認識方法（スキル）が形成され身についていきます。スキルは，対話の３つの軸（大きくは対象世界との認知的対話，他者・自己との社会的対話）に即して構造化できます。さらに，学習が行われている共同体の規範や文化に規定される形で，何らかの情意面での影響も受けます。学力・学習の階層ごとに，主に関連する知識，スキル，情意（資質・能力の要素）の例を示したのが表2－4です。

資質・能力の3つの柱は，学校教育法が定める学力の三要素（「知識・技能」「思考力・判断力・表現力等」「主体的に学習に取り組む態度」）それぞれについて，「使える」レベルのものへとバージョンアップを図るものとして，ALの3つの視点は，学習活動の三軸構造に対応するもの（対象世界との深い学び，他者との対話的・協働的な学び，自己を見つめる主体的な学び）として捉えることができます。

「社会に開かれた教育課程」，いわば各教科における「真正の学習」をめざす方向で，**対話的な学び**と**主体的な学び**を，対象世界の理解に向かう**深い学び**と切り離さずに，統合的に追求していく。これにより，「できた」「解けた」喜びだけでなく，内容への知的興味，さらには自分たちのよりよき生とのつながりを実感するような主体性が，また，知識を構造化する「わかる」レベルの思考に止まらず，他者とともに持てる知識・技能を総合して協働的な問題解決を遂行していけるような，「使える」レベルの思考が育っていく。その中で，内容知識も表面的で断片的な形ではなく，体系化され，さらにはその人の見方・考え方として内面化されていくのです。

（2）資質・能力とアクティブ・ラーニングの強調に対する危惧

資質・能力の3つの柱の提案について，知識，スキル，情意の質に着目するのではなく，学力の三要素において知識・技能以上に思考力・判断力・表現力や主体的態度を重視するものと捉えると，1990年代の「新しい学力観」がそうであったように，内容の学び深めとは無関係な関心・意欲・態度の重視と知識習得の軽視（**態度主**

義）に陥りかねません。さらに，コンピテンシーとして非認知的能力が含まれていることを過度に強調し，教科横断的なコミュニケーションや協働や自律性の育成の名の下に，どんな内容でも主体的に協力しながら学ぶ個人や学級をつくることに力点が置かれるなら，いわば**教科指導の特別活動化**が生じ，教科の学習（認識形成）が形式化・空洞化しかねません。

自己や他者と向かい合うだけでなく，対象世界と向き合うことも忘れてはならないというメッセージが，「主体的・対話的で深い学び」という順序には表れています。ところが，よくよく考えてみると，グループで頭を突き合わせて対話しているような，主体的・協働的な学びが成立しているとき，子どもたちの視線の先にあるのは，教師でも他のクラスメートでもなく，学ぶ対象である教材ではないでしょうか。ALをめぐっては，学習者中心か教師中心か，教師が教えるか教えることを控えて学習者に任せるかといった二項対立図式で議論されがちです。しかし，授業という営みは，教師と子ども，子どもと子どもの一般的なコミュニケーションではなく，教材を介した教師と子どもたちとのコミュニケーションである点に特徴があります。この授業におけるコミュニケーションの本質をふまえるなら，子どもたちがまなざしを共有しつつ教材と深く対話し，**教科の世界に没入していく学び**（その瞬間，自ずと教師は子どもたちの視野や意識から消えたような状況になっている）が実現できているかを第一に吟味すべきでしょう。教科学習としてのクオリティを追求することとALは対立的にとらえられがちですが，教科本来の魅力の追求の先に結果としてアクティブになるのです。

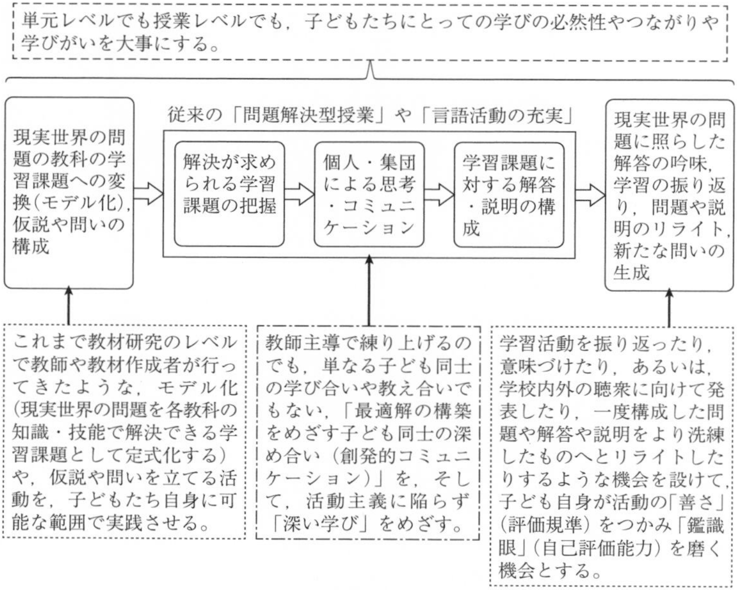

単元レベルでも授業レベルでも，子どもたちにとっての学びの必然性やつながりや学びがいを大事にする。

現実世界の問題の教科の学習課題への変換(モデル化)，仮説や問いの構成

従来の「問題解決型授業」や「言語活動の充実」

解決が求められる学習課題の把握

個人・集団による思考・コミュニケーション

学習課題に対する解答・説明の構成

現実世界の問題に照らした解答の吟味，学習の振り返り，問題や説明のリライト，新たな問いの生成

これまで教材研究のレベルで教師や教材作成者が行ってきたような，モデル化(現実世界の問題を各教科の知識・技能で解決できる学習課題として定式化する）や，仮説や問いを立てる活動を，子どもたち自身に可能な範囲で実践させる。

教師主導で練り上げるのでも，単なる子ども同士の学び合いや教え合いでもない，「最適解の構築をめざす子ども同士の深め合い（創発的コミュニケーション)」を，そして，活動主義に陥らず「深い学び」をめざす。

学習活動を振り返ったり，意味づけたり，あるいは，学校内外の聴衆に向けて発表したり，一度構成した問題や解答や説明をより洗練したものへとリライトしたりするような機会を設けて，子ども自身が活動の「善さ」(評価規準）をつかみ「鑑識眼」(自己評価能力）を磨く機会とする。

図2-2　より有意義で高次で深い学習への視点

（3）学びの質を追求する視点とは

「真正の学習」を意識しながら学びの質を追求していく上で，より**高次で**（higher)，**深くて**（deeper)，**有意義な**（meaningful）という，３つの視点で学習のあり方を考えていくとよいでしょう（図2-2)。

高次の学習と深い学習

問題場面のモデル化や仮説の設定，および，思考の表現の発表やリライトといった，これまで学校では学習者に経験させていないが，その分野で本物の活動に熟達するのに欠かせないプロセスを含めて，

問いと答えがより長く，「使える」レベルの複合的なものへと各教科の学習活動を再構成することが重要です（**より高次の学習へ**）。

ただし，「使える」レベルの学力を育てたいからといって，毎時間の授業で「使える」レベルの学習を組織する必要はありません。まして，認知的・社会的スキルの育ちを見る評価基準を毎時間細かく設定する必要もありません。**「使える」レベルの思考を試す課題**は，単元末あるいは複数の単元を総括するポイントで取り組むようにするのが現実的かつ効果的です。そして，そうした課題に学習者が協働で，さらには独力で取り組めるために何を指導し形成的に評価しなければならないかを意識しながら，日々の授業では，むしろシンプルな課題を豊かに深く追求する**「わかる」授業**，あるいは**「わかった感」を残す授業**を組織するわけです。さらには，「使える」レベルの課題を単元の最初に提示し，一単元丸ごとをその解決を軸にプロジェクト型の学習として展開することも考えられるでしょう。

「真正の学習」や「最適解をともに創る経験」につなげることを意識するなら，日々の「わかる」授業も，教師に手を引かれながら集団で練り上げる学習でも，思考する内容やプロセスの教科の本質に照らした妥当性を必ずしも問わない学び合いや教え合いに止まるのでもなく，他者とともに意見や解法を生み出す創発的なコミュニケーションを促し，これまで多くの場合学習者に代わって教師がやってしまっていた，教科の本質的な思考のプロセス（例：問題を解決するのにどの知識が使えそうか考える，問題解決の見通しや仮説を立てる，問題の解法や物事の説明を他の人にわかるように組み立てる，テキストの読解や問題の解法でどれが妥当かを判断する，実験で予想された結果とずれが生じたときにその理由を考える等）を学習者たちにゆだね，「深め合い」を促すことが求められるのです。

高次であることと深さとを統一する

認知的に「高次」であることは，「深い」学びであること，さらには**生き方に響く学び**であることを意味するわけではありません。たとえば，地元の強みを生かした新しい町おこしのアイデアを考えるような総合的な課題にただ取り組むだけでは，他人事の問題解決になりがちです。そこでは，高次の複合的な思考過程は試されるかもしれませんが，それが必ずしも子どもたちにとって真に**自分事**であり，世の中を見る目や生き方を肥やしていく学びになるとは限りません。たとえば，一見立派な町おこしのアイデアを考えて，一定満足している子どもたちに対して，ゲストで参加していた役場の職員さんから，「みなさんのうち何人が将来地元に帰ってくるのでしょう」という問いかけがなされる。このように，自分たちの提示したアイデアに当事者目線のリアリティや説得力があるのかを吟味したり，本音の部分で将来自分は地域とどのように関わるのかといった問いに直面したりすることで，現実の物事に対して無知や無関心であったことが子どもたちに自覚され，自らの立ち位置が問い直され，認識が組みかえられていくのです（**より深い学習へ**）。

こうした足下の具体的な現実世界（生活）と抽象的な学問世界（科学）との間のダイナミックな往復の中で，思考の深化が切実な関心事の広がりや自らの生活世界へのゆさぶりにつながることで，「使える」レベルの学習は，高次さと深さを統一するような「真正の学習」になっていくのです。つまり，図2-1の三層構造における垂直軸は，高次化の軸であると同時に深化の軸でもあり得，高次さと深さを統一する学習がめざされる必要があるのです。

「使える」レベルの思考を試す課題は，その複合性ゆえに，それを解決すること自体で手一杯となり，そもそもの問題の構図や解決で用いられる知識の意味などを掘り下げる方向で思考を展開しにくいかもしれません。むしろ日常的には**シンプルな課題**（例：L字型の図形の面積をいろいろな方法で求めてみる）を深く掘り下げ，そうして鍛えた思考力を試し，子どもたちを背伸びさせることで力を飛躍的に高める機会として，教科の学習観をゆさぶる機会として，**「使える」レベルの課題**（例：地域の二つの公園（複合図形）の広さを比べる）を位置づけることが有効でしょう。三層目の「使える」レベル（のみ）が大事というよりは，基本的に「わかる」レベルまでの二層で考えられてきた日本の学力・学習のあり方を三層で考えることこそが大事なのです。

有意義で重い学習

高次の学習や深い学習を意識することは，社会や教師の側の願いではあっても，学習者の側の学習への要求に沿うものでは必ずしもありません。しかし，先に，高次の学びと深い学びは，自分事の学びを追求することで統一されることを示唆したように，「使える」レベルの学力をめざして「真正の学習」を追求することは，子どもたちが学ぶ意義や生活との関連性（**レリバンス**）を感じられるよう，教科指導のあり方を問い直すことにつながる点を意識しておくことが重要です。

学校教育の強みは「**回り道**」（知識を系統的に学ぶことなどにより，日常生活を送るだけでは生じない認識の飛躍を実現する）にありますが，生活（生きること）への「**もどり**」がないために，学校の中でしか通用しない学びになってしまってはいないでしょうか。学ぶ意義も感じられず，教科の本質的な楽しさにも触れられないまま，多くの子どもが，教科やその背後にある世界や文化への興味を失い，学校学習に背を向けていっています。社会科嫌いが社会嫌いを，国語嫌いがことば嫌い，本嫌いを生み出しています。「真正の学習」の追求は，子どもが生きている生活の文脈から学校での学習を見直し，「学びがい」や思考する必然性や切実性を大事にする授業づくり（例：ただ公園の広さを調べ比べるだけでなく，自分たちの地域の遊び場が充実しているかどうかを考えるためにそれをする）としてとらえられることによって，現代社会の要求に応えるのみならず，まさに目の前の子どもたちの要求に応えるものとなるのです。それは言葉や認識に重さをもたらすでしょう（**より有意義で重い学習へ**）。

先述のように（p. 47），学習活動は基本的に三軸構造（対象世界・他者・自己）で捉えることができ，３つの対話軸それぞれについて対話の質を追求することが重要になります。特に対象世界との密度の濃い対話（理解や関与）を実現することが教科学習の課題ですが，その質を規定する要因として，３つのC，すなわち，「**内容**（content）」「**認知過程**（cognition）」「**文脈**（context）」があり，それは，深く，高次で，有意義という学びの質を追求する３つの視点と対応しています。これにより，内容の質という場合，内容を高度にする・多くするのでなく，学びの深さ（認識の組みかえに伴う視座の高まりと視野の広がり）を追求することを，認知過程の質という場合，認知プロセスを複雑にするのでなく，問いと答えの間が長くてダイナミックな高次な活動を保障することを，そして，文脈の質という場合，表面的ななじみやすさではなく，有意義であること（個人的意義や切実性が感じられること）を重視するというわけです。

（４）教科の本質を追求する授業のあり方とは

このように，教科における「真正の学習」を追求する上で，思考する必然性や学びがい（「**より有意義な学習**」）を大切にしながら，単元レベルで「**より高次な学習**」を，毎時間の授業レベルで「**より深い学習**」を追求することを心掛けるとよいでしょう。

ただし，有意義な学習の重視は，教科における実用や応用の重視とイコールではありません。教科の知識・技能が日常生活で活きることを実感することのみならず，知的な発見や創造の面白さにふれることも，知が生み出される現場の人間臭い活動のリアルを経験するものであるならば，それは学び手の視野や世界観（生き方の幅）を広げゆさぶり豊かにするような「真正の学習」となりえます。

よって，教科における「真正の学習」の追求は，**「教科の内容を学ぶ（learn about a subject）」授業**と対比されるところの，**「教科する（do a subject）」授業**（知識・技能が実生活で生かされている場面や，その領域の専門家が知を探究する過程を追体験し，「教科の本質」をともに「深め合う」授業）を創造することと理解すべきでしょう。そして，「教科する」授業は，教科の本質的かつ一番おいしい部分を子どもたちに保障していくことをめざした，教科学習（学問・芸術・文化の営み）本来の魅力や可能性，特にこれまでの教科学習であまり光の当てられてこなかったそれ（教科内容の眼鏡としての意味，教科の本質的なプロセスの面白さ）の追求でもあります。

教科学習の本来的意味は，それを学ぶことで身の回りの世界の見え方やそれに対する関わり方が変わることにあります。「蒸発」という概念を学ぶことで，水たまりが次の日にはなくなっているという現象のメカニズムが見えてくるし，蒸発しやすくするため衣類を温めてから干すなどの工夫をするようになるといった具合です。それは，教科内容の眼鏡としての意味を顕在化することを意味します。

また，教科の魅力は内容だけではなく，むしろそれ以上にプロセスにもあります。たとえば，歴史科の教師のほとんどは，子どもたちが，一つひとつの歴史的な出来事よりも，それらの関係や歴史の流れを理解することが大事だと考えているでしょう。しかし，多くの授業において，子どもたちは，板書されたキーワードをノートに写しても，教師が重要かつ面白いと思って説明しているキーワード間のつながりに注意を向けているとは限りません。まして，自分たちで出来事と出来事の間のつながりやストーリーを仮説的に考えたり検証したり，自分たちなりの歴史認識を構築したりしていくような「歴史する（do history）」機会は保障されることはありません。

教材研究の結果明らかになった知見でなく，教材研究のプロセスを子どもたちと共有することで，多くの授業で教師が奪ってしまっている**各教科の一番本質的かつ魅力的なプロセス**を，子どもたちにゆだねていくわけです。たとえば，教師の間で物語文の解釈をめぐって議論が起きたなら，テキストの該当部分についてその論点を子どもたちとも議論してみる。教科書への掲載にあたって改作された作品について，原文との表現の違いを検討したなら，子どもたちにも比較検討をさせてみるといった具合です。教科のうまみを味わえるここ一番のタイミングでポイントを絞ってグループ学習などを導入していくことで，ALは，ただアクティブであることを超えて**「教科する」授業**となっていくのです。

(5)「見方・考え方」をどうとらえるか

教科の本質の追求に関わり，新学習指導要領は，深い学びを構想するキーワードとして，「**見方・考え方**」という概念を提起しています。「見方・考え方」とは，教科の個々の内容を忘れても学習者に残るものであって，教科の内容知識と教科横断的な汎用的スキルとをつなぐ，各教科に固有の現実（問題）把握の枠組み（眼鏡となる原理：見方）と対象世界（自然や社会やテキストなど）との対話の様式（学び方や問題解決の方法論：考え方）ととらえられます。そして，新学習指導要領において，「見方・考え方」は，質の高い学びの過程を生み出す手段でありかつその結果でもあるとされています。

まず，「見方・考え方」は，学びのプロセスが本質を外していないかどうかを判断する手がかりと考えることができます。「見方・考え方」は，どの活動を子どもにゆだねるかを判断するポイントとして，また，そのプロセスが自ずと生起する必然性のある課題を設計する留意点としてとらえられ，その意味で質の高い学びの過程を生み出す手段なのです。

また，「見方・考え方」が質の高い学びの過程の結果であるという点をふまえれば，知識や概念が「見方」として学ばれ，スキルや態度がその人のものの「考え方」や思考の習慣となるような，生き方にまで響く教科の学びが追求されねばならないという，真の意味での学びの深さへの問いが浮かび上がってきます。

このように，「見方・考え方」が投げかける授業づくりの課題は，先述の教科本来の魅力（教科内容の眼鏡としての意味，教科の本質的なプロセスの面白さ）の追求と重ねてとらえられることに気付くでしょう。たとえば，豊かな言語生活を実現するという観点から，テキストを目的として読むことから，テキストを手段として考え表現することを重視する国語教育へ，あるいは，その作品の定説とされる解釈に至らせることよりも，解釈を深めたり，作品を批評したりするプロセス（読みの方略や物事の認識方法）を重視する国語教育へといった具合に，それぞれの教科で自明とされている観や本質を問い直す議論を各教科において展開していくことが求められます。

教科等の「見方・考え方」への着目については，それを「比較・関連づけ・総合」といった一般的な学び方のように捉えてしまうと，スキル訓練に陥りかねません。新学習指導要領で示された各教科等の「見方・考え方」については，それを正解（遵守すべき型）のように捉えるのではなく，１つの手がかりとして，それぞれの学校や教師がその教科を学ぶ意味について議論し考えていくことが，そして，学びのプロセスに本質を見出す目を教師が磨くことが重要なのです。

以下の章（第３章～第７章）では，教科内容を豊かに深く学ぶ「わかる」授業の伝統を継承しながら，それを「教科する」授業へとバージョンアップしていくことも視野に入れて，授業づくりのフレームのそれぞれのフェーズについて，授業づくりのポイントを詳しく見ていきます。なお，第８章では，「教科する」授業を創る以下の３つのポイントを提起し，解説していきます。①尻すぼみの単元展開から末広がりの単元展開へ，②知識発見学習から知識構築学習へ，③教科の本質的なプロセスを経験させているかどうかという視点から授業で経験されている“do”（動詞）の質を吟味する。

〈注〉

(1) PISA（Programme for International Student Assessment）とは，義務教育修了段階の15歳（高校1年生）を対象に，生徒が身につけてきた知識・技能を，実生活の様々な場面で直面する課題にどの程度活用できるかを測ることを目的とした調査。2000年から3年ごとに実施されている。PISA が測る能力は，「リテラシー」という言葉で語られ，読解力，数学的リテラシー，科学的リテラシー（2003年，2012年は問題解決能力，2015年は協働問題解決能力も）が評価されてきた。

(2) DeSeCo（Definition and Selection of Competencies）とは，変化の激しい現代社会において個人の人生の成功やよりよい社会の形成に寄与する能力（コンピテンシー）を明らかにすべく，OECD が組織したプロジェクトである。1997年末に活動を始め2003年に最終報告を行い，キー・コンピテンシーの枠組みを提起した。

(3) レリバンスとは，学習する内容・主題の個人の興味・関心や社会的な問題とのつながり（関連性）を意味し，学校での学習の切実性や有意義性を問う概念である。内容の学問との結びつきや思考の知的な緻密さを問う厳密性（rigor）と対となって，系統主義か経験主義か，学問中心カリキュラムか子ども中心カリキュラムかといった，カリキュラム開発における論点を構成する。

(4) 「分類学」（タキソノミー）というタームを教育研究に導入したのは，B. S. ブルームらである。彼らは，教育目標を分類し明確に叙述するための枠組みを開発し，それを「教育目標の分類学（taxonomy of educational objectives）」と名づけた（一般に，ブルーム・タキソノミーと呼ばれる）。ブルーム・タキソノミーでは，学校教育における教育目標の全体像が，「認知領域」（1956年出版），「情意領域」（1964年出版），「精神運動領域」（未完）の三領域で整理され，各領域はさらにいくつかのカテゴリーに分けられている。たとえば，認知領域は，「知識」「理解」

「適用」「分析」「総合」「評価」の６つで，また，情意領域は，「受け入れ」「反応」「価値づけ」「組織化」「個性化」の５つで構成されている。そして，カテゴリーごとに，対応するテスト項目も例示されている。

〈引用・参考文献〉

新井紀子 2010『コンピュータが仕事を奪う』日本経済新聞出版社。

新井紀子 2018『AI vs. 教科書が読めない子どもたち』東洋経済新報社。

石井英真 2012「学力向上」篠原清昭編『学校改善マネジメント』ミネルヴァ書房。

石井英真 2015『今求められる学力と学びとは―コンピテンシー・ベースのカリキュラムの光と影―』日本標準。

石井英真 2017『中教審「答申」を読み解く』日本標準。

市川昭午 2000『未来形の教育―21世紀の教育を考える―』教育開発研究所。

グリフィン，R.・マクゴー，B.・ケア，E. 編（三宅なほみ監訳）2014『21世紀型スキル―学びと評価の新たなかたち―』北大路書房。

国立教育政策研究所編 2007『生きるための知識と技能③ OECD 生徒の学習到達度調査（PISA）2006年調査国際結果報告書』ぎょうせい。

国立教育政策研究所 2013『教育課程の編成に関する基礎的研究　報告書５　社会の変化に対応する資質や能力を育成する教育課程編成の基本原理（改訂版）』。

国立教育政策研究所 2016『資質・能力』東洋館出版社。

奈須正裕・久野弘幸・齊藤一弥編著 2014『シリーズ新しい学びの潮流１　知識基盤社会を生き抜く子どもを育てる―コンピテンシー・ベイスの授業づくり―』ぎょうせい。

広田照幸 2009『格差・秩序不安と教育』世織書房。

本田由紀 2005『多元化する「能力」と日本社会―ハイパー・メリトクラ

シー化のなかで―』NTT 出版。

松下佳代編著 2010『〈新しい能力〉は教育を変えるか―学力・リテラシー・コンピテンシー―』ミネルヴァ書房。

文部科学省 2014「育成すべき資質・能力を踏まえた教育目標・内容と評価の在り方に関する検討会―論点整理―」。

ライチェン，D. S.・サルガニク，L. H.（立田慶裕監訳）2006『キー・コンピテンシー―国際標準の学力をめざして―』明石書店。

Marzano, R. J., 1992, *A Different Kind of Classroom: Teaching with Dimensions of Learning*, ASCD.

第Ⅱ部

よい授業をデザインする５つのツボ

第3章　授業づくりのツボ①
「目的・目標（Goal）」を明確化する

Opening Question

　以下の目標例で，目標は明確になっているでしょうか？　もし目標として明確になっていないとすると，どのように目標を設定し直せばよいでしょうか？

【目標例①】
「ゴム栓は水に浮くか沈むかを考える」
【目標例②】
「五角形の内角の和の求め方がわかる」
【目標例③】
「乗法の交換法則を理解する」
【目標例④】
「平泳ぎがうまく泳げるようになる」

「目的・目標」は，「何を教え，どのような学力を形成し，どんな子どもを育てたいか」を問うことです。それは，教育目的（ねがい）と教育目標（ねらい）を精選し，明確化し，構造化することを意味します。教育目的・目標を検討することは，教育的価値と授業の基本的な方向性を吟味することです。そして，授業で最低限押さえるべき本質的な目標を具体的に絞り込むことは，ドラマ的で創造的な授業を見通しをもって進める基盤となります。本章では，創造的な授業のデザインにつながるように目標をどう明確化・構造化するかを述べます。

本章のポイント

・目標の明確化とは，観点別に目標を整理することではなく，実践の出口の子どもの姿をイメージすること（目標の具体化）である。
・この時間でこれだけはという目標を一つに絞る。その際，より一般的で概括的な知識のタイプに注目する。
・計画は綿密に立てても子どもを前にしたらそれを捨てる。そして，教えたいことは教師からは教えない。
・毎時間の「小さなねらい」とともに「大きなねらい」や「ねがい」（より高次のより遠い目標や目的）を常に意識する。
・毎時間の授業は目標にとらわれすぎず，長期的なゴールについては目標逆算的に考える。

１．教育目標を明確化する意味

（１）教育目的・目標とは何か

「**教育目的**」（ねがい）は，学校教育目標や学級目標（目指す学習者像）のように，学校教育全体を通じてめざし続ける教育理念や方向性を表現する言葉です（例：「生きる力を育む」「ものごとを多面的に考察しようとする子どもを育てたい」「自分の考えを自信を持って発表できる子どもを育てる」）。一方，「**教育目標**」（ねらい）という言葉は，単元・授業レベルで子どもに習得させたい内容や育てたい能力やその到達点（例：「かけ算の意味がわかる」「自分の考え方を線分図を使って説明できる」）を指します。なお，子どもの側が意識する学習目標には，「**めあて**」という言葉が使われます。

教育という目的意識的な営みにおいて，「ねがい」や「ねらい」は，教材や学習活動を選択したり，実践された授業の成果を評価したりする規準となります。しかし，「答えの理由を考えようとする子どもを育てたい」といった「ねがい」は，それだけでは教育活動の直接的な指針とはなりません。「ねがい」として持っている学習者像や方向性を常にめざしながら，日々の授業では，個別の指導内容に即して「ねらい」を明確にする必要があります。

学習指導案や授業シラバスなどでは，さまざまな形で授業の目標が明示されていますが，それらが真に目標と呼ぶべきものであるとは限りません。たとえば，本章の冒頭の【目標例①】「ゴム栓は水に浮くか沈むかを考える」は，授業の目標でしょうか。目標として意識すべきは，「浮力」という概念の理解です。軽くて水に沈みそうもないゴム栓が水に沈むという現象は，「浮力」を理解するための素材（教材）なのです。そして，「この素材や活動を通じて何をつかませたいのか」「このテスト問題でどんな力をみたいのか」と問うてみることが，目標を自覚する第一歩となります。

また，【目標例②】「五角形の内角の和の求め方がわかる」は，授業で追求すべき目標でしょうか。「五角形の内角の和は，三角形の内角の和（180度）三つ分で540度である」ということは，知っておいた方がよいことかもしれませんが，それ以上に子どもにつかませるべきは，「多角形の内角の和の求め方」（三角形に分割することでどんな多角形の内角の和も求めることができる）でしょう。同様に考えると，国語において『ごんぎつね』などの特定の物語の解釈を深めることだけでなく，「視点移動により登場人物の心情を理解する」といった読み方のスキルを目標として意識することが必要だとわかるでしょう。その授業で示された課題を解決することに止まらず，他の課題を解決する時にも生かせる教訓やポイントこそが，追求すべき目標なのです。

上記のような意味での目標が明確に認識・吟味されていない場合，教育実践は子どもたちによる活発な活動のみがあって知的な学びが成立していない**活動主義**的傾向や，教科書の内容をただなぞるだけの**網羅主義**的傾向に陥るでしょう。

（２）教育目標を明確化する方法とは

教育目標は，それが指導と評価の指針となるために，実践の出口の子どもの姿として具体的にイメージされていなければなりません。授業の最後に子どもがどうなっていたら（新たに何ができるようになったら，もともとの見方・考え方がどう変わったら，行動や態度がどう変わったら）その授業は成功といえるのかを，実践に先だって考えるわけです。

目標を明確化することは目標を類型化することか

それゆえ，一般に教育目標は，「オームの法則（内容）を理解することができる（行動・認知過程）」といった具合に，「何を教えるか」（内容）のみならず，「教えた内容を学習者がどう学ぶか」（行動・認知過程）もあわせて記述されます（「行動目標」の考え方）。さらに，行動・認知過程の部分については，内容に対する学びの質的レベルを明らかにする必要があります。「理解する」というのは，「公式を覚えている」（記憶）ということなのか，「電流，電圧，抵抗の相互関係を説明できる」（理解）ということなのか，あるいは，「オームの法則を生活場面で生かせる」（活用）ということなのか。これらのうちどれを意味するかで，選択すべき指導法や評価法が変わってくることは明らかでしょう。

このように，学力・学習の質的レベルによって**目標を類型化**し分析的に理解することは，知識・技能の習得以外の目標の類型にも教師の目を向けさせ，客観テスト以外の多様な評価方法の採用を促す意味を持ちます。しかし，目標を類型化することが，教科内容に，「理解する」「適用することができる」などの指導要録の四観点に沿った動詞をくっつけて，表3-1のように目標を観点別に整理すること（目標の図表化）に止まるなら，目標の類型化は，むしろ出口の子どもの姿を具体的にイメージする妨げになるでしょう。

「江戸幕府の政治の特色を理解する」といった形で目標を記述しても，それだけでは指導のポイントは明確になりません。「江戸幕

表３－１　学習指導要領の内容項目と指導要録の４観点による二次元マトリックス（中学校歴史「近世の日本」）

	社会的事象への関心・意欲・態度	社会的な思考・判断・表現	資料活用の技能	社会的事象についての知識・理解
戦国の動乱				
江戸幕府の成立				
⋮				

「江戸幕府の成立と大名統制，鎖国政策，身分制度の確立…［中略］…について多面的・多角的に考察し，公正に判断して，その過程や結果を適切に表現している。」

（注）観点等は，2008年版学習指導要領と2010年版指導要録に基づいている。

府の政治の特色を理解できた子どもの姿（認識の状態）とはどのようなものか」「そこに至るつまずきのポイントはどこか」と問い，それへの回答を考えることが必要です。その際，「どの場面でどう評価するのか」「子どもが何をどの程度できるようになればその授業は成功と言えるのか」と，事前に評価者のように思考することが有効です。

【問１】現在日本国内で犯罪を犯しても外国に逃亡すると日本の警察権が及ばないことがある。では江戸時代にある藩で犯罪を犯した者が別の藩に逃げ込んだらどうなったか。

ア．警察権が及んだ　イ．及ばなかった

ウ．わからない

【問２】江戸時代８代将軍吉宗は四公六民だった年貢率を五公五民に引き上げる命令を出した。これはどの範囲にまで効力を持ったか。

ア．徳川家の直轄地だけ　イ．全国に対して

ウ．わからない

【問3】加賀百万石（今の石川県）の殿様は前田家だ。加賀の農民の差し出した年貢は誰の手にわたったか。

ア．農民の差し出した年貢は前田家のもの

イ．農民は前田家と徳川家の両方に年貢を納めた

ウ．農民は前田家に納め，前田家はその一部を徳川家に納めた

エ．わからない

（麻柄・進藤，2008，p. 124）

「江戸時代」に関して子どもたちは，中央集権国家のイメージを抱きがちです。それゆえたとえば，上記のような問題に対して多くの子どもが誤った選択肢を選びます（正解は【問題1】イ，【問題2】ア，【問題3】ア)。こうして，評価を意識し，子どものつまずきを予想し，具体的な子どもの姿で目標を明確化しようとすることで，「幕府が大名を統制するとともに，領内の政治の責任を大名に負わせた」といった学習指導要領レベルの記述をこえて，指導の核となる本質部分（例：中央集権のイメージがある江戸時代だが，実は各藩の権限の強い地方分権の時代であった）へと目標が焦点化され，実質的な指導の見通しにつながる目標把握が促されます。

目標を明確化することは目標を細分化することか

また，「目標の明確化」というと，単純で達成が容易な下位目標に最終目標を分解し，そうした断片的な技能のリストをスモールス

テップで学んでいけるようにすることだと思う人も多いでしょう（**目標の細分化**）。たとえば，「バスケットの試合で上手にプレイできる」ためには「ドリブルができる」ことも必要だし，「シュートができる」ことも必要だという具合です。

こうした目標の細分化は，指導の順次性・系統性を確立する上で必要な作業です。しかし，目標の過度な細分化は目標の断片化に陥り，何のためにそれを学ぶのかが子どもに見えず，教師の側も膨大な数の目標リストをこなし点検するのに追われること（詰め込み授業）になる危険性があります。そして何より，ドリブル，パス，シュートといった指導しやすい要素を明らかにしても，「バスケットの試合で上手にプレイできる」という最終目標自体の成功イメージや指導のポイントは必ずしも明らかになりません。ドリブル，パス，シュートといった個別の技能を駆使しながら状況を判断しつつ試合でプレイしている子どもの姿をイメージし，そこで働いている思考過程を明らかにし，試合場面での子どもたちのパフォーマンスをどう評価し，よりよいパフォーマンスにする上で何に着目して助言するのかを考える必要があります。

「目標の類型化」や「目標の細分化」を行いつつも，「目標の明確化」の第一義的な意味は，真にめざすべき包括的な最終目標について，授業後に生じさせたい具体的な出口の子どもの姿（認識や能力の変容の表れとしての学習者の活動の様子，発言，作品）で目標を語る**「目標の具体化」**であることを忘れてはなりません。そして，「目標の具体化」においては，目標設定の段階で評価者のように思考し，**「目標と評価の一体化」**を意識することが有効です。

2．「知の構造」を生かした教育目標の精選と明確化

（1）メインターゲットをどう見極めるか

ここまでで述べてきたように，指導や評価の確かな指針となるよう明確に目標を設定するには，授業の中核目標（**メインターゲット**）として真にめざすべき内容や能力を見定め，それについて具体的な子どもの姿で実践の出口をイメージすることが重要です。そして，目標の精選・構造化を進める上で，また学習のタイプに応じて効果的に目標を明確化していく上で，学力の構造を捉えるモデルを念頭に置いておくことが有効です。図３－１は，第２章で示した学力・学習の質的レベルの図（p. 41）に加え，それに対応する教科内容（知識）のタイプ（知の構造）も示しています。

「**知の構造**」では，まず**内容知**と**方法知**の２種類で知識が整理されています。そして，それぞれについて，学力・学習の三つの質的レベルに対応する形で，特殊で要素的な知識からより一般的で概括的な知識に至る知識のタイプが示されています。図３－２のように，単元の教科内容を「知の構造」の枠組みを使って整理することで，目標を精選し構造化することができます。第２章で見たように，単元レベルでは「使える」レベルの「総合」問題に取り組む機会を保障しつつ，毎時間の実践では「わかる」授業を展開することが重要です。

毎日の授業で「わかる」授業を組織するには，その授業のメインターゲットを一つに絞ることを意識するとよいでしょう。目標となる知識項目の重みづけのできていない授業は，「次は……，次は

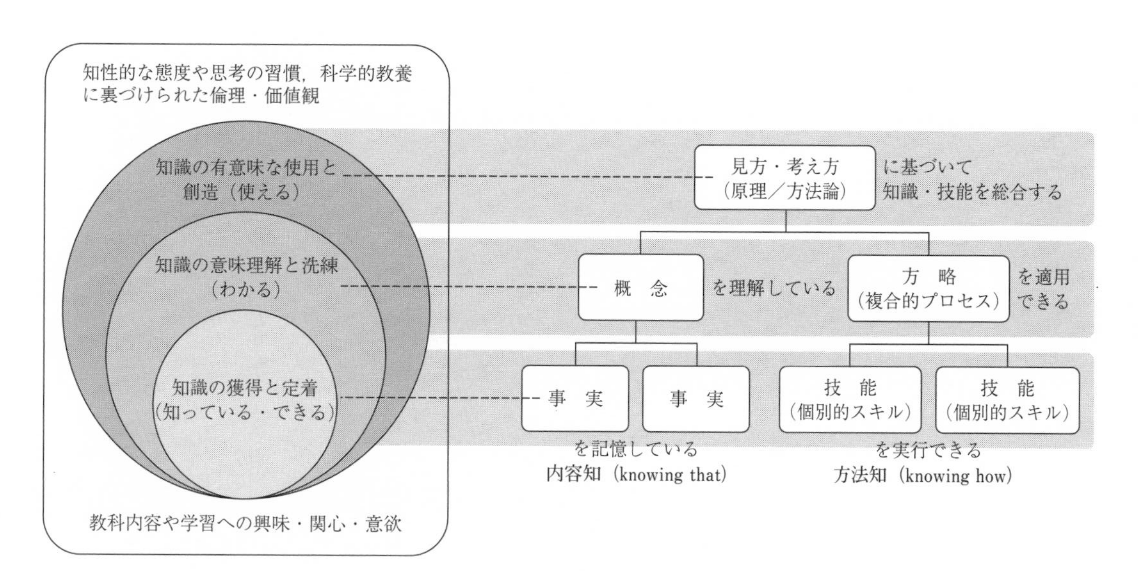

図3-1　学力・学習の質的レベルと「知の構造」

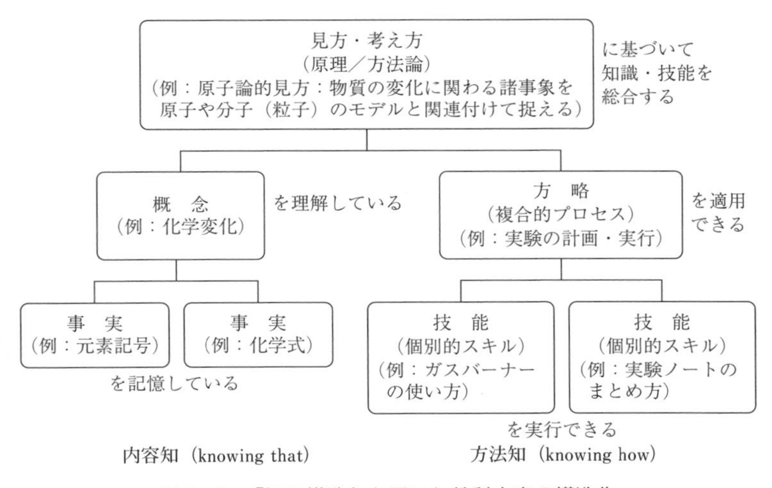

図3－2　「知の構造」を用いた教科内容の構造化

（出所）西岡（2013）が McTighe & Wiggins（2004）p. 65の図や，Erickson（2008）p. 31の図をもとに作成した図に筆者が加筆・修正した

……」と内容を網羅する平板な授業に陥りがちです。何より，「わかる」レベルの学習においては，学習者自身が知識をつないで意味を構成する活動を保障することが重要であり，そうした活動の時間を確保する上でも，目標の絞り込みは不可欠です。

毎時間のメインターゲットを絞る上で，内容知については，事実的知識よりもそれを要素として包摂し構造化する**概念的知識**に，方法知については，個別的な技能（機械的な作業）よりそれらを戦略的に組み合わせる**複合的な方略（思考を伴う実践）**に焦点を合わせることが有効です。このように，より一般的な知識に注目してこそ，授業での活動や討論において，要素を関連付け深く思考する必然性が生まれます。

（2）知識のタイプに応じて目標をどう具体化するか

そうして「わかる」レベルに対応する知識に焦点を合わせた上で，内容知は知識のつながりとイメージに注目して，方法知は上手にパフォーマンスするためのコツに注目して，目標を明確化するとよいでしょう。たとえば，本章冒頭の【目標例③】「乗法の交換法則を理解する」は，内容知の目標なので，考え方の交流場面で子どもからどんな発言や図や説明が出てくればよいのかを考えるとよいでしょう。小学校低学年の子どもならば，縦長の用紙に書かれた６×３のマス目を見せながら，「紙を横にしたら３×６になる」といった説明ができれば，直観的な理解が成立していると言えるでしょう。

一方，冒頭の【目標例④】「平泳ぎがうまく泳げるようになる」は，方法知の目標なので，何をもって「うまく」泳げているとするのか，また，そのためのコツは何かを考えるとよいでしょう。たとえば，「あおり足になっていないかどうか」という点が指導と評価のポイントとなるでしょう。「効果的に引用ができるようになる」という方法知に関わる目標も，効果的な引用とはどのようなものかを考えることで，「論証上の説得力を高めるものになっているかどうか」という指導と評価のポイントが明らかになります。

近頃，教師と子どもがともに目標を意識するために，子どもたちにあらかじめ目標を明示することが広まっています。目標が達せられたか子ども自身が自己評価できるよう促す上で，あるいは，教師が毎時間のメインターゲットを絞り込むことを促す上で，一つのしかけではあるでしょう。ただし，授業の内容や授業スタイルによっては，目標を明示しない方がよいときがあります。たとえば，謎解き的な授業展開の場合は，目標を示すことでネタバレになってしまって，子どもたちの興味をそぐことになってしまうでしょう。

「ねらい」と「めあて」を区別することが必要で，「ねらい」は，指導案に記述される教師の側の指導目標であり，教師のこだわりや指導のポイントが，授業の出口の子どもの姿として，他の教師にもわかるように具体化される必要があります。他方，学習者に示し意識化する「めあて」は，「ねらい」と同じ記述である必要はありません。方法知の学習の場合は，教師の目標をそのまま示しても大丈夫な場合が多いですし，むしろ「上手さ」の中身を共有することで，学びの自己調整を促すこともできるでしょう。しかし，内容知の学習では，教師の側の「ねらい」をそのまま示すことは，活動や討論の結論を示すことになってしまいます。「○○について理解する」，あるいは，「××という問いについて考える」といった形で，主題（目標の内容的側面）や問いや学習課題を示すのでも十分でしょう。「めあて」の提示が絶対化されがちですが，本来なら，「めあて」の明示に頼らなくても，何のために何を学んでいるのかが子どもたち，さらには授業を観察した第三者にも常にわかるような，焦点化され，子どもの思考の流れとかみ合った授業展開を，そして，授業の最後に子どもたちに今日の「めあて」や「ねらい」を聞いて意見がそろうような授業をめざすべきでしょう。

3．より高次のより遠い目標を意識する意味

（1）目標の明確化で授業が硬くならないためには

「目標と評価の一体化」を意識して目標を明確化することは，教師が設定した目標に向けて子どもたちを追い込んでいくことを必ず

しも意味しません。**目標の明確化**で授業が硬くならないためには，以下の三つのことを意識するとよいでしょう。

第一に，「計画は綿密に立てても子どもを前にしたらそれを捨てる」という点です。教育目標は単元や授業を設計する際の仮説であって，子どもたちが授業過程に没入し，深く豊かな学習が成立している時，教育目標は教育実践を通じて軌道修正されたり，設定し直されたりします。計画なき実践は盲目であり，ドラマも生まれません。しかし，目標や筋書きを持ちつつも，授業過程においては子どもの学びに意識を集中し，それに応答することが必要です。「計画は計画すること自体に意味がある」のです。

第二に，「教えたいことは子どもたち自身につかませる」（「教えたいことは教師からは教えない」）という点です。目標として設定した内容については，教師が直接教えるというよりも，活動や討論を組織して授業の主導権を子どもたちに委ねることが重要です。ただし，そうして子どもたちから発言や活動を引き出したとして，それらと無関係に教師の意図した結論（「まとめ」）を押し付けることにならないように，実際の子どもの言葉を生かしてまとめることが肝要です。子どもの言葉で「まとめ」を予想しつつ，教師の予想を超える「まとめ」が生まれることをめざして授業を展開するわけです。こうして，毎時間あるいは単元末の「まとめ」を明確にして授業に臨むことは，目標の具体化を日常的に意識する上で有効でしょう。

第三に，「より高次のより遠いゴールを具体的にイメージする」という点です。臨機応変の対応を行い授業を創造的に展開している教師は，決して目標があいまいなまま実践しているわけではありません。仮に指導案には目標が記述されていなくても，そうした教師たちは，口頭で問われれば，授業過程での子どもたちの反応や目指す子どもの姿をむしろ詳細かつリアルに語ることができます。目標の明確化が**授業の創造性**と矛盾するかどうかは，目標の立て方や意識の仕方の違いに由来するのです。

たとえば，身の回りの箱の分類を通して「立方体と直方体」について学ぶ算数の授業において，元・小学校教諭の大杉稔先生は，立方体か直方体の二つに分類させる教科書の展開にとらわれず，子どもたちから出てきた分類の仕方（①面がすべて正方形，②二面が正方形で他は長方形，③面がすべて長方形など）を受け止め，①を縦に引き伸ばすと②になるといった具合に，形を相互に変形する展開を生み出していました。「立方体と直方体」という単元の導入の授業は，小学校における「立体」概念の導入の授業でもあるのです。そうした意識ゆえに，大杉先生は，ペラペラの紙ではなく「立つ」ものとして，空間を占めるものとして，机の上の筆箱も子どもたちの体も「立体」であることに言及するのです。

もし教師が目標として「立方体」と「直方体」という個別のトピックの習得しか意識していなければ，底が正方形で周囲が長方形という子どもから出てきた分類は，教師にとって修正されるべきものとしか映らないでしょう。しかし，大杉先生の授業は，「立方体」「直方体」という個別のトピックではなく，それらを概括する「立体」の授業として展開されています。ゆえに，子どもから出てきた思考についても，「立体」概念を深めるという，よりゆるやかな観点からその意味を発見することもできるわけです。

目標の明確化が授業の硬直化に陥るのは，多くの場合，その教師が個別的で短期的な目標（**小さなねらい**）にとらわれているからです。本時の目標と並行して，よりメタで概括的な内容（**より高次の目標：大きなねらい**）や教育目的（**ねがい**）を意識することで，子どもの多様な思考を受け止める幅が教師の側に生まれます。長期的な見通しの下で目標が重層的に把握されているからこそ，計画からのずれが許容され，そうしたずれを教科の本質と関連づけて，新たな展開の可能性を構想することも可能になるのです。また，そうしたより高次の目標は，一時間単位ではなく，単元，学期，学年といった，より長いスパンで育てられるべきものです。そして，**より遠いゴール**を意識することで，一時間の授業の目標をより遠いゴールへの通過点として捉えられるようになるわけです。

（２）より高次のより遠いゴールをどう意識するか

では，より高次のより遠いゴールをどう意識し，明確化すればよいのでしょうか。いくつか方法を挙げておきたいと思います。

学力・学習の質的レベルや知識のタイプを意識する

一つは，図３-１に示した学力・学習の質的レベルや「知の構造」を念頭において考えることです。自分たちが設定している目標を，これらの枠組みのどこに位置づけられるか考えることで，それまで想定していなかったような学力の質的レベルや知識のタイプの存在に気づくことができるでしょう。たとえば，そのような視点で2008年版学習指導要領に示されている目標や内容を眺めてみると，表３-２の下線部のように，学年を超えて繰り返し挙げられる，教科内の分野・領域の柱となる目標の存在に気づきます。多くの場合，単元や授業の目標として意識されているのは，「折れ線グラフの読み方やかき方について知ること」といった，下位項目（事実的知識

表3－2　2008年版学習指導要領における小学校算数科4年生の「数量関係」の領域の内容構成（下線引用者）

(1)　伴って変わる二つの数量の関係を表したり調べたりすることができるようにする。
　ア　変化の様子を折れ線グラフを用いて表したり，変化の特徴を読み取ったりすること。

［中略］

(4)　目的に応じて資料を集めて分類整理し，表やグラフを用いて分かりやすく表したり，特徴を調べたりすることができるようにする。
　ア　資料を二つの観点から分類整理して特徴を調べること。
　イ　折れ線グラフの読み方やかき方について知ること。

表3－3　2017年版学習指導要領における小学校算数科4年生の「データの活用」の領域の内容構成（下線引用者）

D　データの活用
(1)　データの収集とその分析に関わる数学的活動を通して，次の事項を身に付けることができるよう指導する。
　ア　次のような知識及び技能を身に付けること。
　　(ア)　データを二つの観点から分類整理する方法を知ること。
　　(イ)　折れ線グラフの特徴とその用い方を理解すること。
　イ　次のような思考力，判断力，表現力等を身に付けること。
　　(ア)　目的に応じてデータを集めて分類整理し，データの特徴や傾向に着目し，問題を解決するために適切なグラフを選択して判断し，その結論について考察すること。

や個別の技能）でしょう。しかし，「折れ線グラフ」や「棒グラフ」といった個別の内容を積み上げていくだけでは，目的や場面に応じて使用するグラフを選んだり，目盛りを設定したりする経験などが欠落しがちとなり，分野・領域の柱となる概括的で一般的な目標（「目的に応じて資料を集めて分類整理し，表やグラフを用いて分かりや

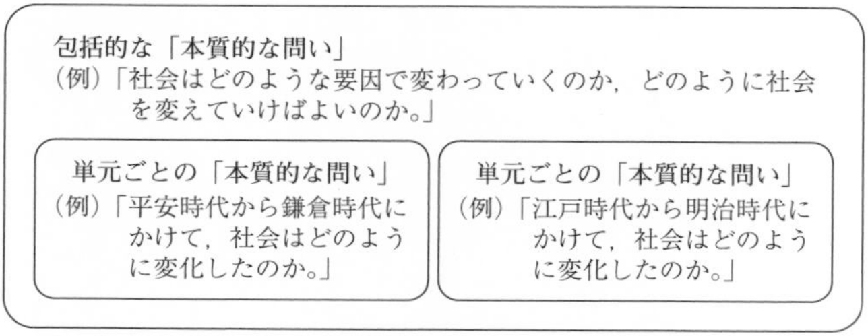

包括的な「本質的な問い」
（例）「社会はどのような要因で変わっていくのか，どのように社会を変えていけばよいのか。」

単元ごとの「本質的な問い」	単元ごとの「本質的な問い」
（例）「平安時代から鎌倉時代にかけて，社会はどのように変化したのか。」	（例）「江戸時代から明治時代にかけて，社会はどのように変化したのか。」

図３－３　「本質的な問い」の入れ子構造

（出所）西岡・田中（2009）p. 11の図より包括的な「本質的な問い」と単元ごとの「本質的な問い」のみ抜粋

すく表したり，特徴を調べたりすることができるようにする。」）の達成に至るとは限りません。なお，2017年版学習指導要領では，表３－３のように，内容に即した思考力・判断力・表現力として，領域の柱となる目標内容が示される形となっています。このような形で明示されることで，単元や授業の目標として意識されることが促される一方で，単元や授業の内容を概括しそれらを貫いて追求していく長期的見通しとしてそれらをとらえることが困難になっている部分もあります。

また，図３－３のような「**本質的な問い**」の入れ子構造を意識することは，よりメタな目標に気づき，一般的な目標と特殊的な目標とを構造化する上で有効です。「立方体とは何か」「直方体とは何か」という問いは，「立体とは何か」という問いに包摂され，それはさらに「空間図形とは何か」という問いに，さらには「図形とは何か」という問いに包摂されるというように考えていくわけです。

さらに，第２章でも述べたように，**「総合」問題**（見方・考え方をもとに知識・技能を総合する「使える」レベルの学力を試す課題）を設定し，それへの反応から子どもの思考過程におけるつまずき（例：関数のグラフは書けても現実世界の変化を関数で表現できない，政治について学んでもマニフェストを読んで判断できないなど）を発見することで，子どもの思考し表現し実践する姿でゴール像を明確化することができるでしょう。

教科書の読み方を工夫する

年度初め，多くの教師は，教科書の最初の教材や単元から教材研究を始めるでしょう。これに対して，中学校教師の堀裕嗣（2012）は，年度の最後の教材から教材研究を始めるとよいと述べています。たとえば，四月から小学四年生の担任に決まり，教科書の最後の教材を見ると『ごんぎつね』だったとします。「自分は四年生の担任として，三学期にこの教材でどんな授業ができたら満足なのか，この教材でどんな授業が展開できたら子どもたちを育てられたと自信をもって言えるのか」を問い，具体的な子どもの姿をイメージするわけです。

仮に，『ごんぎつね』を用いて，子どもたちが自力で討論しながら物語を読み進めていく姿をイメージしたなら，三学期までに子どもたちにどんな力を育てなければならないかと考えます。自力で読めるために，「人物描写から心情を読み取る」「副詞や文末をしっかり読む」といった物語文の読み方（方略）を指導しておこう。自分たちだけで討論し合うために，一学期にペア・グループ学習，グループ討論に慣れさせて，二学期には討論で意見を広げることと深めることの違いを意識させよう，といった具合です。

こうして，年度末のゴールが明確であることで，第一教材の位置づけが明確となり，「最初のうちにあれもこれもやっておこう」と考え過ぎて授業が散漫になることを防ぐことができます。また，中長期的な見通しがあることで，子どもの学習の実態に合わせて単元や一時間の授業の短期的な目標を微調整したり，長い目で子どもの育ちを見守ったりすることも可能になるでしょう。

より高次のより遠い目標を具体的にイメージし，本時の目標とより遠いゴールとのダブルスタンダードで，子どもたちの学びの実際を受け止め，生成的に授業を展開する。遠いゴールについてはより「**目標逆算的**（working backward from the goals)」に考え，近いゴールについてはより「**目標発見的**（working forward to discover the goals)」に考えることで，長期的なスパンで子どもの育ちを見守り，より高次の学力を育てていくわけです。[1]

4．カリキュラムづくりの主人公としての教師

（1）教科の系統性をどうつかむか

より高次のより遠いゴールを意識することの重要性に関わって，授業の実施段階だけでなく，カリキュラムづくりでも教師が主人公となることの意味と手立てについて述べておきましょう。2008年の学習指導要領改訂以降，教育現場では，教える内容が増え分厚くなった教科書の扱いに苦慮し，ともすれば教科書を網羅することに陥りがちです。こうした状況において，一時間の授業や単元というレベルをも超えて，中長期的な見通しを持っておくことは，本質的な教科内容を精選し，時間をかけて考えさせる場面を絞っていく上で有効です。また，これくらいの学年の子どもなら大体これくらいの内容が理解できていればよいだろう，といった長期的な見通し（教

師のカリキュラム構想）の成熟の程度も重要であり，それは経験の浅い教師とベテラン教師の技量の違いを生み出す要因の一つでしょう。

年度初めに，教科書一冊をざっと読みとおす，また，中等教育であれば，自分の担当教科の教科書を三年間読み通すだけでも，ある程度の見通しを形成することはできます。また教師としてのキャリアを重ね，さまざまな学年を受け持つ中で，教師のカリキュラム構想は自ずと豊かにはなっていきます。しかし，下記のような点を意識するなら，教師のカリキュラム構想は，より構造的かつ実践に生きるものになっていくでしょう。

学年による指導内容の違いや**系統性**を考える際には，教科の重要概念が螺旋的に（スパイラルに）発達していくという見方を意識するとよいでしょう。たとえば，小・中・高の「関数」に関係する学習指導要領の記述を，表３－４のような形で整理してみると，折れ線グラフ，比例・反比例，一次関数，二次関数，指数関数という具合に，指導する「関数」の種類が複雑化・高度化していることがわかります。そうした学校階梯や学年ごとの差異とともに，表３－４からは，伴って変わる２つの数量の関係を数理的にモデル化する方法を学ぶという，学校階梯や学年を貫く包括的な目標の存在も見て取れます。それは，中学校３年間の目標の記述によく表れています。

計算技能などの個別の知識・技能であれば，習得・未習得の二分法で考えることができます。それに対して，「確率」といった概念の発達は，どちらの事象が起こりそうかという直観的判断から始まり，それを数値化したり統計を用いたりすることで，より分析的で数学的に洗練されたものへと高まっていくといった具合に，程度の問題として捉える必要があります。なお，2017年版学習指導要領で

表３－４　小・中・高の「関数」に関係する目標・内容

小学校 ４年生	伴って変わる二つの数量の関係を表したり調べたりすることができるようにする。 変化の様子を折れ線グラフを用いて表したり，変化の特徴を読み取ったりすること。
中学校 １年生	具体的な事象の中から二つの数量を取り出し，それらの変化や対応を調べることを通して，比例，反比例の関係についての理解を深めるとともに，関数関係を見いだし表現し考察する能力を培う。
中学校 ２年生	具体的な事象の中から二つの数量を取り出し，それらの変化や対応を調べることを通して，一次関数について理解するとともに，関数関係を見いだし表現し考察する能力を養う。
中学校 ３年生	具体的な事象の中から二つの数量を取り出し，それらの変化や対応を調べることを通して，関数$y=ax^2$について理解するとともに，関数関係を見いだし表現し考察する能力を伸ばす。
高等学校数Ⅱ	指数関数・対数関数 指数関数及び対数関数について理解し，それらを事象の考察に活用できるようにする。

（出所）2008年版学習指導要領の記述から作成

は，こうした基本概念の螺旋的な発達がより意識されています。

「日本国憲法」は，小学校社会科，中学校公民科，高等学校現代社会において繰り返し出てきますが，学習指導要領やその解説の文言を表３－４と同様に図表化してみるだけでも，その扱いがより抽象的で緻密なものになっていくことがわかります。さらに，教科書レベルで，取り上げられている素材や説明について見比べてみると，小学校では身近な願いが「政治」によって実現されていくプロセスをたどる中で日本国憲法が学ばれるのに対して，中学校では「法に基づく政治」や「憲法」の意義の歴史的・原理的説明ののちに日本国憲法が学ばれていることがわかります。中学校では，「対立と合意」「効率と公正」といった，社会事象を読み解く見方・考え方が明示されており，学校段階によって求められる思考や活動に違いがあることにも気づくでしょう。

（２）教科に即して子どもへの「ねがい」を明確にするとは

大学の学問的知識は，そのままでは教育の目標とはなりません。学問的知識は，現代社会をよりよく生きる上で，目の前の子どもたちに何が必要か，子どもたちが何を求めているのかという観点から，選択され組織化されねばなりません。たとえば，歴史の諸事実も，市民を育てるという観点から再検討されねば，社会科の目標とはなりません。また，「指数関数」という数学科の内容も，必ずしも全員が数学者になるわけではないことを考えると，式計算やグラフ化の技能よりも，細菌や金利の増え方等，倍々で増えていく変化を捉える眼鏡として教えることが，中核的な教育目標となるでしょう。

このように，学問の系統を教育の系統に再構成していく前提として，各教科を学ぶ意味，**教科の本質**を自分なりの言葉で具体化しておくことは重要です。新年度の最初の授業（**授業開き**）のときに，その教科を学ぶ意味を子どもたちにどう語るかを考えてみるとよいでしょう。学習指導要領にも各教科の目標が示されています（例：中学校家庭科の2008年版では，「生活に必要な基礎的・基本的な知識及び技術の習得を通して，生活と技術とのかかわりについて理解を深め，進んで生活を工夫し創造する能力と実践的な態度を育てる。」とされていた目標が，2017年版では，見方・考え方として，「家庭分野が学習対象としている家族や家庭，衣食住，消費や環境などに係る生活事象を，協力・協働，健康・快適・安全，生活文化の継承・創造，持続可能な社会の構築等の視点で捉え，生涯にわたって，自立し共に生きる生活を創造できるよう，よりよい生活を営むために工夫すること」も明確にされている）が，それらも参考にしながら，子どもたちが具体的にイメージできるようなフレーズを考えてみるとよいでしょう（例：「何気なく暮らしている生活をどうしたらよりよいものにできるかを考えて，自分の手で変えていくために家庭科を学ぶのです」）。

すぐれた教師は，単元を超えて，さらには教科を超えて，知的探求を進める上で大切にしたい本質的な価値や方法論（学び方）を意識しています。それはたとえば，社会科で絶えず意識されるよい仮説の規準（実証性，論理性，個性・主体性）として，「もしこの条件を変えてみたらどうなるか」（発展的に考える）という日々の授業での教師の口癖として，言葉のあいまいさを吟味する教師の言語感覚として，また，より明示的には，各教科を学ぶ意義を記した学習の手引き，授業開きのオリエンテーション，教室の掲示物の言葉として表現され，教室の文化を形作っています。

たとえば，中学校で数学科を教えていた神原一之先生は，年度初めの授業開きの際に，「四角形の内角の和」の求め方を素材にしながら，「数学は自由である」「数学はだれでも創ることができる」「数学は真理を語る言語である」「数学は役に立つ学問である」「数学は思考する遊びである」「数学は時に簡単，でも困難なことが多い」という教師の数学観，および，「答えにたどり着く道筋は一つか？」（よりエレガントな解法を追究しよう，より簡潔な解法を追究しよう）など，数学の学習において折に触れて問う７つの問いを伝える授業を行っています。

授業開きでその教師の授業のコンセプトを示し，その教師との一年間の授業でどんな学びが展開されそうかという，イメージや予感を形成する。そうした教師の「**ねがい**」（教科観・学習観）を示しても，それはスローガンに終わるかもしれません。しかし，その後の授業でそうした教科観や学習観が実際に尊重されたとき，子どもたちの教科観や学習観も組み替わっていくのです。

（３）汎用的スキルを真に育てるには

コンピテンシー・ベースのカリキュラムが志向される中，各学校の課題に即して**汎用的スキル**を明確化し，それぞれの単元や授業のレベルでそれを目標として意識し，さらには評価の対象にもしていく動きもあります。認知的な側面に限らず，全人教育・人間教育の観点から目の前の子どもたちの実態や課題を把握し，そこから見出される「ねがい」を汎用的スキルの形で明確化し，教科学習も含めカリキュラム全体で意識していくこと自体は，一定の有効性はあるでしょう。ただその場合，汎用的スキルを直接的に指導する手立てを講じ，それを教科をクロスするものとして位置づけていくことは，教科指導において，トリプルスタンダード（教科の知識・技能，教科固有の思考力・判断力・表現力，汎用的スキル）を追求することになり，授業の煩雑化や形式化をもたらしかねません。

汎用的スキルを明確化する場合，教科をクロスする指導事項というよりも，カリキュラム全体を覆うアンブレラとして，その学校がめざす理念や子ども像を示す**学校教育目標**のレベルで位置づけることが有効でしょう。たとえば，論理的に考えたり話したりすることに課題があるという生徒の実態から「論理的思考」を汎用的スキルとして育てたいという場合，それは教科の単元や授業で何らかの手立てによって指導するものという以前に，日々の学校生活での生徒同士，そして教師と生徒とのやりとりが論理的であるかどうかが第

表３－５　教育目標のレベル分け

<table>
<tr><td>目標のレベル</td><td colspan="2">授業・単元目標</td><td colspan="2">教科・年間目標</td><td>学校教育目標</td></tr>
<tr><td>目標内容</td><td>知識・技能の習得</td><td colspan="2">概念の意味理解</td><td>認知的・社会的スキルの育成</td><td>価値観・信念の形成
態度・精神の習慣の形成</td></tr>
<tr><td>育成方法</td><td colspan="2">各教科の本質的な内容に関する，子どもの素朴概念を把握し，その科学的概念への組み換えを目指して，教材や学習活動を工夫する。</td><td colspan="2">思考する必然性のある課題に取り組ませ，内容や論点に対する認識を深めさせるとともに，その過程で課題を超えて繰り返す学習・探究の様式（学び方）を，中長期的に指導する。</td><td>子ども，教師などが，目指すべき価値や行動様式を共有し，日常的にそれを追求することにより，学校文化として浸透させる。</td></tr>
<tr><td>育ち具合の確かめ方</td><td colspan="2">単元末に，ペーパーテストやノートの論述などをもとに，個々の子どもについて，教科内容の理解の深さと習得の有無を評価する（習得目標・項目点検評価：ドメイン準拠評価）。</td><td colspan="2">単元や領域を超えて，類似のパフォーマンス課題を実施し，認知的・社会的スキルの洗練度の中長期的な変容を，単元末や学期の節目で評価する（熟達目標・水準判断評価：スタンダード準拠評価）。</td><td>インフォーマルな評価と日々の自己調整。あるいは，一年か数年ごとのカリキュラム評価・学校評価の一環として，子どもや教師へのアンケートなどをもとに学校全体の傾向を把握する。</td></tr>
</table>

（出所）石井（2006）p. 117の表を加筆修正

一義的に問われねばならないものでしょう。そこで論理的であるかどうかが問われているのは，生徒ではなくむしろ教師の方かもしれません。批判的思考を育てたいなら，教師自身が教材研究などにおいて批判的に思考できているかどうかが問われているのです。

そうして，学校教育目標として，めざす人間像（ヴィジョン）の一部として汎用的スキルを明確化するとともに，そうしたヴィジョンを学校に集う子どもたち，さらに教師たちみんなが共有し追求することで，**学校文化**のレベルで具体化されていくのです（表３－５）。

仮に，その単元や授業の教科に即した目標に加えて，指導案で汎用的スキルを明示するにしても，方向目標[2]や授業づくりの視点として，その育成に向けた手立てと想定される子どもの姿を明確にする程度にとどめ，形成的評価や授業改善の視点（目指す方向で授業が展開でき，学級全体としてその方向で育っているかどうかを確かめる）とはしても，学力評価や評定の対象（すべての子どもたちが確実に一定水準以上になることをめざして，子どもたち一人ひとりについて到達状況を確かめる）にはしない形が妥当でしょう。

〈注〉

(1)「目標逆算的」と「目標発見的」の対比については，グリフィン・マクゴー・ケア（2014）を参照した。

(2) 方向目標は，到達目標と対となる概念である。到達目標とは，「ひらがなの文章が読める」「くり上がりのある足し算ができる」のように，最低限ここまでという内容や到達度が実体的に設定されている目標である。それに対し方向目標とは，「数に対する興味・関心を育てる」「のびのびと楽しく歌う」のように方向性だけを示し，ここまでという限定のない目標である。到達目標は，達成するものであり，到達度をある程度明確に点検，あるいは判断できる。これに対して，方向目標は，目的ほどは理念的ではないが，基本的には追求し続けるものであり，個人内や他者との比較により，望ましい方向性への変容の有無や程度を確認していくものである。なお，到達目標は達成目標，方向目標は向上目標と表現されることもあり，これらに加えて，体験目標が設定される場合もある。体験目標とは，学習者側における何らかの変容を直接的なねらいとするものではなく，知的精神的成長の土台となる触れ合い，感動，発見などの体験そのものをねらいとするような目標である。

〈引用・参考文献〉

石井英真 2006「学校文化をどう創るか」田中耕治編『カリキュラムをつくる教師の力量形成』教育開発研究所。

石井英真編 2011『「教科する」学習を目指す中学校教育のデザイン―パフォーマンス評価を通して授業とカリキュラムを問い直す―』（科学研究費補助金　中間報告書）。

石井英真 2012「普通の学校で普通の先生が『自分らしいよい授業』をするために―授業の構想力を高める教師の授業研究―」『発達』第130号。

石井英真 2015『増補版・現代アメリカにおける学力形成論の展開―スタンダードに基づくカリキュラムの設計―』東信堂。

梶田叡一 2010『教育評価（第２版補訂２版）』有斐閣。

グリフィン，R.・マクゴー，B.・ケア，E. 編（三宅なほみ監訳）2014『21世紀型スキル―学びと評価の新たなかたち―』北大路書房（原著2012年）。

小寺隆幸・清水美憲編 2007『未来への学力と日本の教育⑦世界をひらく数学的リテラシー』明石書店。

ソーントン，S. J.（渡部竜也・山田秀和・田中伸・堀田諭訳）2012『教師のゲートキーピング―主体的な学習者を生む社会科カリキュラムに向けて―』春風社。

田中耕治 2008『教育評価』岩波書店。

中内敏夫 1998『中内敏夫著作集Ⅰ　「教室」をひらく』藤原書店。

西岡加名恵 2013「『知の構造』と評価方法・評価基準」西岡加名恵・石井英真・川地亜弥子・北原琢也『教職実践演習ワークブック』ミネルヴァ書房。

西岡加名恵・田中耕治編 2009『「活用する力」を育てる授業と評価：中学校』学事出版。

ブルーム，B. S.・ヘスティングス，J. T.・マドゥス，G. F.（梶田叡一・渋谷憲一・藤田恵璽訳）1973『教育評価法ハンドブック―教科学習の形成的評価と総括的評価―』第一法規出版。

堀裕嗣 2012『一斉授業10の原理・100の原則―授業力向上のための110のメソッド―』学事出版。

麻柄啓一・進藤聡彦 2008『社会科領域における学習者の不十分な認識とその修正―教育心理学からのアプローチ―』東北大学出版会。

Erickson, H. L. 2008 *Stirring the Head, Heart, and Soul,* 3rd Ed., Corwin Press.

McTighe, J. & Wiggins, G. 2004 *Understanding by Design: Professional Development Workbook,* ASCD.

第４章　授業づくりのツボ②
「教材・学習課題（Task）」をデザインする

Opening Question

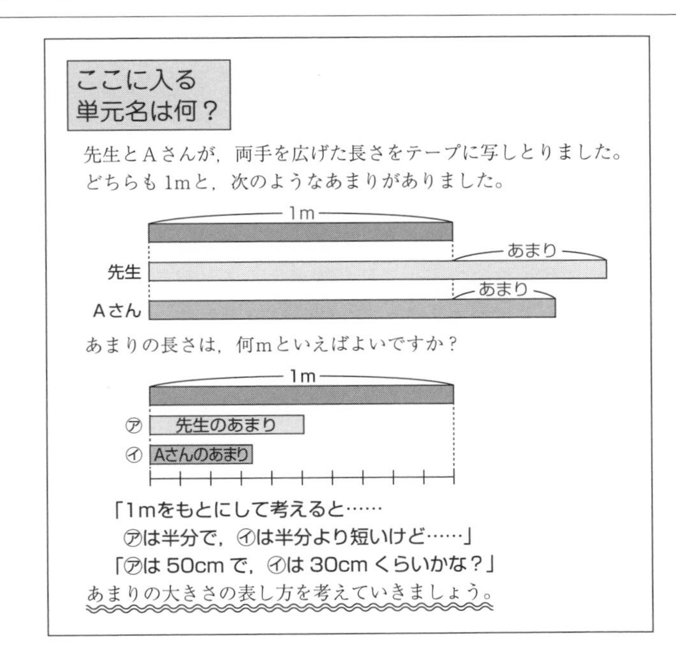
ここに入る
単元名は何？

先生とＡさんが，両手を広げた長さをテープに写しとりました。
どちらも 1mと，次のようなあまりがありました。

あまりの長さは，何mといえばよいですか？

「1mをもとにして考えると……
㋐は半分で，㋑は半分より短いけど……」
「㋐は 50cm で，㋑は 30cm くらいかな？」
あまりの大きさの表し方を考えていきましょう。

出所：『わくわく算数３下』2011年版，p. 39を参考に作成

このページで何を教えることが期待されているのでしょうか？教える内容がわかったら，「その内容を教えるならこの場面を使った方がいいんじゃないか？」という対案も考えてみてください。

「教材・学習課題」は,「どういう素材や活動を通してそれを学ばせるか」を問うことです。望ましく適切な目標を設定できたとしても，それだけでは授業にはなりません。教師が教えたいものを子どもの学びたいものにするような教材や学習課題をデザインすることが必要になります。特に，教科書教材を検討し，それにマイナーチェンジを加えたり，新たに独創的な教材を開発したりすることは授業づくりの中心的な仕事です。本章では，教材とは何か，教材研究を行うとはどういうことかを明らかにしつつ，教科書を生かしながらそれとどう付き合っていけばよいのかについて述べます。

本章のポイント

・教材研究とは，教師が教えたいものを持ち，それを子どもの学びたいものにするための素材や活動を考えることである。
・教える内容とそれを教えるための素材や活動とを区別する。
・よい教材は典型性と具体性と持ち，思考する必然性を生み出す。
・教える内容を眼鏡にして日常生活をながめることで，日々ネタに対するアンテナを高くしておく。
・教材研究の結果を教えるのでなく，そこでの教師の追求過程を授業で子どもたちとたどり直すことで,「教科する」授業となっていく。
・「教科書を教える」のではなく,「教科書で教えること」を意識することが教科書と付き合う上で重要である。

１．教材研究の基本的な考え方

（１）教材研究のエッセンスとは

最初に冒頭の問題について考えてみましょう。長さ比べをして「あまりの長さ」をどう表すかを考える場面で何を教えることが期待されているのか。センチメートルからメートルへの単位換算ではないか。いや小数ではないか。ポイントとなるのは，「㋑は30cmくらいかな」という発言です。㋑は三つ分でちょうど１ｍになります。小数では0.333…ｍとなりすっきり表せないけれど，「分数」を使うとすっきり表せます。つまり，この場面は，「分数」概念を教える導入場面なのです。

しかし，みなさんがもし家庭教師や親として，分数とは何かを子どもに教える際に，この教科書のような場面を使うでしょうか。そのように問うと，ホールケーキ，ピザなど，丸いものを等分する場面を挙げる人が多いでしょう。そして，それらの方が日常生活でなじみ深いし子どもたちも取り組みやすいと考えるでしょう。ただ，ピザなどのおなじみの素材ではなく，少々不自然な場面を教科書が使っている背景には，それなりの理由があります。

「２ｍの三分の一は2/3 ｍです」というのは変な感じがしますが，意味は通っています。「分数」には，２ｍを「１」としてその三分の一という割合分数の意味と，2/3ｍという具体的な量を表す量分数の意味とがあり，日常生活でそれらは区別されずに使われています。なので，この二つの意味を混同すると，「２ｍの長さのテープを三等分したとき，一つ分は何ｍか」という問いに1/3ｍと答えたり，1/2＋1/3という計算問題で2/5と答えたりする間違いを起こしやすくなります。特に日本の場合，日常生活で割合分数が主流なため，ピザを分ける場面などで導入してしまうと，割合分数と量分数とを混同するリスクが高まるというわけです。教科書で，少し不自然でも量分数の意味を強調するような場面設定をしているのには，こうした理由があるのです。

「この素材で何を教えるのか」を問うことから始まるこの一連の思考過程に，実は教材研究のエッセンスは凝縮されています。以下，説明していきましょう。

（2）教材研究とは何か

教材研究とは，「教材の発掘，選択からはじまり，その教材の本質を究め，さらに子どもの実態に即して授業の構想を練り，それを授業案に結実させるまでの，教材にかかわる一連の研究活動」（横須賀，1990，p. 73）のことです。

教科内容と教材の区別とは

教材研究を行う上では，教科内容，教材，教具の三つの概念を区別することが重要です。まず**教科内容**とは，最終的に子どもに身に付けさせたい知識・技能の中身です。次に**教材**とは，子どもが直接に学習する対象となる具体的・特殊的な事実・事物・事件・現象です。最後に**教具**とは，その教材の物的手段または物化された部分です。この教科内容，教材，教具という三つの概念を用いると，次のような分析が可能となります。

先述の「分数」を例にとると，教科内容のレベルでは，割合分数と量分数のどちらを主軸に据えるのかが争点となります。そして，

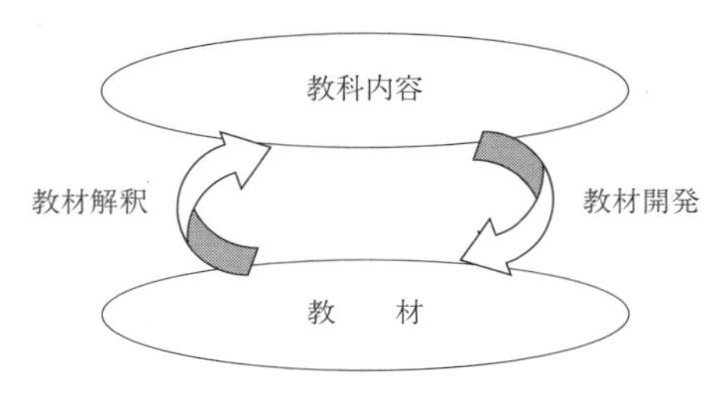

図４－１　教材解釈と教材開発

量分数を教えるとして，教材としては，ジュースの液量を測る場面で導入することもできるし，テープの長さを測る場面で導入することもできます。さらに，テープの長さを測る場面で導入するにしても，それを黒板に図示するに止まるのか，実際にテープで操作してみせるのかという具合に，教具のレベルで複数の選択肢を考えることができます。

教材研究においては，教科書などで教材として開発されているものの内容や趣旨を理解し，その価値を教科の本質との関係で焦点化したり，捉えなおしたりすること（**教材解釈**）と，教科内容のポイントをふまえたうえで，教科書に挙げられている教材を微調整したり，差し替えたりして，新たな教材を生み出すこと（**教材開発**），そうした教科内容と教材との間を往復する思考が重要となります（図４－１）。本章冒頭の問題は，この教材解釈と教材開発という二つのプロセスを体験するものになっていると思います。

教材解釈の二つの段階とは

こうした教科内容と教材の間を往復しながらの教材研究，特に教材解釈のプロセスにおいて，次のような二段階の過程を意識しておくことが有効です（斎藤，2006）。一つ目の段階は，教師が自分自身のために自分の納得ゆくまで教材をかみ砕く段階です。教師が一人の学習者として，その単元や授業の内容について，文献調査やフィールドワークも行いながら，子どもの学習に先立って学び研究することで，教師の内面に「教えたいもの」が明確になってくる段階と言えます。物語文の主題やその作品としての価値をどう考えているのか，あるいは，「関数」とは何でそれを学ぶことにどのような意味があると考えているのか，これらの問いに教師自身が一人の学び手として向き合うプロセスを大切にすることで，子どもと学び合えるし，教師の人間としての教養や内面も豊かになっていくのです。

二つ目の段階は，授業を創ることを念頭に置いて，教えたいものを単純化したり構造化・組織化したりしていく段階です。自分の教える教室の風景や具体的な子どもたちの顔を思い浮かべながら，子どもの追求過程をイメージし，授業の流れとの関係で教材の解釈内容や素材としての中身や提示の仕方を詰めていく段階と言えます。

こうして，教師自身が教えるべき内容の本質や価値を認識し，教えたい内容を明確にするとともに，それを子どもが学びたいと思える教材へと具体化するのが教材研究なのです。

２．すぐれた教材の条件

（１）すぐれた教材をどうイメージするか

教材は，一時間の授業の核を形成しその展開を方向付けます。しかも，一度開発された教材は，どこでも誰でも使える共有財産となります。藤岡信勝（1991）は，教材を次の四つの存在形式に分類しています。①子どもが自分の頭で考えてみたくなるような「問題」

（または発問）の形をとっているもの（例：「人間の歴史を20メートルとすると，狩りと採集の時代はどのくらいの長さになるか」），②印象深い「文章」の形をとっているもの（例：歴史の出来事をイメージできる物語，すぐれた文学や古典），③視聴覚「教具」や実物教材の形をとっているもの（例：珍しい自然現象を捉えた映像，実物大のマンモスの絵），④子ども自身の活発な活動を組織するなんらかの「学習活動」のなかで，結果的に目標とすることが学習されるようになっているもの（例：正・負の数について学ぶトランプゲーム，米が作られ配給される過程を米の視点から物語として綴る）の四つです。なお，④の「学習活動」という教材の形式については，学習者に活動の主導権を委ねることになるので，「教材（教えるための素材）」という言葉よりも「**学習課題**（学習を触発する課題）」という言葉で語った方がよいでしょう。

どのような形式であっても，すぐれた教材であるためには，子どもの興味を引くもの（**具体性**）であり，しかも，それに取り組むことで自然と教えたい内容が身につくもの（**典型性**）であることが求められます（二杉，1994）。①の「問題」の形をとる教材の例で説明しましょう。

図4-2に挙げた例は，1960年代に科学者である板倉聖宣が提唱した「**仮説実験授業**」と呼ばれる授業方式の代表的な教材の一つです。仮説実験授業とは，科学の基本的な概念や原理・原則が感動的に伝わるようなポイントになる実験を軸にした授業方式で，教科書，指導案，ノート，読み物を兼ねた「授業書」をもとに，「問題提示→予想→討論→実験」の順に展開します（板倉，1997）。

まず，この例にあるような問題を投げかけ，三つの選択肢を示し

（問題）
　スチールウールのかたまりを天びんの両側にのせて，水平につりあわせます。
　つぎに，一方のスチールウールを綿菓子のようにほぐして，さらなどの上において燃やします。そして，すっかり燃えたら，また天びんにのせることにします。そのとき，天びんはどうなると思いますか。

（予想）
ア．もやしたほうが軽くなって上がるだろう。
イ．もやしたほうが重くなって下がるだろう。
ウ．水平のままだろう。

図４－２　授業書〈燃焼〉の問題例

（出所）仮説実験授業研究会・板倉（1989）p. 116.

つつ，子どもたちの予想を聞きます。すると，もの（木や紙）は燃やすと軽くなるという日常生活での経験から一般化された知識（**素朴概念**）に照らして，多くの子どもたちは選択肢アを選びます。予想を選んだ理由（仮説）について集団で討論した後，燃やした方が重くなって下がるという意外な実験結果が示されます。これによって，物質が酸素と結び付く化学変化である「酸化」の概念を実感を伴って理解していくことになります。

木や紙が燃える場面の方が，子どもたちにとって身近かもしれません。また，マグネシウムが激しく燃えるようすは，子どもたちの興味を引くかもしれません。しかしこうした具体性を追求するだけでは，「酸化」概念の理解につながらない，それどころか逆に素朴概念を強化することになる危険性もあります。逆に，典型性を優先して，スチールウールを燃やして重くなることを演示するだけでは，子どもたちは思考を始めないでしょう。ものが燃えて重くなるという**意外性**を演出しつつ，スチールウールという典型性を持った素材と出会わせることで，子どもたちは動き出し，教えたい内容の理解にもつながるのです。

たとえば，体重計に両足で立った時，片足で立った時，しゃがんでふんばった時で，重さに違いが出てくるかといった具合に，仮説実験授業は，日ごろ気に留めない日常の事象などを掘り下げ，「えっ，それはどうなるんだろう」と子どもの推理心をくすぐり，子どもを惹きつけ，結論の意外性で子どもの認識をゆさぶるものです。そうした仮説実験授業のような派手さはなくても，子どものつまずきを防ぎ，わかることを保障する地道な教材の工夫も重要です。

1950年代，既存の学習指導要領の内容を問い直す算数・数学のカリキュラムの系統を提起した遠山啓らが開発した**水道方式**[(1)]では，数概念や計算手順の意味理解のためにタイルが用いられます（遠山・銀林，1992a，1992b）。10を１と見る十進法や，数字を書く位置で値の違いを表現する位取り法は，抽象的でつまずきやすい内容です。そのため，11を101（じゅう・いち）と誤って書く子が出てきたりします。正方形のタイルは，それを十個連結することで一本の連結した長い板になり，さらにそれを十本横につなぐと一枚の広い正方形になります（図４-３①）。これにより，10や100を一束として捉えることが容易になり，かつ同じ１でも大きさが違うことが一目でわかるようになります。他の教材ではこうはいきません。円形のおはじきや計算棒では多を一束と見ることは難しい。子どもにとって馴染み深いお金は，10円の銅貨を十枚集めると100円の銀貨と同じだということを一つの規約として覚えなくてはなりません。このように，タイルは十進位取り記数法を最も忠実に表現する教材なのです。また，タイルを使って，小数や分数の計算の意味も一貫して指導できます。図４-３②では，「１ｍあたり3.12dℓずつペンキを塗ると

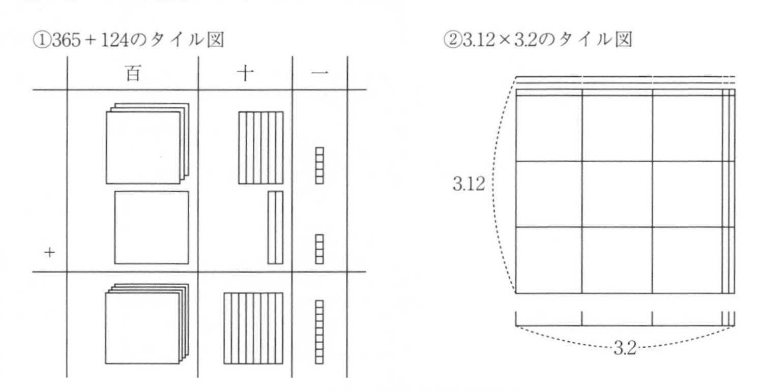

図４−３　水道方式による計算指導の例

（出所）①遠山・銀林（1978）p. 67. ②遠山・銀林（1983）p. 155.

き3.2mでは何dℓのペンキが必要か」という場面をタイルに置き換えることで，小数同士のかけ算の意味を視覚的にイメージさせています。

基礎的・基本的な内容について，子どもがつまずくポイントを捉え，知らないうちに認識の飛躍を越えさせていくよう，具体的・直観的な教材・教具が工夫されていること，教科書などで当たり前に使っている，教材とも意識されないような教材・教具の選択に込められた意味に自覚的になる必要があるでしょう。

（２）思考する必然性をどう生み出すか

教科の内容を楽しくわかることを大事にする授業を超えて，思考するプロセス自体をより重視する「教科する」授業を生み出す上では，思考する必然性と足場のある学習課題を設定することが重要です。たとえば，日本史の討論授業を実践してきた高校教師の加藤公明（2000）は，子どもたちの主体的な学習を生み出す教材づくりのポイントとして下記を挙げています。①自分がそういうものだと思っていたもの，信じていたものと違う，それでは解釈ができないような，「どうして？」「ほんとうはどうだったんだ？」と真実が知りたくなるような資（史）料を発掘する。②それぞれの生徒が自前の意見が持てるような問いや課題を提示する。③問題提起は仮説をつくる上での手がかりとなる事実を示し文章化する。④問題を提示する際には幾通りにも解釈できる曖昧な表現をしない。問いを触発するような資料を準備できても，一部の者のみが考えを持てるものであってはならず，誰もが既有の知識や経験をもとに自分なりの考えを持てる手がかりや**足場**が準備されていなければなりません。

思考する必然性を生み出す上で，教科書でよく見かける，不自然な「問題のための問題」ではなく，実際に生活や社会で直面するような状況に即して問題場面（**真正な課題**）を考えることも有効です。真正な課題については，たとえば，町が主催するセレモニーの企画案を町の職員に実際にプレゼンするようなものもあれば，そうした架空の場面を設定して活動させるようなものもあります。作品を発表する相手を学校の外に設定し，学校外のプロの規準でフィードバックを得る機会を設定することは，学習の真正性の程度を高め，学習者の責任感と本気の追究を生み出す有効な方法でしょう。

また，真正な文脈という場合，市民，労働者や生活者の実用的文脈のみに限定する必要はありません。たとえば，科学的な法則を発見したり歴史上の真理を追究したりする課題のように，研究者の専門的研究として，あるいは一般大衆の趣味や文化として，知の発見や創造の面白さにふれる学問的・文化的文脈も，真正な文脈です。

たとえば，酸の性質を理解するために塩酸にアルミニウムを入れた反応を観察させるおなじみの課題でも，溶けたことを確認して満足している子どもたちに対し，もう１枚アルミニウムを入れたらどうなるかと問い，予想を立てさせた上で再度実験させてみることで，予想通りになるかわくわくしながら反応のようすを細かく観察する（「科学する」）ようになるでしょう。知識・技能を導き出すもととなった史料や事象で，真理が知りたくなるようなものを発掘できるかどうか，あるいは，学校の外の専門家や大人たちも追究に値すると認めるような問いや課題を設定できるかどうかが問題なのです。

さらに，教師が提示した真正な課題は，子どもたちにとってリアルあるいは切実な学習課題として認識されるとは限らない点にも注意が必要です。真正の課題を設定する際，（教師の目から見て）現実世界でその教科の内容が使われている場面を教材化するだけでは十分ではありません。その課題が子どもたちにとってリアリティを持ち，学ぶ意義や**切実性**が感じられるものであるかを吟味したり，そうなるように課題との出会わせ方を工夫したりすることが必要です。

たとえば，「○人に一人が高齢者に」という新聞の見出しを考えさせる算数の課題の場合，現在の高齢者の割合を考えさせるよりも，子どもたちが大人になり高齢化問題が自分ごととなる，20年後の日本について，高齢者の割合を考えさせる方が，学習者は意義を感じやすいでしょう。「学んだ知識を，実生活の場面で適用した」という形式をなぞることではなく，「自分たちにとって意味ある問題を，学んだ知識を総合して解決できた」という目的意識的な活動が成立することを大切にしなくてはなりません。各教科の知識・技能を使って考えざるをえない，自然と場面に引き込まれ思わず考え込んでしまうような文脈を教室に成立させられるかどうかがポイントです。

（3）状況のリアリティとは

仮想や現実の文脈を創出したり，場面に引き込み思考を触発したりすべく，**物語的な場面設定**を行うことも近年試みられるようになっています。「地球は丸くて動いている」という教科書の内容を，「それをどうやって説明したらよいか」といった，子どもたちに考えさせたい問いの形に再構成する。さらに，「どう見たって大地は平らだし，もし大地が動いているなら，空に浮かぶ雲はみんな吹き飛んで，私たちも立ってはいられない。」などと反論を投げかけてくる昔の人に向けて説明する，といった状況を設定するわけです（奥村，2005）。

渡辺貴裕も言うように，歴史上の人物になったつもりでその時どう考えたかを想像してみる，物語文を劇化して演じてみるといった具合に，**「なる」活動**を組織することも有効でしょう（渡辺，2009）。たとえば，小学校の国語の昆虫について書かれた説明文を扱った授業で，「昆虫になって自慢話をしよう」という活動を行う。そこで，表現する必然性と切実性を生み出すために，「お母さんに話すつもりで話してごらん」と，話す相手（オーディエンス）を設定する。しかし，昆虫になった状態で（人間である）自分のお母さんに話すという状況は，全体としてのまとまりがありません。その立場からは状況がどんなふうに映るのかという観点から，状況全体の整合性を考えるなら，昆虫になっている子ども同士で自慢話をし合う，あるいは，人間の「昆虫レポーター」が昆虫たちにインタビューをして，クラスのみんなに語ってもらうといった形の方が自然でしょう。

「○○になる」とは，対象の姿や形を真似たり，言葉をジェスチャーで表現したりすることではなく，「○○として世界と接する」ことであり，「想像上の世界をあたかも自分がその場にいるかのように経験する」ことです（渡辺，2009）。たとえば，大正時代の新聞記者になって当時の民主主義の動きを伝える新聞を作る活動であれば，教科書や資料の関連する内容を多面的に整理・分析すること以上に，今では当たり前になっている「普通選挙」が，選挙権が制限されていた当時の人々の視点からはどう映ったのかを共感的に捉え，その生き生きとした感情を表現することが重視されるべきでしょう。物語的なシミュレーションにおいては，フィクションかどうかに関わらずリアリティが重要なのです。

また，シミュレーションの場面提示や状況設定を行う際，文章だとどうしても長く複雑なものになりがちです。この点については，場面を描いた写真や絵を紙芝居風に見せたり，ドラマ仕立てのイントロ動画を作成したりするなど，時系列で状況のイメージを形成することが有効でしょう。「問題文を理解する」のでなく，「問題場面をイメージする」ことが重要であって，問題文はあくまで補助的なものと考えるべきです。

（4）教科書の文脈をより自然なものとするには

学校学習の文脈の不自然さに気づく

教科書で登場する問題の多くは，無味乾燥で不自然なものになる傾向があります。たとえば，「花子さんはあめを７つもっていました。おばあさんからいくつかもらって，あわせて12こになりました。おばあさんからいくつもらったのでしょう。」という算数の問題は，小学校２年生の子どもたちにとっては難問です。まず足し算のような場面なのに，引き算で答えを出さないといけないので，「『あわせて』という言葉があれば足し算」といった具合に，問題文のキーワードだけ拾い上げて，問題場面をイメージせずに機械的に解く習慣の身についた子どもはつまずきます。さらにこの問題は，そもそも問題場面をイメージすることが困難な問題です。何かをもらったのにいくつもらったのかがわからない，そんな場面は日常生活でイメージすることは困難です。

ある子どもは，「どうしておばあさんがいくつくれたかわからないの？」と家庭教師をしていた学生に疑問を投げかけました。これに対して，その学生は，「おばあさんはあめを紙の袋に入れてくれたのだよ。おばあさんが帰った後，机の上で袋を開けて，自分が持っていたのと混ぜちゃったので，おばあさんがいくつくれたのかがわからなくなっちゃったのだよ。でも，お礼の手紙を書くのに，どうしても，いくつくれたのかがわからないと困るでしょう？」と答えました。この学生が示した文脈は，十分に自然とは言えないまでも，「７＋□＝12」という，問題の数学的構造の□の部分を，「紙の袋に入ったあめ」という形で具体化することで，子どもたちの生活経験に基づいて問題の場面がイメージしやすくなり，その結果，その子はすぐに答えが出せたということです（佐伯，1995）。

人間の能力や有能さは，それが発揮される**文脈**（どういった場面で，何を心理的・物理的ツールや外部記憶のリソースとして用いて，誰と一緒に，どんな集団やルールや文化の下で活動するか）に大きく規定されます。学校の学習は子どもたちの日常生活とかけ離れているために，生活場面では発揮できている子どもたちの実力が生かされな

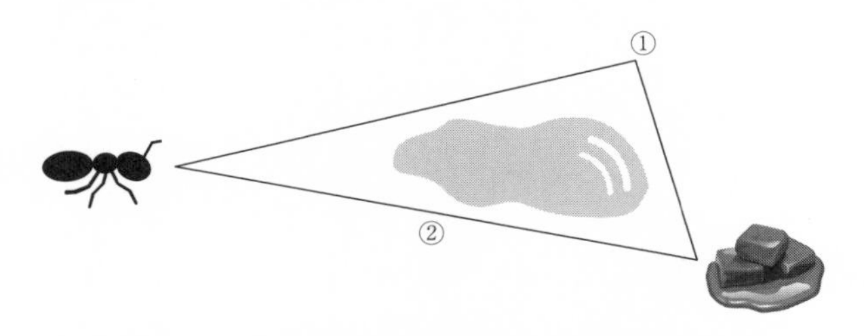

図４－４　小学校２年生の「長さ」の単元の問題場面
（出所）『小学算数２上』2011年版，p. 47を参考に作成

い状況が生まれがちであり，さらに，成功裡に学習を進めても，学校でしか通用しない「**生きて働かない学力**」（**学校知学力**）になる危険性があるのです。子どもの文脈から学校学習の文脈を眺め，子ども目線からみた不自然さやリアリティのなさに気づく感性を磨くこと，そして，子どもたちが学校外で身につけた有能性を発揮できるよう，教科書教材の文脈を一工夫することが大事です。

物語的な場面設定だけでは思考する必然性は生まれない

教科書教材もその文脈を一工夫することで，子どもたちにとってより魅力的で挑戦的な課題にしてくことができます。たとえば，図４－４のような場面を示して，①と②の道の長さを比べさせる課題も，ただ場面を示して考えさせるだけでは，子どもたちにわくわく感や**思考する必然性**は生まれません。しかし，「たびにでたありの『アーントくん』，もうずいぶんあるいたので，おなかがぺこぺこでたおれそうです。そんなとき，アーントくんはおいしそうなあめを見つけました。でも，あめのまえには水たまりがあります。あめまでは，アのコースとイのコース，どちらがどれだけ近いでしょう

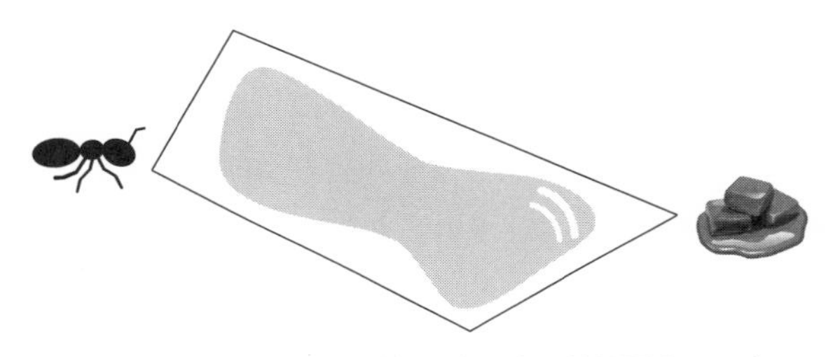

図４－５　思考する必然性を生み出す状況設定の工夫

か。」といった具合に，短い方の道を選ばないといけない切迫した架空の文脈が設定され，そして，低学年の子どもたちを引き込む物語的な場面提示がなされるなら，子どもたちは，アーントくんの状況に自分たちを重ねながら，場面に没入していくかもしれません。

しかし，この物語的な場面設定で，長さの加減を使って思考する必然性は生まれるでしょうか。この状況設定では，短い道を選ぶ必要性はあっても，どちらが短いかは一目瞭然であり，長さの差を求める必然性はありません。これに対して，図４－５のように，どちらの道が短いか見た目ではわからないような状況を設定することで，思考する必然性が生じるでしょう。

子どもだましでないホンモノの追求へ

ここまで，思考する必然性を生み出す一つの手段として，学校での学習の文脈の無味乾燥さや不自然さを問い直すことについて述べてきましたが，真正の文脈やシミュレーションのための工夫が，逆になんだかうそくさい不自然なシナリオづくりになってしまわないよう注意が必要です。歴史の授業で，歴史新聞づくりなどの状況設定にこだわらなくても，「江戸時代はなぜ260年も続いたのか」といった問いをストレートに出して考えた方がよいこともあります。また，むしろ非現実的な文脈や問題であるからこそ，思考が深まるという側面もあります。数学の問題などでは，現実場面のノイズを取り除いて適度に単純化するからこそ，思考が拡散せずに数学的に深く追求する可能性も生まれますし，科学者がそうするように，現実離れした想定で思考実験的に自由に思考（空想）することで，むしろ現実をより深くとらえられるようになることもあるでしょう。**真正性**を追求することは，学校の不自然さの除去や不自然でない文脈の追求とイコールではなく，不自然さの問い直しも手だての一つとしながら，文化遺産（学問・科学・芸術・文化・社会の営みなど）をカリキュラムに組み込み教材化する際，子ども向けに教育的に加工しようとして，教育くささ・うそくささが生じていないかを吟味し，文化や活動の本質的価値を回復し真に教育的価値のあるものへと組み換えることを意味するのです。子どもだましではないホンモノの文脈と思考と文化環境を教室に実現すること，思考する必然性を生み出すことが目的である点を忘れてはなりません。

３．教材研究の二つの方法，さらにその先へ

（１）「教科内容を豊かにわかる授業」のための教材研究とは

すぐれた教材を生み出す教材研究の道筋は，次の二つに整理されます（藤岡，1991）。一つは，**教育内容の教材化（上からの道）**であり，教育内容に含まれる個々の科学的概念や法則，知識を分析し，それに関連して引き寄せられる様々な事実，現象の中から子どもの興味や関心をひきつけるような素材を選び出し，構成していくものです。たとえば，「哺乳類」という概念を教える例として，クジラ

よりも馬の方が典型的であると判断します。あるいは，**典型性**のみならず**具体性**も意識して，「鏡に映る像と光の反射との関係」についての理解を深めるために，身長の半分の大きさの鏡があれば全身が映る（逆にそれより小さいとどんなに鏡から離れても全身は映らない）という**意外性**を持った現象を子どもたちに提示し，なぜそうなるのかを問いかけるといった具合です。

もう一つは，**素材の教材化（下からの道）**であり，素材のおもしろさがまず発見・発掘され，事後的にそのおもしろさの意味を反省して，その素材がどんな教育内容と対応しうるかという価値が見出されるものです。たとえば，バスの運転手がたくさんのミラーを見ながら運転しているという日常生活での教師の発見を，社会科の「仕事」に関する教科内容と結び付けて，「バスの運転手さんは，どこを見て運転していますか。」という問題として教材化するといった具合です（有田，1988）。

たとえば，「関数」を教える教材として，ブラックボックス（「傘（かさ）」の絵を入れると「坂（さか）」の絵が出てくる（さかさに読む働き）といったクイズ的なものから始まり，３を入れると５が，５を入れると９が出てくる（$y=2x-1$ という働き）といった数学的なものへと展開する）を用いるという場合，ブラックボックスは，「関数」概念の基本構造をわかりやすく教えるために，典型性を備えた教材として設計されています。一方，漫画「ドラえもん」の「バイバイン」の話をもとに，５分に一度２倍に増えるくりまんじゅうの行く末を考えることで指数関数について学ぶ授業は，ネタの発見から教材化に至った例と捉えることができるでしょう（仲本，2005）。またいずれの例においても，「関数」という内容を子ども向けにただ薄めたものではなく，生活に必要な数学という観点から，「現実世界の変化をモデル化し未来を予測する道具」として「関数」の内容自体が問い直され，そのエッセンスを凝縮したものとして教材が構成されている点が重要です。

日常生活の中に教材の**ネタ**はたくさんあります。教える内容を眼鏡に，あるいは，子どもたち目線で彼らが何に追究心をくすぐられるかを想像しながら，日常生活を見渡せば，新聞，テレビ番組，電車の中の広告，通学路の自然や町並みの中に，教材として使えそうなネタが見つかるでしょう。そうして，新聞の切り抜きなどをためたり，面白い現象を写真に収めたり，アイデアをノートにメモしたりと，とにかくいつかネタになりそうだと感じたものを，まずはためていくのです。そして，実際に近い将来の授業で使えそうだ，あるいは，個人的に疑問に思うというネタについては，さらに追究してみるとよいでしょう。最初は少し意識しながら，しかし，ある程度突き抜けてしまうと，気が付けば日々，そういう視点で物事を見始めている自分に気づくでしょう。教材へのアンテナとネタをキャッチする敏感さを磨くことが重要です。

（2）「教科する」授業のための教材研究とは

上記二つの教材研究の方法に加えて，教師がテクストや資料を読み解いたり，教科内容を眼鏡として現実の問題を追究したりした上で，そうした教師の教材研究の結果ではなく，その過程そのものを学習課題や学習活動として組織する方法を挙げることができます。

中内敏夫（1998）は，1960～70年代の公害学習の実践を手掛かりに，公害問題などに対する住民運動に参加しながら調査と記録（既存の科学では明らかにできなかったその地域の公害問題を解きうる新しい科学的知見の創造を伴うこともある）を行うことなど，教材づくりにおける教師自身の探究活動（現実（生活）の分析と総合において教科内容（科学）を吟味し問い直すプロセス）の重要性を指摘しています。そして，「参加し，記録し，発明する」という形で，教材づくりの方法を一般化しています。しかし中内においては，教師の探究活動で明らかになった結果を教えることが主に想定されていました。

これに対して，教材研究で教師自身がまず学ぶ（テクスト・資料・現実の問題や事象といった対象世界と対話し「**教科する**」），さらに，授業においては，学んだ結果を教えるのではなく，対象世界を学習者と共有しながら，先行研究者としてそれを学び直すことが必要なのです。たとえば，島崎藤村「初恋」という詩の教材研究において，教師同士で「われ」と「君」の関係をめぐる議論が起こったなら，議論の結果至った結論めいたものを子どもたちにつかませるよりも，まさに教師同士でも議論が分かれた問い（「『われ』と『君』は両思いなのだろうか」）をそのまま子どもたちに投げかけ，テクストに即した解釈を自由に交流し合う授業を構想する。あるいは，理科の教材研究で，「この仮説を検証するための実験手順は……」というのを教師が考えるだけでなく，テーマを決めて「○○と○○（材料や道具）を用いて，目的となる結果を測定せよ」と，子どもたち自身に実験を計画する過程を委ねるといった具合です。

対象世界はいかに深く理解したとしても，完全に理解しきることはありません。たとえば，文学作品などのテクストの読み取りにおいて，より妥当な解釈はあっても，「唯一の完全な読み」などないことは多くの人が同意するでしょう。さらには，先述のアルミニウムと塩酸との化学反応の例が示しているように，自然事象や社会事象についても完全な理解があるわけではなく，科学的な真理と呼ばれるものすらも，新たな発見や解釈によって再構成されうるものです。教材研究をしすぎると授業が教師主導で固くなるなどと言われたりしますが，それは教材研究をしすぎるからではなく，教材研究のし方やそこでの教師の教材への向かい方に原因があるのでしょう。

小学校理科の「空気とかさ」の授業で，空気鉄砲で後ろ玉に押された空気について，それを空気が「減った」のではなく，「縮んだ」と捉えるのは，多くの子どもにとっては未知の感覚です。「空気は縮む」というのは知識として教えてしまえばすぐですが，子ども時代だからこそ，時間をかけて探究的に学ぶことで感動を伴った発見になりうるのです。露木和男（2007）は言います。「そもそも，大人は空気の弾性を当たり前のように感じているきらいはないだろうか。教師がそのように子どもに臨めば，子どももまた『その手の話』として通り過ぎていく性質のものになる。けれども，大人でも，なぜ空気はそのような性質をもっているのか，ということには答えられる大人はどのくらいいるだろうか。…［中略］…教師はけっして『したり顔』で子どもに向かってはならない」（p. 41）。発見の体験にアクセスしやすい「子ども時代」固有の価値にむしろ教師が学ぶ姿勢が重要でしょう。

教科の学習の意味は，たとえば，「需要と供給」という知識を学ぶことで，ふだん何気なく見ていたスーパーに並んでいる大根について，その値段の裏にある市場の動きを想像するようになるといった具合に，対象世界との出会い直しの機会が保障され，子どもたちの生活でのものの見え方や世界との関わり方が変わることにあります。そして，「既知（familiar）なもの」が「未知（strange）なもの」になる経験は[(2)]，学習者の知的好奇心に火を付け，「わかる楽しい授業」に止まらず**「もやもやするけど楽しい授業」**になってゆくのです。

さらに，より有意義で真正な学びであることを意識するなら，「その活動や問いは，実際の社会において誰が取り組みそうか」を考えてみるとよいでしょう。たとえば，先述の「江戸時代はなぜ260年も続いたのか」という問いについて，教師からの導入や発問など，問いとの出会わせ方を工夫するだけでも，子どもたちの知的好奇心をくすぐれるかもしれません。しかし，第３章でふれた「本質的な問い」の入れ子構造（図３－３参照）を意識してみることで，「長期的に安定した政治体制はどのような条件で成立するのか」といったメタな問いが見えてくるでしょうし，そこから，鎌倉時代などの他の武家政権，あるいは，ローマ帝国などの世界史上の長期政権と比較するといった具合に，「本質的な問い」の探究を軸に，より発展的に考えて，総合的な課題を設計することもできるでしょう[(3)]。さらに，「そうした問いを社会において誰が問いそうか」と考えてみると，研究者のみならず，市民や社会活動家や為政者が，温故知新を大事にして政治のあり方を考えようとする際に問うかもしれません。メタな問いゆえに，さまざまな文脈を超えて問われうるわけですが，その中でも，目の前の子どもたちにとって知的興味・関心や切実性が最も感じられそうな立場や文脈を選んで，学習課題の状況を設定するわけです。

（3）「教材『研究』する」楽しさとは

教材研究を集団でやってみると，典型性志向の「**上からの道**」と具体性志向の「**下からの道**」というスタイルの違いなどが議論を生み出したり，相互に補い合ったりする中で，アイデアの創発が起こります。たとえば，大学の筆者たちの研究室のゼミで，小学４年生の「面積」単元に関して，小学校に提案するために大学院生が考案した学習・評価課題について検討している一場面。単元末の課題として，宿泊体験で使う部屋について，寝る時に一人あたりどれだけの広さを使えるかを求める課題，小学校とその周辺を切り取った地図サイトのコピーを示して，学校横の公園の面積を求める課題などの案が示されました。

ある者は，どのような設問にするかは別にして，地図サイトを使うのは子どもを惹きつけるだろうし，ICT のよさも生かせるのではないかという，場面やネタ（材）としての可能性に注目します。一方で，ある者は，「面積」単元の本質的目標は何かと問い，複合図形の面積の求め方が重要な内容の一つではないかという話になります。そして，現実世界での問題解決につなげるのであれば，ノイズのある場面を数学化したり，あれこれ試行錯誤したりすることがポイントで，そこには複合図形の求め方もより自然にダイナミックな形で盛り込まれるのではないかということが確認されていきます。

そこから，「学校横の公園の面積は，ほぼ長方形でノイズが少ない」「どの地域が一番公園の面積が広いか（子どもたちにやさしいか）を調べるために，複数の違った形の公園の面積をグループごとに分担して求めるようにしてはどうか」「あるいは，少し地図の範囲を広げたら，学校近くのデパートの形が面白そう」「普段利用する場所を上から眺めてみると，いろいろと気づきもあり新鮮なのではないか」と，さまざまにアイデアが出てきます。「複合図形としていろいろな解き方が試せそうな形といえば，同じ市内の○○公園がいいかも」と，典型性の方によりがちになるのに対して，「地図サイトで見る学校周りの身近な場所であることが，子どもの興味を惹きつけると思うので，むしろその素材の魅力から出発して，子どもたちにいろいろと比べたい場所を出させて選ばせてもいいかも」「地図サイトなら辺の長さも必要に応じてすぐ出せる」「でも，完全にフリーで子どもから比べたいものを出させたらいいのか，教師の方である程度しぼっておくか」「1mが図上で1cmになるように，提示する地図の縮尺を調整しておくか」といった具合に，議論が展開していきました。

こうしてみんなでワイワイと教材について語り合った結果を，現場の先生方に提示するのではなく，この教材研究のプロセスを，そこでの熱気や楽しさをこそ経験するために，もう一度，議論の出発点になった課題の素案やそれをめぐる議論の手掛かりとなったテクストや他社の教科書などを提示しながら，先生方を交えて教材の集団的検討をやってみることが大事なように思います。個人で，あるいは集団で教材について考えることは楽しいものです。「働き方改革」の名の下に，そうした「教師としてのやりがい」「働きがい」のもととなる**「教材『研究』する」楽しさ**を味わう時間をも切り捨ててしまわないよう注意が必要でしょう。

4．教科書との上手な付き合い方

教材研究という場合，教科書をどう読み深め，どう使うかが，日々の授業づくりにおける課題となります。その際には，ここまで述べてきた教材研究の基本的な考え方に加えて，現行の教育制度の下で作成される教科書に固有の性格を念頭に置いておく必要があります。ただし，教科書といっても，小学校・中学校と特に高等学校では性格や扱われ方も違います。中学校は教材集の性格が強いですが，小学校は授業パッケージやマニュアルとしての性格が強まっています。そして，高等学校は学習事項（教科内容）の説明・解説書，あるいは演習用の問題集や参考書的なもの（さらには入試の過去問）も教科書として扱われがちです。ここでは特に，小・中学校の検定教科書を想定しながら，それとの付き合い方を述べていきますが，基本的な考え方や教科書研究の視点などは，高等学校の教科書との付き合い方を考える際にも生かすことができるでしょう。

（1）「教科書で教える」とは

学校教育で使用される**教科書**（**「教科用図書」**）について，「教科書の発行に関する臨時措置法」第２条は，「小学校，中学校，高等学校及びこれらに準ずる学校において，教科課程の構成に応じて組織排列された教科の主たる教材として，教授の用に供せられる児童又は生徒用図書であって，文部科学大臣の検定を経たもの又は文部科学省が著作の名義を有するものをいう」と規定しています。

このように教科の主たる教材であり，しかも使用義務も伴う教科書は，日本の学校教育のカリキュラムや授業のあり方を大きく規定するものといえます。しかし，教師にとっては，教科書は他人が開発した教材集であり，選択の自由もなく外から与えられるものであるので，ややもすれば教科書があるから教えるという受動的な姿勢になりがちです。

「教科書を教えるのではなく，教科書でも教えるというのでもなく，教科書で教える」（小川，1963），この一文には，教科書研究の三つの立場が端的に表現されています。「**教科書を教える**」立場とは，教科書に書いてある事柄を，網羅的に教えるべき教科内容として捉え，それらを無批判に受容し，教科書べったりで授業を進めるやり方です。逆に，「**教科書でも教える**」立場とは，教科書は時々参照する程度で，事実上は教科書を無視して授業を進めるやり方です。これに対して，「**教科書で教える**」立場では，教科内容と教材の区別を前提としながら，教科書の内容や教材や記述について批判的に分析を加え，不十分な部分は補助教材を活用したりしながら，教科書を最大限に生かしていくことが目指されます。検定制度自体に議論があるにしても[(4)]，以下に述べるような検定教科書の制約を自覚しつつ，教科書とうまく付き合っていくことが重要でしょう。

（２）教科書教材の限界を補うには

第一に，公教育の場で全国的に用いられる検定教科書は，特定の地域や立場に偏らないよう構成されています。たとえば，生活科の教科書において，住宅街の道の真ん中でボールを蹴って遊んでいる子どもたちの姿（遊ぶ場所の少ない都会の子どもたちのリアルな生活環境）の記述が，交通法規や安全上の理由から修正を求められたりします。実際の生活は，きれいごとだけではないある種の闇や秩序のほころびや危険を含み，多義的で価値葛藤も含むものですが，この例が典型的に表しているように，教科書に記載されるのは，世の中の建前や学校文化の枠内で飼い慣らされ切り取られた生活文脈なのです。

それゆえ，たとえば，社会科で地域や働く人の様子などの例が示されるにしても，どれにでも当てはまりそうで実際にはどれにも当てはまらないような一般的な形で，いわば顔なしの文脈として書かれていて，子どもたちが実際に住む地域や彼らの生活の風景から場面を再構成しないと，子どもたちにリアリティや問題の切実性を感じさせることはできません。

また，考え方の偏りや政治的な論争を避けようとするために，原子力，遺伝子組み換え，電磁波など，リスク判断をめぐって意見の対立があるような論争的概念は，現代社会の切実な内容にもかかわらず十分に取り扱われないか，もしくは論争を扱わずたんなる知識として教えられがちです[(5)]。たとえば，教科書では取り上げられていない，もしくは掘り下げられていないけれども，現代社会や日常生活のリスクに関わって切実な題材はないかという観点から，数学や理科の教科書を読み解いてみることで，子どもたちの生活のリアリティに迫る教材を生み出すこともできるでしょう。

さらに，学校外で自然と直に向き合う野外体験など，挑戦的だが安全面での配慮が必要な活動も，教科書で取り上げられることは少ないでしょう。ほどよいリスクを伴った活動に立ち向かう中で成長は起こるのであり，保護者や地域の人々との信頼関係を構築しつつ，そうした成長につながるほどよいリスクをどう仕組んでいけるかを考えていくことが大切です。

第二に，教科書では紙面の制約ゆえに，たとえば，国語科において原作からの削除・圧縮が行われたり，理科や社会科において事象や因果関係の説明が不十分だったり，算数・数学科において問題と問題の間に飛躍があったりします。それらのポイントを見極め，内容を補足したり行間を埋めたりすることが必要です。逆に，これらの限界を意識することで，教材や発問のヒントを得ることもできます。たとえば，原作との表現の違いを掘り下げることで，原作の構成や表現の巧みさに気づかせる，「幕府をひらく」というあいまいな表現の意味を突っ込んで吟味することで，「そう言われてみれば……」と思考を触発する，あるいは，最初の問題（例：最大公約数を使って，縦18cm，横12cm の方眼紙を，余りが出ないようにできるだけ大きな正方形に分ける）で学んだ方法をそのまま当てはめるだけでは解けない問題（例：同じく最大公約数を使うが，男子36人，女子48人を，余りが出ないように，できるだけ多くの，同じ人数構成のグループに分ける）であることを生かして，グループで挑戦する発展問題として位置づける，といった具合です。

（3）教科書研究のポイントとは

教科書の絶対視に陥らず，教材の工夫や組み替えの余地があることを知る上で，同じ教科の複数の会社の教科書を，表4-1のような視点で比較検討してみることは有効です。たとえば，動かせぬ系統があるように思われる算数・数学科でも，「小数」と「分数」のどちらを先に指導するかといった内容配列について，教科書会社による違いがみられますし（視点②)，同じ内容を教えるのに異なっ

表４－１　教科書研究の視点

①教科内容の本質性・真実性・公正性： 本質的で，学習者にとって学ぶ価値のある，真実の内容を選択しているか？　誰の立場から記述されているか？　人種，ジェンダー，宗教，民族，政治的立場などの点で，内容選択に偏りはないか？
②教科内容の系統性： 単元間，単元内の内容や素材の配列の論理は？　それは学習者の知識の構造化・体系化を促すものになっているか？
③教材の適切性： 内容を楽しくわかりやすく学べる素材か？　目の前の子どもたちの生活経験や問題意識とマッチしているか？　学力や学習スタイルの個人差に対応できるものか？
④学び方を教える機能： 学び方・考え方を伝える工夫がどうもりこまれているか？　学習者が自主的に復習し内容に習熟したり，発展的に学習・探究していけるような構成になっているか？　学習者の問いを育てるような工夫がなされているか？

（出所）石井（2013）p. 67.

た題材や活動が用いられています（視点③）。他社の教科書は，年間の指導計画や単元計画を再検討する手掛かりとして，また，日々の授業に生かす教材集として用いることができるのです。

特に日本では，民間教育研究団体が開発した，数学教育協議会の『わかるさんすう１－６』（むぎ書房），教育科学研究会国語部会の『にっぽんご１－７』（むぎ書房），仮説実験授業の授業書をはじめ，独自のカリキュラムに基づいたすぐれた図書（検定外教科書や教材集）も多数出版されており，補助教材として使用されてきました（石井，2009）。これらを参照することも教材研究において有効です。

歴史科に関しては，近現代史を中心に，資料の選択や歴史記述において，教科書による歴史観の違いを見て取ることができます（視点①）[6]。複数の教科書を読み比べ，それぞれにおいて何が書かれていて，何が書かれていないのかを比較検討してみるとよいでしょう。

社会科で，事実認識と価値判断とが密接に結びついた論争的な内容について，**教科書比較**を学習者自身にやらせてみることは，認識を深め判断力を育てていく有効な手立てとなります。また，ある論点に関する対立する極論を子どもたちに提示し，比較検討させてみると，むしろ極論だからこそ議論も活性化し，子どもたちの中で自ずとバランスも取ろうとするでしょう。

科学の進歩自体が新たな予測困難な問題を生み出し続け，不確実性が高い**正解のない問題**への対応が求められる現代社会においては，科学や通説を正しく教えることに止まらず，それらを無条件に真理と捉えるのではなく，その内容に関する事実や価値をめぐる論争の有無や，通説とは異なる見解の存在を意識的に探る視点を持って，関連する新書本や専門書を読み解く，批判的教科書研究も必要です（子安，2013）。これにより，教科書に書かれていることと書かれていないことの狭間に教材を発見することもできるでしょう。

さらに，教科書には授業の進め方のヒントが明示的に，暗示的に盛り込まれています（視点④）。教科書の冒頭では，その教科を学ぶ意味，学び方，単元や授業の学習展開のパターン，教科書の構成の趣旨や使い方などが図解されています。そして，基本的に見開き２頁で１時間の授業を実施することを想定して，たとえば，日本文教出版の中学校公民科の教科書（2012年版）であれば，導入の問い（「国連の目的は何だろう。それを実現するためのしくみと活動はどのようなものだろう。」），授業過程で思考を深める問い（「（ユニセフやPKOなどの）それぞれの活動はどのような目的で行われているのか，国連の目的から考えてみよう。」「日本は常任理事国になるべきか，下の意見を参考に考えよう。」）やそのための資料，学習内容を確認する問い（「安全保障理事会の常任理事国には，なぜ拒否権が与えられているのか説明してみよう。」）などが示されており，そこには授業のストーリーが暗に想定されています。その教科書ではどのような授業や学びのストーリーが想定されているのかと問いながら，教科書の比較検討を行うことで，各教科の授業の基本的な展開パターンを学ぶこともできるでしょう。

ただ，こうした学習者の問いや思考の過程を想定した近年の教科書の構成は，経験の浅い教師の増加を意識しすぎるあまり，子どもたちの学びをガイドするテキスト（児童又は生徒用図書）というより，教師に授業の進め方を示すマニュアル（経験の浅い教師用図書）となってはいないでしょうか。子どもたちの問いや思考を真に触発し，授業をきっかけに授業外での学びへと誘うものになるよう，教科書のあり方を再考していくことが求められます。

以上のように教科書の内容や教材を相対化するためには，むしろ教師用指導書や各教科の学習指導要領解説，特に教科内容の中身に関する解説を読むなどして，たとえば，なぜ平方根の導入で16と４/９の平方根をともに扱うのかといった微細な点も含め，教科書作成者の教材の選択や配列の論理をつかむことが必要になってきます。たとえば，冒頭で挙げた「分数」の不自然な導入場面も，不自然だから別の素材にしようと考える前に，なぜそうなっているのかをまずはとことん考えてみることで，「分数」概念の学習上の困難に自覚的になれるでしょう。その上で数学や教育学などの専門書も読み解くことで，量分数と割合分数の二分法を超えて「分割量分数」（松下他，1997）などの提案があることを知り，ただ子どもに身近で授業が盛り上がるからという理由だけで，教材としての典型性を考慮せず恣意的に教科書教材を組み替えるのではなく，教科内容研究の裏付けをもった教材の再構成が可能になります。

教科書の徹底した分析を通して，教科書に埋め込まれた作成者の工夫を自覚的に生かすとともに，教科書の教材の選択や配列の不十分な点を，さらには教科書を規定している学習指導要領の内容の妥当性をも問い直し，教科書を作り変えていく道も開けるのです。

〈注〉

(1)　水道方式とは，暗算ではなく筆算を，そして，数え主義ではなく量を基軸とする計算指導の体系である。タイルにより量感や操作の意味をつかませるとともに，36＋12のような「一般」的な問題から，36＋03のような「特殊」な問題へという順序で計算を指導する点が特徴的である。そして，1965年，遠山らは水道方式の計算体系に基づく検定外教科書として『わかるさんすう 1－6』（むぎ書房）を編集し，それは長い間副教材として利用されてきた。

(2)　“familiar” なものを “strange” なものにすることについては，宮崎（2009）を参照。

(3)「本質的な問い」を生かして総合的な課題を設計する手立てに関しては，日本教育方法学会第22回研究集会「今なぜ『見方・考え方』なのか―教育内容・教科内容の再構築―」（2019年6月1日）における，西岡加名恵氏と渡部竜也氏との間でなされた議論を参考にした。

(4)「家永教科書裁判」では，教科書検定制度の是非について争われた。当時，高校日本史教科書（三省堂）を執筆していた歴史学者家永三郎（当時東京教育大学教授）が，教科書検定の不当性を訴えた。第1次訴訟（1965年提訴）から第3次訴訟の上告判決（1997年）まで，32年間という長期にわたる憲法裁判となった。1997年8月，最高裁判所は，日本の侵略戦争の事実を教科書から消そうとした検定の違法性を認め裁判は終わった。検定制度そのものが違憲とはならなかったものの，検定の裁量権濫用の事実は認定された（家永教科書訴訟弁護団，1998などを参照）。

(5)　論争的な課題を扱う際に問題となる「政治的中立性」について参考になるのが，ドイツの政治教育学者らによって示された「ボイステルバッハ・コンセンサス」（1976年）である。それは，①圧倒の禁止の原則（教員は生徒を期待される見解をもって圧倒し，生徒が自らの判断を獲得するのを妨げてはならない），②論争性の原則（学問と政治の世界において議論があることは，授業においても議論があることとして扱う），③生徒志向の原則（生徒が自らの関心・利害に基づいて効果的に政治に参加できるよう，必要な能力の獲得を促す）の三つの原則から成る。学校は様々な意見や考え方が出会う場所として捉えられており，中立的であるとは，政治的な意見を持ち込んではいけないということではなく，論争があることが提示され，対立する意見の両方が示される必要があるし，みんなが自由に意見を述べることが期待されている（近藤，2005）。

(6)　自由採択制度をとっているアメリカでは，社会科教科書に黒人，インディアン，多様なマイノリティー，女性が登場するのは，1960年代後半になってからだった（岡本，2008などを参照）。

〈引用・参考文献〉

天野正輝 1995『教育方法の探究』晃洋書房。

有田和正 1988『社会科「バスの運転手」―有田和正の授業（写真で授業を読む）―』明治図書。

家永教科書訴訟弁護団編 1998『家永教科書裁判』日本評論社。

石井英真 2009「教科書」田中耕治編著『よくわかる教育課程』ミネルヴァ書房。

石井英真 2013「教科内容に関する知識・技能」西岡加名恵・石井英真・川地亜弥子・北原琢也『教職実践演習ワークブック』ミネルヴァ書房。
石井英真 2017「『科学と教育の結合』論と系統学習論―反知性主義への挑戦と真の知育の追求―」田中耕治『戦後日本教育方法論史（上）』ミネルヴァ書房。
板倉聖宣 1997『仮説実験授業のＡＢＣ（第四版）』仮説社。
岡本智周 2008『歴史教科書にみるアメリカ―共生社会への道程―』学文社。
小川太郎 1963『教育と陶冶の理論』明治図書。
奥村弘二 2005「未知への挑戦―意欲と科学観の解放―」川勝博編『授業づくりで変える高校の教室④　理科』明石書店。
仮説実験授業研究会・板倉聖宣編 1989『いろいろな気体・燃焼』国土社。
加藤公明 2000『日本史討論授業のすすめ方』日本書籍。
子安潤 2013『リスク社会の授業づくり』白澤社。
近藤孝弘 2001『歴史教育と教科書―ドイツ，オーストリア，そして日本―』岩波書店。
近藤孝弘 2005『ドイツの政治教育』岩波書店。
斎藤喜博 1975『授業と教材解釈』一莖書房。
斎藤喜博 2006『授業の展開（新装版）』国土社。
佐伯胖 1995『「わかる」ということの意味（新版）』岩波書店。
柴田義松編 1983『教科書』有斐閣。
柴田義松 2000『教育課程―カリキュラム入門―』有斐閣。
柴田義松・藤岡信勝・臼井嘉一編 1994『教科と教材の開発』日本書籍。
露木和男 2007『矛盾をうまく取り入れて学力を伸ばす学習指導案』学事出版。
遠山啓・銀林浩編 1978『わかるさんすうの教え方２』むぎ書房。
遠山啓・銀林浩編 1983『わかるさんすうの教え方４』むぎ書房。

遠山啓・銀林浩 1992a『新版 水道方式入門（整数編)』国土社。
遠山啓・銀林浩 1992b『新版 水道方式入門（小数・分数編)』国土社。
中内敏夫 1998『中内敏夫著作集Ⅰ 「教室」をひらく』藤原書店。
仲本正夫 2005『新・学力への挑戦』かもがわ出版。
藤岡信勝 1991『教材づくりの発想』日本書籍。
二杉孝司 1994「教科・教材・授業―『教育内容』と『教材』をめぐる1970年代と1980年代の問題史―」柴田義松・藤岡信勝・臼井嘉一編『教科と教材の開発』日本書籍。
松下佳代・松井幹夫・小島順・上垣渉 1997『数教協ゼミナール48　分数指導の新しい方向をもとめて』数学教育協議会研究局。
宮崎清孝 2009『子どもの学び 教師の学び―斎藤喜博とヴィゴツキー派教育学』一莖書房。
横須賀薫編 1990『授業研究用語辞典』教育出版。
渡辺貴裕 2009「連載　授業で活かす　演劇活動のチカラ」『演劇と教育』第611号～第618号。
『小学算数２上』2011年版，日本文教出版。
『わくわく算数３下』2011年版，啓林館。
『中学校社会 公民分野』2012年版，日本文教出版。

第５章　授業づくりのツボ③
「学習の流れと場の構造
(Structure)」を組織化する

Opening Question

それぞれの場面について，どのような授業や子どもたちの学習が展開されるでしょうか？　予想しその理由を述べてください。

【場面①】

中学校の社会科の授業の指導案で，「世界恐慌による経済混乱と各国の対策を理解させる」と目標にある。どのような授業展開になることが予想されるだろうか？

【場面②】

パン作りとパン工場の見学，どちらを先にするべきか？　それはなぜか？

ア）パン作り→パン工場

イ）パン工場→パン作り

【場面③】

７つのビデオシーンを見て「ともなって変わる量」を各自ワークシートにまとめた上で，６人ずつの班に分かれて班ごとに答えを集約させた。その際，机くらいの大きさのホワイトボードを各班に３つずつ渡して考えさせた。一つ一つの問題について各班でディスカッションが起こることを期待したと思うのだが，しかし……

実際に各班ではどういう状況が起こったのか？

「学習の流れと場の構造」は，「授業の展開をどう時系列で組織化し，学習形態と空間をどうデザインし，学びの文化的環境をどう再構成するか」を問うことです。教材や学習課題が一時間や一単元の中のどこに位置づけられるか，それらに取り組む学習形態や空間がどう設定されるか，さらには，教室にどのような共同体や文化が成立しているか，それらは授業や単元の骨組み（構造）を構成し，子どもの思考や活動の流れを規定します。特に，学習者に主導権を委ね，プロセスを重視する「教科する」授業を創造する上で，こうした学びの場づくりは，教師の役割において重要な位置を占めます。

本章のポイント

・授業とは，「流す」ものではなく「展開させる」ものである。
・メインターゲットに迫るここ一番の部分で，共に深め合う活動を仕掛け授業のヤマ場をつくる。
・授業という営みは常に学びへの導入として構想されねばならない。
・グループ学習は教室の秩序に穴を空けるものであり，学習者に委ねる勇気が大切である。
・空間に学びを合わせるのではなく，学びに空間を合わせるよう，黒板中心の教室のレイアウトを問い直す視点を持つ。
・クラス全体の学びや成長や歴史を可視化するポートフォリオとして，「学びのミュージアム」として，教室の掲示を考える。
・学習者と教師が共に対象世界と向かい合う関係を構築する。

1．授業の流れと展開のデザイン

（1）授業の流れを意識することの意味とは

冒頭で示した場面①について，どのような展開が予想されるでしょうか「世界恐慌による経済混乱と各国の対策を理解させる」という目標には，「世界恐慌による経済混乱」と「それに対する各国の対策」という形で内容上の焦点が二つあります。それらが「と」でつながれていることから，そのどちらをメインターゲットにするかが絞れていないことがわかります。そうすると，それぞれの内容に対応して「世界恐慌は経済に何をもたらしたか？」「世界恐慌への各国の対応はどう違うのか？」といった具合に二つの主発問が計画され，授業におけるヤマ場は二つできることになります。重み付けがなされず，授業に二こぶでヤマがある場合，最初のヤマに時間がかかりすぎて，二つ目のヤマに時間をかけられず，尻すぼみか尻切れトンボで授業が終わりがちとなります。実際，筆者が見学した授業は，そのように展開しました。しかし，多くの場合，授業者が本当に深めたいのは後半の内容であり，その授業でも，授業後にどちらの内容がメインかと尋ねた際に，授業者はそのように答えました。

授業という営みは，教材を媒介とした教師と子どもとの相互作用の過程であって，始めから終わりまで一様に推移するわけではありません。それゆえ，授業過程で繰り広げられる教師と子どもの活動内容には，時間的推移に沿って一定の区切り（**教授段階**）を取り出すことができます。そうした教授段階として，一般に用いられているのは，「**導入―展開―終末（まとめ）**」の三段階説です。

教授段階は，単に授業における時間の推移や配分を記述する形式的なものではなく，固有の内容を伴うものとして捉えられねばなりません。たとえば，導入を，授業時間の始めの段階としてのみ理解するのではなく，その授業の導入が，真に導入の名にふさわしい内容を伴なったものかどうかを問う必要があるのです。

このように，固有の内容を伴ったものとして教授段階のあり方を問うたり，授業の流れやリズムやストーリー性を意識したりする発想は，授業をドラマとして捉える見方に基づいています（斎藤，1969；吉本，1982）。すぐれたドラマや演奏には，感情のうねり，展開の緩急，緊張と弛緩などの変化があり，それが人々の集中を生み出したり，心をゆさぶったり，経験の内容や過程を記憶に焼き付けたりするわけです。そして，すぐれた授業には，これと同じ性質が見られます。教授段階によって授業過程を区切りその流れ（物語）を考えることは，**ドラマとしての授業**を実現する構想力と展開感覚を磨く出発点となるのです。

（２）授業の組み立てにおける教授段階の意味とは

ドラマとしての授業を構成する各段階は，授業過程においてどのような固有の機能を果たし，どのような工夫が求められるのでしょうか。以下，「導入」「展開」「終末（まとめ）」の各段階について詳しく見ていくことにしましょう。

「導入」段階

まず，授業の最初の段階である「**導入**」は，子どもが教師や教材と出会う場面です。その具体的な役割は，およそ下記の３点にまとめられるでしょう。①学習活動への子どもの関心を高め，思考する必然性を組織し，子どもが学習に自然と入っていけるように誘うこと。②その授業で予定している学習活動に必要な知識などについて，子どもがすでにどれだけ所有しているかを診断し，適切な足場かけを行うこと。③新しい学習内容・課題を明確にわかりやすく提示すること。第4章でも述べたように，子どもたちにとって意外性のある事象やエピソードを示し，彼らの興味や問いを触発したり，子どもたちの生活の風景や学びの文脈に即して学習課題の文脈を再構成したり（例：携帯電話の料金プランの比較を行う一次関数の授業で，教師が提示した場面設定に対する「そんなプランはないよ」という生徒からの反応を受け止めて，彼らの生活実感に合うものへと，生徒たちとやりとりしながら問題場面を再構成していく）といった具合に，導入を通じて教師は，教師の「教えたいもの」を子どもの「学びたいもの」に転化させていくのです。より学習者主体の授業をめざすなら，授業の見通しを子どもたちと共有したり，子どもたちから追究したい問いを引き出したりすることもあるでしょう。

授業の冒頭に子どもたちを盛り上げることが導入だと捉えられがちですが，授業の最初に盛り上げすぎると後は息切れしたりテンションが下がったりするだけです。特に，教材がただ子どもの興味を引くだけで，典型性を欠いたものである場合，導入だけ盛り上がって本題に入った瞬間に子どもたちが引いていき，雰囲気が重くなり竜頭蛇尾で終わるでしょう。また，ザワザワ，ガチャガチャした雰囲気のままにずるずると始まった場合，その授業はずっと落ち着きのない緊張感を欠いたものとなるでしょう。

「授業において導入がいのち」ということは，「導入を盛り上げる」ということとは異なります。導入ではむしろ，教室の空気と呼吸を整え，息を合わせ，子どもたちの追究心に静かに火を付けること，学びのための知的な雰囲気と学びの姿勢を形成し，学びのスタート地点に子どもたちを立たせることに心を砕くべきなのです。そして，ヤマ場に向けて子どもたちの追究心をじわじわ高め，思考を練り上げ，終末段階において，教えたい内容を子どもたちの心にすとんと落とすといった具合に，一時間の授業の展開のストーリーを描くことが肝要なのです。また，学校での授業というもの自体が，子どもたちが授業や学校の枠を超えて学びたいという意欲に火を付けることを目的にしている点からすると，授業という営みは常に学びへの導入として構想するべきであり，導入の精神は授業の全段階で大切にせねばなりません。

「展開」段階

導入を受けて本格的な学習活動を行う場面が，「**展開**」の段階です。この展開の段階においては，授業の「**ヤマ場（ピーク）**」を作れるかどうかがポイントになってきます。授業は，いくつかの山（未知の問いや課題）を攻略していきながら，教材の本質に迫っていく過程です。この山に対して，教師と子どもたちが，それぞれに自分の持てる知識や能力を総動員し，討論や意見交流を行いながら，緊張感を帯びた深い追求を行えているかどうかどうかが，授業のよしあしを決定する一つの目安となります。

授業の「ヤマ場」は，外面的に活発に展開することもあれば，内面的に深く静かに展開する場合もあります。ただ，その現われ方に違いはあっても，「**集中**」が成立している点で両者は共通しています。ここで言う「集中」とは，「気を付け！　注目！」など，身体を緊張させる指示によって作り出すもの（外的集中）ではありません。それは，学習活動に自然と引き込まれ，他のことやものが気にならない状態（**内的集中：没入体験**）のことを言います（横須賀，1994）。

「集中」の有無は，その授業の，経験としての充実具合と表裏の関係にあります。それゆえ，授業における「集中」は，子どもたちの自然体の深い思考をもたらすことで，その授業が直接的に目指す知識や技能の獲得を促すと同時に，その充実した経験自体が子どもの力を引き出していくことになるのです。

「集中」の状態は，子ども同士のやりとりやグループ活動の中で偶然に現出することもあります。しかし，それは放っておくだけでは持続するとは限らず，深まることもありません。それゆえ教師は，子どもたちの中に疑問や葛藤を生じさせる学習課題を設定して彼らの「集中」を引き出したり，一度成立した「集中」を持続させるために，追求が進む中で曖昧となる学習上の課題を明確にしたり，子ども同士の発言やアイデアをつないだりしていくわけです。

授業は，教科書通り流すものや，次々と脈絡なく課題をこなし流すものではなく，ドラマのようにリズムや緩急やヤマ場がありストーリー性を持って局面が「展開」するものとして捉えるべきであり，「展開」段階はまさに「展開」という名に値するものとしてデザインされねばならないのです。

「終末（まとめ）」段階

授業の最後の場面である「**終末（まとめ）**」は，その授業における学びのプロセスを振り返ったり，その到達点を確認したりして，子どもの意識を次の学習課題へとつないでいく段階です。たとえば，板書内容を見ながら教師が学習内容を整理・確認することもあれば，知識の定着を図るための練習問題や応用問題をすることもあるでしょう。また，子どもと教師がその時間の学習について振り返ったり，次時の課題や新たな問いを提起したりすることで終わることもあるでしょう。授業の冒頭に示された謎が解けた，授業内容がわかってすとんと落ちたといった具合に，すっきりする終わり方もあれば，討論の結論が出なくて「もっと追究したい」「早く続きがやりたい」という気持ちで終わったり，「じゃあ，こんな場合はどうなるんだろう」と新しい問いが生まれてきて終わったりといった具合に，もやもやしたまま終わる場合もあるわけです。

図工などの作品づくりは，完成手前の寸止め，100点満点で言えば自己採点95点くらいで作業を終わるのがちょうどよかったりします。もう少しやったらいいものができそう，という予感と手応えを感じたくらいで終わることで，100点満点までのあと５点分をどうするかを考えながら，子どもたちは次の時間を待つようになるというわけです。これは授業一般にも当てはまる原則であって，引っかかりやもやもやを引きずりながら次の授業を待つような心持ちを生み出すことで，それがずっと頭から離れないということでなくても，もやもやしたまま終わった課題がふと頭をよぎりそれについて考える機会が断続的に生まれることで，学びにつながりが生まれ，一時間の授業がまるごと次の時間の授業の導入となっていくのです。

すっきりする終わり方にしても，もやもやする終わり方にしても，注意せねばならないのは，そこでの**まとめ**が，教師による押し付けになってはならないということです。たとえば，事前に教師が意図していた方向で，作品の解釈を誘導したり，実験結果をまとめたりするのでなく，授業において実際に子どもたちが行った学習の過程に即したまとめが求められます。また，行動経済学のピーク・エンドの法則（ある出来事についての印象はピーク（絶頂時）とエンド（終わり方）でほぼ決まる）も教えるように，内容をさらに印象づけたり次につなげたりするよう，終わり方にも油断なく心を砕くことを忘れてはなりません。

2．教材と学習活動の配列と組織化

（1）教材や学習活動の配列を意識することの意味とは

展開のある授業を組織していく上では，すぐれた教材や課題を設計するだけではなく，その配列にも気を配ることが大切です。

教材の配列を考えることで，授業をドラマとしてデザインし，概念について印象深く学び理解を深めることができます。たとえば，小学生に「昆虫」概念を教えるに当たり，最初に「昆虫」の特徴を典型的に示すチョウを用いて「昆虫」概念を指導します。その後に，「じゃあクモは昆虫かな？」と問いかけることで，日常生活では虫と思われているが生物学的には「昆虫」ではないものの存在に子どもたちは気づき，彼らの「昆虫」概念の理解はより確かなものとなります。その上で，「昆虫」概念が理解できたと思っている子どもたちに対して，「昆虫」ではあるがその特徴が見えにくい素材として，カブトムシを取り上げ，「では，カブトムシは昆虫だろうか？」と問います。すると，子どもたちの中に，「えっ，どうなんだろう？」という問いが生じ，子どもたちの理解がゆさぶられ，つぶやきやざわめきが起こるでしょう。カブトムシが昆虫だと思う者とそうでない者とで議論するなどして，「実際どうなのか確かめたい」という子どもたちの追求心をあおった上で，カブトムシを実際に観察します。カブトムシが昆虫かどうかを議論することは，子どもたちの「昆虫」概念の理解や科学的推論の能力を試すことができるよい機会なので，クラス全体で話し合いをするよりも，ペアやグループの学習形態を用いて，子どもたち全員に思考しコミュニケーションする機会を与えることが有効でしょう。そうして，カブトムシも確かに昆虫の特徴を備えているのを確かめることで，「昆虫」概念は，印象深い情動的な経験を伴って，子どもたちにすっきりと理解されるのです。

授業の展開を生み出す際には，**矛盾とゆさぶりの構造**を生み出すことが有効です。上記の例であれば，概念の典型例（「○○であるもの」）をまず提示し，その後に，その概念の適用範囲ではない例（「○○ならざるもの」）について，なぜそれがその概念に当てはまらないのかを考えさせることで，概念の適用範囲を明確にし，その意味内容を確固たるものにする。そうして，内容を理解したと思って安心している学習者に対して，その概念に当てはまるかどうか迷うような非典型例を提示することで，安定を崩し矛盾（認知的葛藤[(1)]やもやもや感）を生じさせ，追究心に火を付ける（教育的挑発としてのゆさぶり）。そうしたゆさぶりの先に，非典型例もその概念の基本的な特徴を備えていることを確認することによって，より深い理解に至るというわけです。

このように一つ一つの教材の中身だけでなく，その並べ方によって，子どもたちの学習への意欲や理解度は大きく変わります。本章冒頭の場面②で挙げた「パン作り」と「パン工場の見学」であれば，「パン作り」を先にした方がよいでしょう（藤岡，1991）。もしパン工場の見学を先にしたとして，パン作りの機械で流れるように展開する作業の意味を子どもたちは理解できるでしょうか。また，そうして機械を使えば楽に作れるとわかってしまったパンを，自分たちで苦労して作ることに意欲がわくでしょうか。さらに，そうして苦労して作っても機械で作った方が見た目もきれいでおいしいとしたら，子どもたちはパン作り体験の感動を味わうこともできないでしょう。これに対して，パン作りを先にしておくことで，パン作りの一つ一つの行程を身体で理解することができ，それをもとに工場見学に臨むことで，機械がやっている各工程の意味を自ずと理解することができるでしょう。そして，人間による手作りの無力さ以上に，機械化・オートメーション化の威力が，子どもたちに印象付けられるでしょう。

（2）授業の主導権によって学習過程をどう組織化するか

教師主導と学習者主導のあいだ

授業における教授段階は，しばしば特定の授業の方式や型（例：発見学習，問題解決学習，学び合い，プロジェクト型学習など）と結びつき，たとえば「つかむ→考える→深める→まとめる」といった具合に，学習者の学習や探究のサイクルの局面に沿ってネーミングがなされ，組織化されます。こうした**授業の展開形式**は，先述のような**ドラマとしての授業**という，授業展開の質を問う視点を欠くとき，しばしば授業の形式化をもたらします。しかし，特に初任期の教師にとっては，良質の展開形式を学ぶことで，それを骨組み（教師も子どもも安心して見通しを持って授業に臨めるための定石的な形式：授業ルーチン）として，授業の質や創造性を追求し続け，自分なりの

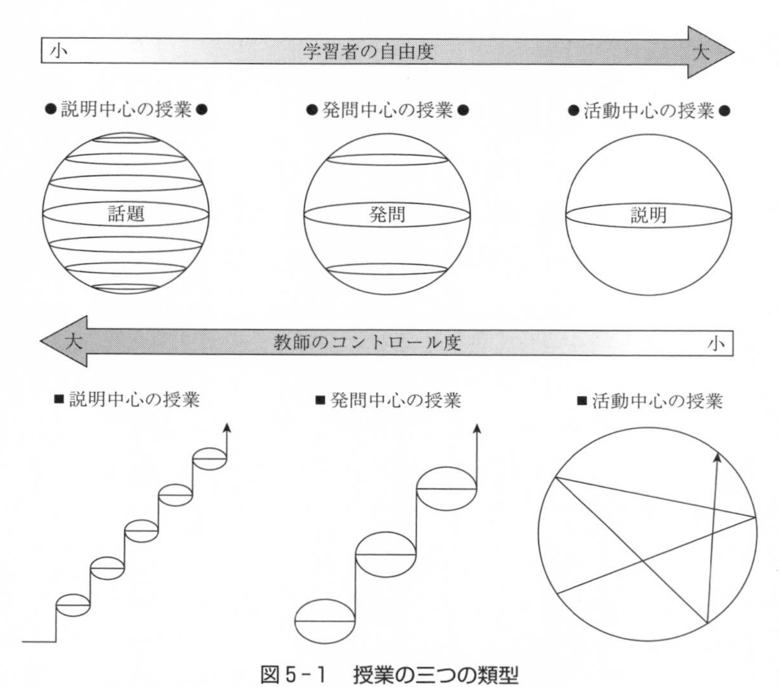

図5－1　授業の三つの類型

（出所）上條・江間（2005）p. 8, 10.

授業スタイルを構築していく足がかりにしていくこともできるでしょう。

さまざまな授業方式は，基本的には，内容の習得と思考力や主体性の育成との間のバランスや関係づけに対する実践的解答として提案されており，授業において，どの程度，どのタイミングで，どのような形で学習者に主導権をゆだねるかが中心的な争点となります。

授業が**教師主導**か**学習者主導**かは「あれかこれか」という問題としてとらえられがちですが，実際には程度の問題です。この点に関して，上條晴夫は，主導権が教師か学習者のどちらにあるかの程度の違いにより，**説明中心の授業，発問中心の授業，活動中心の授業**（参加・体験のあるワークショップ型授業）の三つの類型を示しています（上條・江間，2005）。図5-1の下段の図のように，説明中心の授業や発問中心の授業では，教師が話題や発問によって学習者の考えを導いていくために，学習者の考える範囲（楕円）は小さくなります。これに対して，活動中心の授業では，学習者は最初に大きな円（活動や考える範囲）が指定され，その範囲内であれば自由に試行錯誤することができます。説明中心の授業では学習者の興味を引く話題の工夫が，発問中心の授業では学習者の思考を促す発問の工夫が授業づくりの焦点となるのに対して，活動中心の授業では，活動の枠づくり（活動の目的・手順・約束，活動時間，活動場所のレイアウト）が教師による工夫のポイントとなってきます。計画段階で「子どもたちにどのような不自由（枠）を与えるか」を考え，実際の授業では，学習者への活動内容の説明と指示によって一度枠を設定したら，あとはできる限り学習者の自由な試行錯誤を認め見守り，授業の終末に思考の跡を振り返る（体験を言葉にする）わけです。

教師主導と学習者主導のバランス

実際には，説明中心，発問中心，活動中心という三つの類型は，授業内容に応じて，また一時間の授業内でもミックスされるものでしょう。よく中・高の授業は教師主導の一方的な一斉授業だと言われますが，実際には50分間ずっと教師がしゃべり続ける授業というのは案外少ないものです。多くの場合，教師は何らかの形で生徒に問いかけたり，指名して答えさせたりしています。詰め込みや一斉授業と批判される際の実質的な問題は，そうした生徒たちにゆだねる部分の活動としての大きさやスパンであって，教師の穴埋め的な問いかけに一問一答で答えること（投げかけと反応のスパンが短い活動）に止まっている点なのです。しかも，クイズ的な発問に答えられない場合，答えられる（答えを探せる）まで待つか，正答が出てくるまで指名が繰り返されたりします。しかし，そうして一人が詰まってしまった際に，もう少し生徒にゆだねて，隣の生徒と相談すること（ペア学習）を，その生徒に，あるいはクラス全体に促す方が，授業は活性化し有効に時間を使うことにつながるでしょう。さらに，ここ一番でじっくり考えさせたい問いや課題については，さらに生徒たちに任せて，十分な時間も確保して，グループ学習を活用することも考えられるでしょう。

アクティブ・ラーニングの必要性が叫ばれる中で，１時間の授業の中で，手を変え品を変え５～10分おきくらいにひっきりなしに学習者に議論させたり活動させたりするような「(展開が）やかましい」授業も見られます。授業の展開の局面を意識しながら，たとえば，導入部分は誰もが比較的答えやすいようなクイズ的な問いかけをテンポよく行って学習者の参加を促し，展開部分に入ったならば，授業全体のヤマ場に向けて，「なぜ」を考えさせる発問やペア学習などで，子どもたちにゆだねる部分を少し多くしていって，小さなヤマをつくりつつ子どもたちの追究心を高めていく。そして，授業のメインターゲットに迫る主発問や挑戦的な学習課題といった，ここ一番の場面で，グループ学習を用いて子どもたちに大きくゆだねヤマ場をつくる。さらに，授業の終末に自分の言葉でのまとめ直しや振り返りや練習といった個にもどる機会を設ける。こうした授業の展開を意識したメリハリのある組み立てが大事でしょう。

（3）授業や単元の展開形式にはどのような類型があるのか

「わかる」授業における活動の組み立て

内容習得的な要素と思考・主体性促進的な要素とを１時間の授業においてどう位置づけるか，学習者にゆだねるここ一番のタイミングをどこに位置づけるかという点に関して，発見型と発展型という**「わかる」授業**の２つの展開形式を意識しておくとよいでしょう。

「発見型」授業の形式については，特に小学校で基本的な授業の展開形式となっている問題解決型授業を想起すればよいでしょう。すなわち，〈課題提示→個人解決→グループでの解決→全体での交流・練り上げ→まとめ（適用問題や振り返り）〉という形で授業を組み立て，多様な考え方を出し合いながら知識の発見・構築に至ることやそのプロセスの意味を重視するわけです。

これに対して，**「発展型」授業**の形式については，上記のような問題解決型授業では概念形成が弱くなるといった批判意識をもって提唱されている「教えて考えさせる授業」（市川，2008）を想起すればよいでしょう。すなわち，〈（予習・）教師からの説明→理解確認課題（教えあい活動など）→理解深化課題（発展的課題のグループによる解決）→自己評価活動〉という形で授業を組み立て，内容理解を深化させていくことを重視するわけです。

発見的文脈で思考させるにしても，発展的文脈で思考させるにしても，思考を触発する挑戦的な課題を設定できるか，授業において腑に落ちる経験や納得感を残すことができるかが重要です。特に，「教えて考えさせる」授業については，発展的な課題としての理解深化課題がうまく設定できなければ，ただ教えて確認問題を解く授業になったり，新しい内容や課題と出会う新鮮さが生み出す授業のわくわく感がなくなったりすることに注意が必要です。逆に，ウェブ上の動画など，効果的な予習のコンテンツも開発・利用しつつ，授業外や授業内で学習者が内容をある程度理解する機会を保障した上で，それをゆさぶるような課題を設定できるなら，「反転授業」（第６章 p. 218 参照）として，「発展型」授業を実践することもできるでしょう。

ここで，１時間の授業を組み立てる際に少なくとも注意しておくべき点として，中学・高校でしばしばみられる復習からはじまる授業から脱却することを述べておきます。導入として前時の内容や既習事項を軽くおさらいするレベルを超えて，授業の冒頭で復習が10分近く続くような授業（例：連立方程式の文章題を解く前に，頻出場面である水溶液の濃度計算の復習をする）は，学習者の学ぶ意欲をそぎがちであり，そのあとにいくら新しい魅力的な内容や教材を準備しても，すでに学習者はその日の授業に失望してしまっているということになってしまいます。

復習中心の授業の背景には，「完全に定着させないと次に進めない」という発想があります。しかし，前時の内容が本時の内容の前提になっているということは，見方を変えると，本時の内容は前時の内容を使いそれに機能的に習熟する機会と見ることもできます。また，最初に学んだ段階では半わかり状態で，その後の内容を学ぶことで改めてよくわかるということもあります。

たとえば，３年生で習うわり算は２年生で習った九九を前提としています。見方を変えると，わり算は九九を使いそれに習熟する機会とみることもできます。このように考えると，九九でつまずいている子に九九表を持たせてわり算に取り組ませるといった手立ても想定できるでしょうし，九九を学ぶ意味やその有効性も実感できる場面としてわり算を意識化させることもできるでしょう。

単元展開の組織化

上記のような学習過程の組織化は，**単元設計**レベルでも同様に課題となります。この点に関して，多くの場合，各教科の単元展開は，「尻すぼみ」の構造になりがちです。導入で生活場面を扱うことはありますが，生活場面からひとたび教科の世界（科学的概念）への**認識の飛躍**（**「わたり」**）を成し遂げたなら，後は抽象的な教科の世界だけで話が進むことが往々にしてあります。そして最後は問題演習など機械的で無味乾燥な学習で授業や単元が終わるのです。いくら豊かにわかる授業を展開し，深い学びが大切だと言っても，最後に問題演習だけで終わっては意味が半減します。子どもたちは単元末の評価課題を見て，それが穴埋め問題だったりすれば，結局は，「用語を覚えておけばいい」「計算を練習すればいい」「問題を解ければよい」と思ってしまうことでしょう。

これに対して，大切なことは，概念を形成したら，もう一度それを複合的な現実生活に埋め戻すということです（**「もどり」**)。「使える」レベルの課題，リアルな状況で知識・技能を総合する課題を単元末に持ってきて単元末を豊かにするのです。そうすることによって「尻すぼみ」の単元構造を，**「末広がり」の構造**に変えることができるでしょう。そして，「もどり」の機会があることによって，概念として学ばれた科学的知識は，現実を読み解く眼鏡（ものの見方・考え方）として学び直されるのです。

教材研究の段階では，「末広がり」の構造を創ることを意識しながら教科書を眺めてみるとよいでしょう。そうすると，何も一から「使える」レベルの課題を開発しなくても，第４章でも例示したように（pp. 110-111），教科書に載せられている課題や素材をマイナーチェンジするだけでもよい課題が創れそうだということが見えてきます。それどころか，既存の教科書の配列を変えるだけでも，単元は末広がりになりうるのです。

多くの教科書では，魅力的で挑戦的な課題が概念の導入段階に集中しがちです。「それが単元末にあったら，子どもたちが単元で学んだことを総動員して豊かに学べるのに」という課題が，導入部分に置かれているのです。小学校１年生の算数「ながさくらべ」の単元では，ノートくらいの大きさのものについて，30cm ほどのテープで長さを間接比較した後で，より大きなものの縦横の長さを，１m ほどのテープで間接比較することを学ぶのに，机に水槽を載せられるかを判断する場面と，大きな机が扉の幅を通り抜けられるかを判断する場面の２つが挙げられています（図５-２）。教科書の想定としては，前時に使ったテープよりも長いテープで測ればよいという声が子どもたちから出てくることを期待しているのでしょうが，実際に授業にかけてみると，子どもたちからは，前の時間に使ったテープのいくつ分かで測ればいいという意見も出てきます。こうした意見が出るのは自然ですし，むしろペアやグループによるダイナミックで協働的な学びにつなげていくチャンスでもあるのですが，こうした任意単位による測定というアイデアは単元のさらに後で学ぶこととされているために，授業ではスルーされてしまうのです。

これに対して，たとえば，水槽の縦横を測る場面はそのまま残し，そうした軽めの課題で「長いテープ」という測定の道具を導入し，あとは自由に教室のいろいろなものをその新しいアイテムで測る自由な活動の機会を保障する。一方で，大きな机を扱う場面については，大掃除するのに教師用の大きな机を運び出したいけれど，近くまで持って行って結局運び出せないということになってはいけないので，事前に測って判断したい，といった状況設定を行い，そのためにどこを測ればよいか，個人でもグループで協力してでもいいので，どう測ればよいかの判断も含めて考えさせる課題として，単元末に設定する。そうすれば，先述の子どもたちの自然な反応を生かすこともできるでしょう。

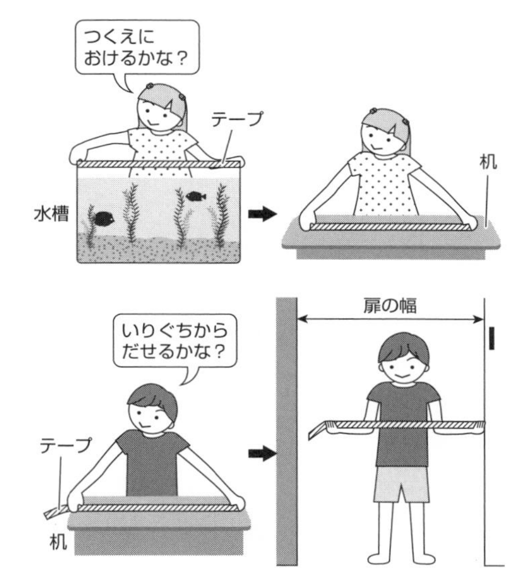

図5－2　「ながさくらべ」の場面

（出所）『わくわくさんすう1』2015年版，p. 76を参考に作成

また，たとえば，「バーベキューをするために火をおこそうとしていますがうまく燃えません。どうやったらうまく燃えるでしょうか。」ということが，導入部分にあったりコラム部分にあったりします。こうした課題を単元末に置き直し，導入には，「わかる」レ

ベルの課題として，生活に根ざしたもう少し軽めの課題（例：集気瓶の中に燃えているろうそくを入れてふたをするとどうなるかを予想する等）を設定するわけです。もちろん，導入は今までどおり豊かでいいのです。ただ，しばしば豊か過ぎるのです。この豊か過ぎる導入の中の一部を単元末に持ってくる，逆に，単元末に扱われている課題で，導入や中盤で扱う方が適している素材もあるでしょう。

末広がりの単元展開の類型

そうして，**学習の集大成**（教科の実力が試される本物のゴール）として単元末や学期の節目に「使える」レベルの課題を設定する。そして，それに学習者が独力でうまく取り組めるために何を指導し形成的に評価しなければならないかを意識しながら，日々の授業では，むしろシンプルな課題を豊かに深く追求する「わかる」授業を組織するわけです。さらには，「使える」レベルの課題を単元の最初に提示し（ちょい出しして単元レベルでの学びの意欲と見通しを持たせ），一単元丸ごとをその解決を軸にプロジェクト型の学習として展開することも考えられてよいでしょう。

末広がりの単元は，以下のような形で組み立てることができます（西岡，2008）。一つは，**パーツ組立て型**で，内容や技能の系統性が強い教科や単元になじみやすいものです。たとえば，栄養学の知識を用いてバランスの取れた食事を計画することを目標とする家庭科の単元において，「健康的な食事とは何か」という本質的な問いを意識しながら，子どもたちは，自分の家族の食事を分析してその栄養価を改善するための提案をしたり，校外学習キャンプの食事計画を立てたりするパフォーマンス課題に取り組む。これらの課題に取り組むのに必要な知識（パーツや道具）として，栄養に関する諸概念やバランスの取れた食事の構成要素などについて順次学んでいき，本質的な問いについての理解も深めていく，といった具合です。

もう一つは**繰り返し型**です。説得力のある文章を書く単元において，単元の最初に子どもたちは，文章の導入部分を示した四つの事例に関して，どれが一番よいか，その理由は何かという点について議論する。こうして，よい導入文の条件を整理し，自分たちの作った評価規準を念頭に置きながら，説得力のある文章を書く練習に繰り返し取り組んでいくといった具合です。

これら二つの類型は，類似の課題に取り組みつつ（繰り返し型），新たな内容を学ぶことで（パーツ組立て型），活動を拡充していくといった具合に，実際にはミックスされることが多いでしょう。そして，パーツを組み立てて総合するにしても，まとまった単位を拡大しつつ繰り返すにしても，①概念や技能を総合し構造化する表現（例：電流のイメージ図や江戸時代の三大改革のキーワードを構造化した概念マップなど，頭の中の知識の表現を，単元前後で書かせてその変容で伸びを実感する），あるいは，②主題や論点の探究（例：自分たちの住む○○県のPR活動のプランニングをするために，地域調査を行ったり，それに必要な知識や技能を習得したり，新たな小課題を設定したりして，現状認識や解決法を洗練していく）を，単元の背骨を形成する課題とするとよいでしょう。

3．授業づくりにおける時間の問題

（1）「単元時間」と「単位時間」とは

学校教育，特に授業は，「**時間**」と深く結びついた活動です。すなわち，授業という営みは，ある限定された時間の中で展開されるものであるとともに，より長期的なスパンで計画化された時間の上に成り立っています。前者の形で意識される時間は，普通「**単位時間**」と呼ばれ，時間割の一こまとして表示されます。後者の形で意識される時間は，一単元以上のまとまった学習活動に費やされる時間であり，「**単元時間**」と呼ばれたりします。

まず「単元時間」については，学習指導要領で定められた年間の総授業時数をどう運用していくかが課題となります。すなわち，それぞれの単元を，いつ頃，どのくらいの授業時数をかけて教えるのかが課題となるわけです。これはまさに，年間のカリキュラムを編成する作業でもあります。

また「単位時間」については，授業の一こまを，一種の「制限時間」として意識化し，その中で子どもの集中を生み出す授業展開を構想し実現することが課題となります。後述するように，近年は，時間を制限することの意味が根本から問い直されています。確かに，時間割とチャイムを機械的に遵守し，子どもの学びの流れを断ち切ってしまうような時間制限は問題があります。しかし，たとえば，スポーツや勝負事における制限時間がそうであるように，一定の制限時間を教師と子どもが意識することは，授業の中に展開やリズムを生み出す条件ともなりえます。このように，授業のドラマ性と子どもの集中を保障できるよう，「単位時間」を設定し運用することが求められます。

（2）「時間がかかる」と「時間をかける」はどう違うか

以上のような「単元時間」「単位時間」の計画においては，「時間がかかる」という受動的な意識でなく，「**時間をかける**」という能動的な意識が重要です。多くの場合，一単元や一時間の授業における時間配分は，教材の分量，さらに言えば教科書のページ数によって機械的に決定されがちです。すなわち，この分量ならこれくらいの時間がかかると発想するわけです。

しかし，教科書に盛り込まれている教材の中には，重点的に扱うべきものとそうでないものとがあります。ゆえに，まず教師は，重点的に扱う教材を少なく厳選する必要があります。その上で，厳選した教材については，たっぷりと時間をかけます。この時，少ない内容にどれだけの時間をかけられるかで，教師の力量が試されます。たとえば，一つの詩を数時間かけて授業することになったとして，教師の側がその詩を主体的に深く理解していない限り授業は維持できません。逆に，その詩に対する教材解釈が緻密で深ければ，さらに時間をかけつつ，かつ子どもを高めていくこともできるでしょう。教材の厳選と深い教材解釈によって，時間は「かかるもの」から「かけるもの」に転化すると言えます。

このように時間を主体的に運用できる余裕は，子どもに対しても保障されるべきです。たとえば，授業で教師が間断なく説明や発問を投げかけるのでは，子どもはじっくり考え，自分の解釈や意見を作り出すことはできません。思考を巡らす時間が十分に与えられるなら，子どもたちは，時間に対して能動的な姿勢を取り，学習課題に「時間をかける」ことができるようになるでしょう。

（3）授業時間をどう弾力的に運用するか

これまで単位時間は，小学校で45分，中学校等で50分を一時間としていました。そして，一日の時間割は，上記の単位時間で四〜六時間分の授業を行い，その間に５〜20分の短い休み時間と１時間程度の昼休みをはさむものが一般的でした。しかし，調査，実験などを伴う活動的な学習の場合，この単位時間では短すぎますし，逆に，英語のように毎日学ぶことが望ましい内容にとっては，より短い単位時間で時間数を多くする方が効果的です。そのため，近年の学習指導要領は，一単位時間に関する規定をなくし，各教育現場が，柔軟に一単位時間や時間割を編成するよう促しています。

一単位時間を柔軟に運用する方法として，次の二つを挙げることができます。一つは，時間割の基本単位を長いものとし，その中を必要に応じて切り分けていく方法であり，**学習時間のブロック化**と呼ばれます。たとえば，90分を１ブロックとし，１日の学習時間を３ブロック構成とする。１ブロックを一つの学習活動に充ててもよいし，社会科の話し合いに60分，残り30分で算数ドリルという形で活用してもよい。この方法の要点は，時間そのものに切れ目を入れず，学習活動に即して柔軟に時間を運用する点にあります。

もう一つの方法は，できるだけ細かく分けた時間割の基本単位（モジュール）を設定し，それを組み合わせたり，積み上げたりする方法で，**モジュラー・スケージューリング**と呼ばれます。１モジュールを15分とした場合，英語を毎日２モジュール（30分）ずつ行ったり，長い時間をかけて集中的に取り組むために，理科に５モジュール（75分）充てたりすることもできます。

いずれにしても，時間に学習活動を合わせるのでなく，学習活動を第一に考え，その質を高めるよう時間の使い方を自覚的に工夫するわけです。

4．学習形態と学習環境のデザイン

（1）学習形態の工夫やグループ学習の意味とは

グループ学習の活用

学習活動の効果的な配列を考え，時間を十分に確保するだけでは，熱心に活動に取り組む姿や思考の深まりが生まれるとは限りません。授業における展開の局面や学習者に考えさせる課題の中身に応じて，適した**学習形態**（個人学習，ペア学習，グループ学習，一斉学習）を用いる必要がありますし，それに適した教室の空間的環境を工夫する必要があります。学習形態の選択は，先述のように（p. 142），授業が教師主導か学習者主導かという点と深く関係しており，特にグループ活動の位置づけや実施方法が実質的には議論の焦点となっています。

グループ学習は，「学び合い」や「学びの共同体」といった言葉の下で，「学びから逃走」し教室で突っ伏す子どもが増えた教室の光景に対して，主体的に学ぶ姿を教室に取り戻すものとして，注目を集めてきました（佐藤，2012；西川，2010）。それは，「教えられなければ学ばない」という状況に対して，そもそも人は教えられることを必ずしも前提にしなくても学ぶということ，学校は教えられる場所である前に学ぶ場所であるべきではないかという，学校での学びの人工性や特殊性に対する異議申し立てを含んでいます。

グループ学習については，アクティブ・ラーニングをはじめとする**学習者主体の授業**が強調される昨今，学習者の授業を受ける姿勢を受け身から能動的なものに変え，学習者が自分たちで助け合いながら，一人残らず授業に参加し，教室での学びの主人公となる効果が期待されています。特に中高の授業において，子どもたちは教師の虫食い的な問いかけに答えながら，数学の問題を解いたり，歴史の流れをたどったりしていますが，問題解決の方針を立てたり，歴史の因果関係を子どもたち自身が構成したりする機会は保障されていません。しかし，入試や定期試験でも，問題をまるごと解くことがしばしば求められるものです。教師に手を引かれて部分を埋めることと，学習者が問題解決をまるごと一人で行うこととの間のギャップを橋渡しする経験として，学習者たちが共同しながら問題解決をまるごと行う機会を保障することが，グループ学習に取り組む一つの意味でしょう。

グループ学習の活用は，単に主体的な学びを実現するという意味のみならず，以下のような認知的な学習としての意味も持ちます。一人だけではできないけれどもグループなら達成できたという体験を通じて，達成感や納得感を残すことができますし，個人ベースではお互いに見ることができない問題解決の思考プロセスを共有することができることで，一人では手も足も出ない子どもたちも，将来自分一人でできるようになるための見通しやコツやヒントを得ることができるでしょう。

個人学習とグループ学習のブレンド

その一方で，個々人において学習がどう成立しているのを捉える意識がなければ，グループでの活発な議論の陰で，静かにつまずいていく子どもが生まれるでしょう。特に，意味やイメージの構成や認識の飛躍を伴う部分（例：等積変形が成立していることのイメージや納得を伴った理解，「電流」についての素朴概念から科学的概念への組み替えなど）は，子どもたち同士の対話のみでその溝を埋めるのは困難であり，まさに学校や教師による系統的指導や教材の工夫が必要なところでもあるでしょう。また，多様な意見を聞き，納得感を持てたとしても，そのままにしていては自分のものにならないし，残りません。多様な意見や理解したように感じる内容について，個にもどり，書く活動などを通して振り返り，内省して自分なりの言葉でまとめなおしたり，機械的あるいは機能的に習熟する機会を十分に保障したりすること，いわば社会的コミュニケーションの内言への転化（自己内対話をより多声的でポリフォニー的にすること）や知の身体化のプロセスが重要なのです。アクティブであるだけでなく，一人黙考する**間（沈黙）**や**静かな学び**の意味をおろそかにしてはなりません。

このような観点からすると，個人学習とグループ学習のブレンドのしかたを考えることが重要だとわかるでしょう。多くの授業では，〈個人学習→ペア学習→グループ学習→（クラス全体での）集団学習〉といった具合に，いわば個人から集団へと，徐々に共同や集団の単位を大きくしていく展開をとりがちです。しかし，たとえば，〈一人学び→グループ学び→一人学び（思考をより多声的にし，リライトする（練り直す）機会，自立への契機）→みんな学び→個での振り返り（作品づくり）〉といった具合に，個での学習と集団での学習を相互に往還させる視点を持つ必要があるでしょう。一時間や数時間の授業の展開で**個人にもどす**機会を段階として機械的に設定しなくても，クラス全体での練り上げの途中で，思考が行き詰まったり，一部の子どもたちが出した意見や課題がクラス全体のものになっていなかったり，議論の中で新たな問いが生まれたりした時に，グループに戻すといった具合に，クラス全体でのまとめに向けて授業を進めようと，個からより大きな集団へと学習を広げようと急ぐ意識を中断する余裕を持つことが肝要です。

（2）グループ学習の効果的な活用のポイントとは

グループ学習を促す構造を整える

以上のようなグループ学習の意味と限界をふまえた上で，効果的にグループ学習を組織し実践していていく上でのポイントを述べておきましょう。まず，**グループ学習のサイズ**については，男女一松模様の4名がよいとも言われますが，机を寄せ合った時に円になって中心を囲むような構造をつくりうる4名，あるいは3名が適当でしょう。5名だと4＋1のような形でお客さんが出てきてしまいますし，6名以上だと，4＋2のような形で二つの組に分かれてしまいがちです。何かを囲んで膝つき合わせて話し込む構造をつくるには，分析したり議論したりする対象（拡大したテキスト本文，実物や実験装置，史資料，問題場面を提示したプリントなど）や，思考・コミュニケーションの過程や結果を共有したり集約したりするための媒体（拡大したワークシート，ホワイトボード，タブレット端末など）といったモノを，グループの中心（メンバーの視線が集中するポイント）に置くような構造をつくることも一つの方法です。

このような構造を整えることができれば，演習問題を解いたりスキル練習をしたりする**個人作業の協同化**としてもグループ学習は成立します。しかし，学習課題の設計の段階で，ただ思考する必然性を考えるのではなく，時には分業などしながら，グループで取り組んだり思考をすりあわせたりする必然性（**協働する必然性**）をより積極的に考慮することも考えられてよいでしょう。学習形態に合うよう課題や教材のあり方を考えるというわけです。

グループで自分しかできないことで生じる責任感や目的意識を生かすグループ学習の形式である，**ジグソー学習**(2)などは分業や協働を促す課題設計を考える上でヒントになるでしょう（三宅他，2016）。たとえば，「豊臣秀吉はどんな社会をつくったか」という単元の問いについて，彼が行った主な政策（太閤検地，刀狩令，身分統制令）ごとに課題別のグループを作りエキスパート活動で理解を深める。そして，それぞれの課題別グループでエキスパートとなった人が一人ずついる新しいグループを作り，各課題別グループの知見を交換・統合することで，単元の問いへの答えを作るといった具合です。そこまで込み入ったシステムにしなくても，一つの課題にグループ内で分業して取り組ませたり，先述（p. 148）の「ながさくらべ」の課題で示したように，この教材は個人課題でなくグループで取り組む課題にした方が学びもダイナミックになり深まりそうかなと考え，グループ活動にするなら任意単位で測る方法も許容するようにした方がいいなと考えてみたりするとよいでしょう。

ここまで述べてきたことを念頭に置いて考えると，冒頭で示した場面③の問題点が見えてきます。場面③では，６名グループというそもそも複数の組に分かれてしまいやすい構造である上に，７つの問題を解くというのでは，みんなで知恵を出し合うより，一人一問ずつといった分業になるでしょうし，しかも，ホワイトボードを３つ与えることで，結局，ホワイトボードを共有する３つのペアによる機械的な分担作業になってしまうわけです。

学習者に委ねることの重要性

また，グループ学習では，子どもたちに委ねきる勇気と覚悟が必要です。グループ学習は，教師の目の届かない自分たちの隙間空間（ちょっとした自由，あるいは自治の空間）を，インフォーマルなコミュニケーションの空間を生み出すことに意味があります。授業が終わった瞬間，「はぁ～っ」と雰囲気が緩み，気楽な感じの語らいが始まる，そんな休み時間のような空気感を授業中に生み出すこと（網の目のように張り巡らされた教室の秩序に穴を空けること）で，カフェでの語らいのような自然体のやわらかいコミュニケーションが生まれることを期待するわけです。

教室でのコミュニケーションは，パブリックなものである必要はありますが，必ずしもスピーチや発表のようなフォーマルなものである必要はありません。**パブリックかつインフォーマル**なものも含めて，教室のコミュニケーションに重層性と柔軟性を生み出すことが大切です。グループの議論を話し合い活動の指導の機会と捉えて，話形を教えたり，司会や書記やタイムキーパーを決めたりといった指導がなされることもありますが，それはインフォーマルなコミュニケーションを疎外しない範囲で取り組まれる必要があるでしょう。

そうして子どもたちに委ねるためには，むしろ教師の指示と説明の技量が重要になってきます。活動の時間を十分に確保し，活動の前にだれたりせずテンポよく授業を展開する上でも，グループで取り組む課題の内容や活動の条件等をわかりやすく説明し，活動への意欲を高めること，そして，何をすればよいか，何についてどう考え，何を残せばよいか等を明確に指示することが不可欠です。まとまった時間を子どもたちに委ねるわけですから，課題や指示のポイントについては確実に伝わるように，口頭だけで終わらずに，板書して示しておくことも重要です。

しばしばグループ活動が始まった瞬間に，次の展開に備えた準備や板書などを教師が始める場面を目にしますが，グループ活動の最初の部分こそ，指示がちゃんと伝わって，考えるべき部分について子どもたちが考えているか，グループの対話の渦に入れていない子がいないかに注意を払うことが肝要です。指示の内容が明確でなかったために，理解するのに時間がかかったり，指示の内容を間違って受け止めて活動を進めてしまったりしているのに気づくのが遅くなればなるほど，授業にとっては大きなロスですし軌道修正も難しくなります。

子どもたちの学びを見守る心持ちで

ひとたびそれぞれのグループの活動や議論に火が付いてしまえば，あとは教師は子どもたちの学びをアセスメントし見守ることに徹するくらいがよいでしょう。机間指導では，よほど議論が停滞していない限り，グループの議論に入っていくよりも，話し合いに入り切れていない子を他の子とつないだり，グループの議論に入るにしても，一人の学び手として一参加者として，議論を触発したり，子どもたちの発言を促したり，つないだりして，火が付きそうなところでフェードアウトしていくわけです。グループの議論に教師がむやみに入っていくと，子どもたちは教師を頼ったり顔色をうかがったりするようになりますし，話の流れを切ってしまうことになりかねません。友達同士で気楽に盛り上がっているところに，先輩やお客さん的な人が入ってくると，流れがストップしてしまうのと同じです。

グループ活動の冒頭で話し合いの立ち上がりが鈍かったりすると，待てずにすぐに教師はあれこれと介入してしまいがちですが，まずそこで考えるべきは，先述のように，課題や指示の出し方に再確認が必要ではないかということと，子どもたちが教師の目を気にしているのかもしれない（例：教師の期待に添う話し合いをしなくてはいけないという思いに過度にとらわれている）ということです。注意深く子どもたちのようすを観察した上で，後者のような状況と思われる際には，子どもたちが教師に見られている（監視されている）という感覚を持たないよう，子どもたちを課題に集中させるよう，時には意図的に教師が視線を子どもたちの活動からそらしたり，彼らの活動と距離を取ったりしてみることも必要でしょう。グループ学習においては，授業者として次にどう授業を進めるかという意識より，傍観者的・授業観察者的な意識で，学習過程を見守り分析し，子どものことを研究するくらいの心持ちが肝要です。

活動時間についての工夫

グループ学習については，それを**切るタイミング**も問題になります。５分なら５分とストップウォッチなどで計ってルーチン化すること（５分で収まるよう話し合うような習慣を付ける）も一案ですが，それでも話し合いの中身によって時間の長さを調整したり，盛り上がり具合で切るタイミングを判断したりする局面は出てくるでしょう。基本的には，すべてのグループで話し合いや活動が一段落するまでやらせ切るというより，「ちょっと話し足りない」「もうちょっとやりたい」というくらいで切り上げる。少なくとも，話し合いの熱気やテンションが下がり，課題と関係ない話題のおしゃべりをし始めるグループが出てきたなら，活動の終了を考えた方がよいでしょう。

グループ間の**活動の早い遅い**に対応することも悩ましい課題です。たとえば，それぞれの意見を出し合い，グループで意見を集約する活動でも，最初からそう指示するのではなく，まずはオープンに意見を交流し話し合うことを指示する。また，活動に10分は必要かなと思っていても，まずは少し短めの7分ほどで話し合うよう指示をして，5分経過したあたりで，全員の意見が聞けたグループに挙手を求め，できているグループには続けて話し合うよう，まだのグループには少し急ぐよう促す。そして，7分経過した時点で，多くのグループが，話し合いのテンションが未だ高く，深く話し込んでいるようなら数分延長してもよいし，各グループがある程度話し合いができているようなら，それぞれのグループの意見や話し合った論点を全体に発表してもらうこと（例：「ポイントを3点にまとめてください」）を告げ，それを意識して話し合いを収束させるよう指示する。こうした段階的で戦略的な工夫も考えられてよいでしょう。

自由な学びの土台をつくる

グループ学習を実施する上での手法的な部分も含めて解説してきましたが，そうやって技巧的に協働的な学びを捉え，みんな一斉に同じ形態で進めていき，グループ学習という形態自体に習熟していくような，新しく標準化された授業の形の追求に陥らないよう注意が必要です。ここで述べてきたような技術的な部分を磨きつつも，個々人の学習スタイルやニーズの多様性も理解しながら，時と場合によっては，グループ学習への不参加の自由も認めるなど，柔軟に考えていくことも大事でしょう。協働的な学びの追求は，教師と子どもの一対一の縦糸関係の束で構成され，個別化，硬直化しがちな教室の人間関係に，**子ども同士の間の横糸**を通していく営みです。そうした横糸は，教師の問いかけに対して，子どもたち同士で自ずと相談やさざ波のようなつぶやきが起こったりする土台であり，みんなが一斉に個別かグループで同じように学ぶのではなく，自分たちのペースやスタイルに合わせて，個で学んだり，必要に応じてペアやグループで学んだりと，**個性化**と**協働化**とを自在に行き来できるための土台ともなるのです。

（３）学習のための空間づくりをどうするか

座席配置

教室空間のデザインのポイントとしては，**座席配置**，**教室のレイアウト**，**教室掲示と学習ツール**の三つを挙げることができます（石川，2014）。杉江修治ら（2003）は，座席配置のモデルを図５－３の①～⑩のように類型化しています。①②のようなスクール型は，板書を中心としたレクチャー型の授業に適していることがわかるでしょう。①はテストや一人作業などの個別学習にも適しています。②のような形はよく学校で見かける形式で，ペア学習にも展開できますし，必要に応じて前後のペアで４人グループにもしやすい配置と言えます。少人数クラスの授業などでは，⑤のように隙間なく横に机を並べることで，子どもたちの学習活動のようすを確認しやすくなるでしょう。そして，⑥のようなＵ字型（シアター型），あるいは，⑧のようなコの字型（討論型）は，黒板を前にしつつ，子ども同士でお互いの顔が見える配置であり，⑥は教師と子どもたちとの距離が一定であることで，教師の語りに集中させやすく，⑧は教師がコーディネーターとなって板書したりしながら，子どもたちが

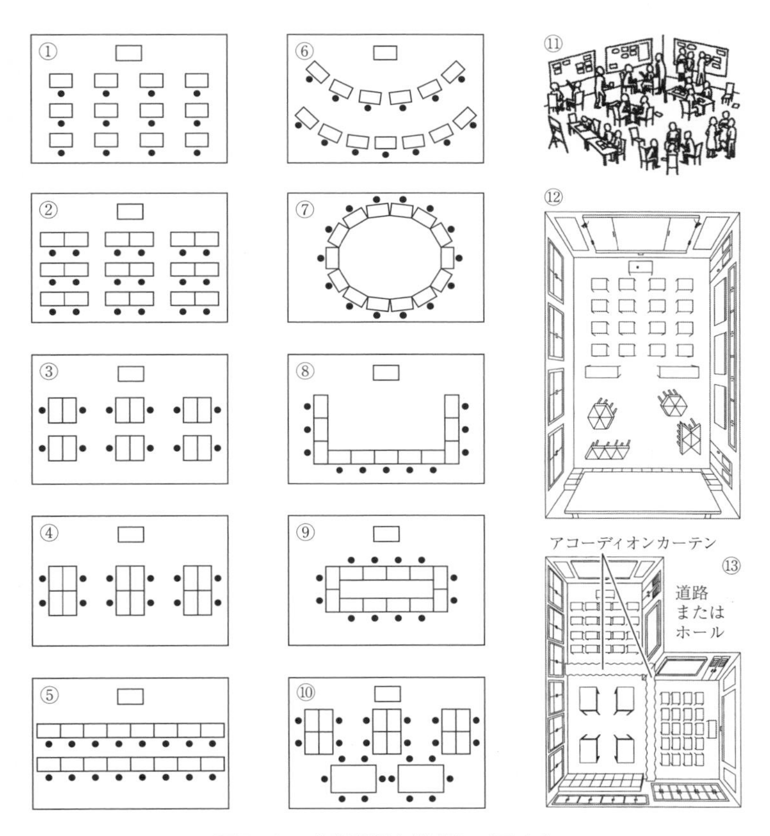

図 5 - 3　座席配置と教室レイアウト

（出所）⑪のみチェンバース（2004）p. 209より，他の図は杉江（2003）pp. 123-125，131-132より抜粋

意見を言い合ったり，議論したりするような，クラス全体での練り上げ場面に適した配置と言えます。

③はペアでの音読練習や問題の出し合いなどに適しており，④（アイランド型）はグループ活動におけるオーソドックスな形です。

また，⑩のように，④のグループ机に加えて，大きなテーブルを置き，学習上の資料や練習問題などを置いたりして，調べ物コーナーや解答コーナーや質問コーナーをつくっておくことで，そこに来た者同士でグループを超えた交流も生まれるでしょう。⑦や⑨は，会社の会議室のように，子どもたちが集団で話し合う場面に適しています。⑦のO字型（サークル型）では，必要に応じて教師も入ることで，フラットな関係に近い雰囲気で議論をコーディネートすることもできるし，時には円の中心に立って語ることもできるでしょう。さらに，円の中にアイランドやもう一つのサークルをつくることで，真ん中の人たちの討論を周りで見聞きするような形態も考えられます（コロシアム型（金魚鉢型））。

教室のレイアウト

これら①～⑩は既存の標準的な教室（黒板が正面にあり，机と椅子が並んでいる）を前提に考えたものですが，⑪を見ると，座席配置や教室のレイアウトをより柔軟に考えていくことができることに気づくでしょう。ポスターセッションやワークショップなどでよく見られる⑪では，先述の多様な座席配置が組み合わされており，部屋のあちこち，あるいは部屋の外も使って，参加者が自然発生的に局所的に気楽な語らいの空間を構成し，学んでいます。

そこでは，部屋の正面という考え方から自由です。壁側に貼られた模造紙やホワイトボードや作品を置いたイーゼルなどを囲んで語らう姿において，黒板をセンターとする空間構成は相対化されています。また，グループで話し合う際にも，必ずしも机は必要ではなく，椅子だけを持って，あるいは椅子すら持たず立ったままで，アイランド型やO字型の形態で話し合う姿も描かれています。みんな一斉にグループに編成されて学ぶといったことではなく，一人ひとりのペースやスタイルで，多様な学びが展開される余地があります。

机や椅子について，アメリカやヨーロッパでは，日本のように学校向けに標準化されたものではなく，通常の生活空間で見かけるような円卓やソファーなどが置かれている光景も珍しくないですし，絨毯が敷かれていて，地べたに座ったり，寝転んだりしながら，本を読んだり活動したりする場面もしばしば見かけますし，一人でやる子，ペアでやる子，グループでやる子など学びのスタイルも柔軟です。さらには，大学などでは，壁自体がペンで書いて消せるようになっていて，黒板がないところでも，至る所で壁になにかを書きながら思考したり，考えを交流したりするような，そして，そうした思考の痕跡が至る所に残っているような教室の風景を目にすることもあるでしょう。

座席等の配置だけではなく，教室の空間構成（レイアウト）全体をアレンジする視点も重要です。30～40人の学級規模の教室では，机と椅子を並べただけで，他のものを置く余裕はないかもしれません。しかし，少人数のクラスであったり，通常より広い教室であったり，あるいは，教室の壁が無くてオープンスペースも活用できるような場合は，たとえば⑫のように，前半分を個人机のスペースで，真ん中に長机を置いて様々なコーナーを設け，教室の後ろ半分にグループ学習など多様な学習活動に対応できる三角の可変テーブルを置くといった具合に，教室を複数のパートに分けることもできます。可動式のパテーションで仕切ったり，たくさんの本を収納できる本棚を持ち込んで仕切りにしたり，畳やカーペットを敷いたりソファーを置いたりしたスペースをつくることもできるでしょう。教室にどんな家具やモノを置くのかによって，教室の雰囲気はがらりと変わります。その際，学習の場としてだけでなく，子どもたちがリラックスできてほっとできるような，居場所としての機能も考慮に入れてみてもよいでしょう。

オープンスクールの校舎だと，⑬のようなＬ字型の教室配置も珍しくありません。Ｌ字型だと，互いの教室を日々見合ったり，行き来しやすかったりするメリットもありますが，オープンすぎる空間は学習者の声や意識や熱気を拡散させる方向に機能することもあり，また，隣の教室のようすが気になって授業に集中できなかったりすることもあります。学びにおける集中や集団としての凝集性を生み出すために，場の密閉性を大事にすることが必要な場面もあります。そこで，アコーディオンカーテンで必要に応じて仕切れるようにし，グループ学習やクラス合同の活動を行うときなどにカーテンを空けて，用途に応じて空間を柔軟に使えるようにしているわけです。

空間に学びを合わせるのではなく，学びに空間を合わせるよう，空間自体が人の動きや学びの中身を規定する側面があることを自覚して，既存の教室のレイアウトを問い直す視点を持つとよいでしょう。その際，黒板を中心にして，黒板とノートを思考と表現の場としながら机で学ぶという，個人主義的で書き言葉優位の静的で無機質な教室の風景を自明視せず，協働的で話し言葉の意味を尊重するダイナミックで彩りのあるものへと転換していく発想も大切です。

教室掲示と学習ツール

教室という空間は，**学習のための空間**であるだけでなく，子どもたちがそこで**学校生活を送る空間**でもあります。生活感や息づかいを感じさせるような教室を創っていく上で，そして，そこで学習し生活する教師や子どもたちが愛着や居場所としての心地よさを感じ，クラスの歴史やつながりや文化を構築していく上で，教室掲示と学習ツールは重要です。

教室や学校には，さまざまな掲示物があり，それが直接的あるいは間接的に子どもたちにとって学習のツールとして機能しています。たとえば，学級目標や学習上のルール（声の大きさ，思考を深めるきっかけ言葉）が教室の正面によく提示されていますが，それらは教室の慣習行動やルーチンや学習の文化を作ることにつながります。

また，掲示物によって，そのクラスの学びの履歴が生き生きとイメージできたり，教師や子どもたちの頭の中が見えるような教室に出会うこともあります。共通するのは，研究授業などのために，子どもたちの学びの必然性や連続性から切れたところで作成された側面掲示や，作品の掲示ではないという点です。国語や社会の授業でのテキストや資料の読み取りや集団思考のあしあとを集約したり，子どもたちの理科や総合学習での観察や調査の途中経過を示したりした模造紙やレポートなどを残し，掲示していくことで，学びをつなぎ振り返りを促す。子どもたち一人ひとりの誕生日に詩を贈る学級通信を教室の壁面に一枚ずつ貼っていったり，授業や家庭学習で使い終わったノートを保管するスペースを作り，ノートを積み上げていったり，朝の会などで歌った歌の題名を記した短冊や自分たちが達成した生活目標の掲示を残していったりすることで，教室の歴史を積み上げ，学習者が自分たちの成長を実感することを促す（石川，2014）。あるいは，教科の専用教室に，各学年の子どもたちの作品を意識的に残していくことで，○年生になったら自分たちもこんな学習をするんだなという見通しやあこがれと，それに向けての背伸びを促すこともできるでしょう。学習のルールや手立てを示すツールとしてだけではなく，クラス全体の学びや成長を可視化するポートフォリオ（成長の物語を伝える本のような記録）として，教室の掲示物を考えていくとよいでしょう。

そうして意識的に積極的に教室環境を創っていかなくても，教室のどこにどんなモノがどういう風に置いてあるのかということ自体が，教室の雰囲気を作るのであって，子どもたちの教室での意識や経験の動線に思いを至らせ，教室の物理的・空間的環境のあり方に自覚的であるとよいでしょう。凝った掲示物で外面をよくするような「学びのテーマパーク」のようになってはいけませんが，教室での学びや出来事や生活の記憶を残す**「学びのミュージアム」**としての，教室や学校の空間の持つ可能性に目を向けることは重要です。

近年，ADHD の子どもたちへの対応ということで，ユニバーサルデザインの名の下に，教室前方の掲示物が取り払われる傾向も見られます。しかし，そうした傾向が行き過ぎて，教室環境を掲示物のない無味乾燥なものに，生活の息吹の感じられない無機質なものにしてしまってはいけません。子どもたちにとって情報過多となるかどうかは，子どもたちとともに作り上げたものかどうか，彼らの学習の履歴に即した必然性があるかどうかもふまえつつ考えていくべきものでしょう。

5．教室の関係構造と文化の組み換え

教室の**学習集団**のあり方が授業の質を規定するということは，教

師にとっては自明のことでしょう。教室で子どもたちの前に立つ際には，集団を相手にしているという意識が必要です。特に日本の教師たちは，集団を育てることで，質の高い練り上げ型授業を可能にしてきました。

授業づくりにおいては，その教室の学習集団の質を，すなわち，教室の**人間関係**の構造と，教室の成員に共有されている**規範・文化**の中身を問う視点が重要です。そして，それは，授業中に子どもたちが立ち歩いたり騒いだりすることなどないよう，人間関係（リレーション）づくり，学習規律（ルール）の指導を通して，教室に安心してみんなが気持ちよく学べるための秩序や文化を形成するといった，授業成立の土台となる学級づくり・学級経営のみを意味しません。集団の構造は，思考の質や方向性，形成される学力の中身とも密接に関わっているのです。ここでは特に，この認識形成過程に関わっての**集団の構造**について述べます。

（１）何でも言える教室の雰囲気をどう創るか

いかに子どもの思考を誘発するような教材が提示され，さらに，子ども一人ひとりが自分なりの意見を持ち，それを交流・深化させる場が準備されていたとしても，実際に子どもたちが教師の期待するような学習を進めるとは限りません。実際に主体的かつ科学的な思考が生起しそれが持続するか否かは，学びを支える学習集団の有無にかかっています。

まず，子どもたちが意見を発表しながら思考を深める授業が成立するには，何でも言える自由な雰囲気が教室になければなりません。しかし，多くの子どもは，間違いは恥ずかしいこと，無意味なことだと考えています。そんな彼らは，間違わないために沈黙を守ろうとしますし，自分の態度を表明せざるをえない場合は，「できる子」や人数の多い方に従おうとしがちです。結果，授業での発言は学年を追って少なくなり，自分の考えを率直に語ることを躊躇するようになるわけです。

小学校教師であった今泉博の実践は，こうした状態を打開するヒントを与えてくれます（今泉，1998）。まず，今泉は，子どもが自分で手を挙げない限り子どもを指名しません。授業中に発言することを大切にするのなら，発言しない自由も保障される必要があると考えるからです。そうした人間的な自由が保障された上で，子どもを信じて待つことで，外的な緊張は少なくなり，結果として教師が勝手に指名していたときよりも発言の数は増えてくるといいます。

また今泉は，教師が自分の**「間違い」観**を反省しそれを豊かにすることの重要性を説きます。間違いは物事の一面を誇張して捉えることで生まれます。物事の一面であっても，事実の断片であるならば，間違いは，物事の本質に迫る上でなくてはならないものと捉えられます。心底こうした見方をできるようになると，自然と子ども一人ひとりの発言に耳を傾けるようになるというのです。ある子どもが，「破れる」という字を「こわれる」と読んだとき，「破壊」とすかさず黒板に書き，「この言葉からもわかるように『破』には『こわれる』という意味も含まれる。文の内容からもこの字を『こわれる』と読んだあなたはすごい。」と返す。こうした今泉の応答性は，上記の「間違い」観の顕れでしょう。

教師から指名せずに発言量が増えるというのは，今泉の教師としての力量のなせる業かもしれません。しかし，教師から指名されたときの緊張や不安やドキドキした気持ちへの共感と寄り添い，間違いやさまざまな発言が受け止められることの根っこにおいて形成される，自らの存在を受け止めてもらえる**安心感**，そうした経験の蓄積が生み出す，**承認とケアと癒しの共同体**としての学級づくりという視点を，今泉の実践からは学ぶことができるでしょう（庄井，2002；蒔田，2004）。

（2）真に学びを深めていくための民主的な関係とは

正答主義の学習観をゆさぶる

「間違い」観の問題と関連して，深く思考することを妨げる**正答主義**の存在に自覚的であることが重要です。多くの場合，子どもたちの間で活発に議論が進んだとしても，最後には，教師から教科書にある正答が示されます。また，子どもたちの自由な意見を認めるといっても，結局教師が求める意見だけが取り上げられることもしばしばです。子どもたちを指名し続け，教師の側がほしい言葉や意見が出てくるとそれに飛びついてまとめにもっていくという具合です。つまり，教室において真理を決定する権限は教師と教科書に握られているのです（図5-4①）。その結果，子どもたちは，物事には必ず正答があると思い込み，教師や教科書が想定する正答を推理することに傾注するようになります（正答主義の学習観）。そして，そうした推理ゲームに乗れない子どもは，授業で自分の本音を表現することを諦め，教師が正答を示すのを待つようになります。

こうした正答主義の学習観を組み替えるには，教師と教科書を中心とした関係性を崩し，子どもと教師が共に教材（対象世界）と向かい合い，真理を共同追究する（子どもたちとともに教師も「教科す

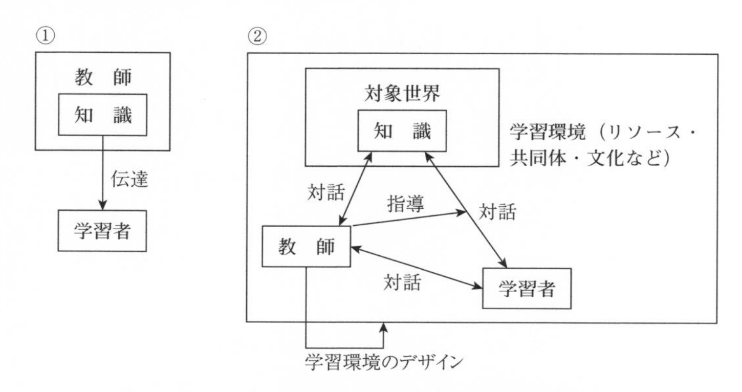

図５－４　学習者，教材，教師の関係構造

（注）図②において，教師と学習者は，同じ対象を共有し，共同して活動している点で対等な関係にある。一方で，図の位置関係が示すように，教師は，いわば先行研究者として，学習者の学習活動を見通し導きうる位置にある。ゆえに教師は，学習者の対象世界との対話を深めるべく直接的な指導を行ったり，時には，教師自身も埋め込まれている学習環境をデザインする間接的な指導性を発揮したりするのである。

（出所）石井（2015）p. 183.

る」）関係性を構築する工夫が必要です（図５－４②）。たとえば，教師の正答で授業を終えない。正答を教師が最初に示してその解説を考えさせる（正答から授業を始める）。そもそも正答がない問題を提示する。あるいは，正答かどうかでなくそこに至るプロセスの発想力や説得力を評価する問題をテストに出してみることなども，子どもたちの正答主義をゆさぶるきっかけになるでしょう。

子ども・教師・教材の三項関係の編み直し

少なくとも，子どもたちに意見や議論を求めたのであれば，教師のあらかじめ持っていた考えを押しつけて終わるのではなく，議論の過程で出てきた子どもたちの言葉を生かしながら授業のまとめを行うことが肝要です。教師から見て想定外の考え方，あるいは間違った答えであっても，対象世界と十分に対話することなく思いつきで発せられた意見でない限り，その考えに至った思考過程に目を向ければ，一面の真理を見いだせるでしょうし，それを手がかりに，教師の側で理解したつもりでいた対象世界について，違った解釈や思わぬ発見の可能性が見えてくることもあるでしょう。また，教室での教材（課題や資料）の提示位置や教師の立ち位置を，図５－４②のように物理的に変えてみて，そうした立ち位置で違和感のないような授業を考えてみるのも一案です。

図５－４②のような関係性において，授業は，教師の助成的介入の下で子どもたちが教材と対話する，**知の共同的な追究・創造過程**となります。そして，子どもたちは知の追究・創造者，いわば研究者として，また教師は，先輩研究者として，彼らと教材との対話を側面から支援する「**促進者（facilitator)**」として定義されます。さらに，教材は，疑うことなく受容するものではなく，子どもと教師がともに対話する対象世界として，知を共同的に生み出す源泉として位置づけられることになります。こうして，教師と教科書を中心とする**教室の権力関係**を編み直し，教室の規範や文化（ホンネの世界）が問い直されることで，子どもたちが主体的に深く思考することを促す，学習の深さに価値を置く「**思考する文化**」が形成されていくのです。

教科学習を通した民主的な共同性の構築

とはいえ，子どもたちの正答へのこだわりと間違いへの恐れは根深いものがあります。ゆえに，いきなり授業の場で正答にこだわらずに深く追求することを促しても，子どもたちは戸惑うかもしれません。しかし，たとえば授業ノートを輪番で書いて，教科に関する疑問と答えを子ども同士でリレーしていくといった形をとると，高校生などでも自分の意見を書いてきたりするものです。そこで出てきた問いから授業を構成してもよいでしょうし，授業で盛り上がった問題について思考を継続させる場として授業ノートを利用してもよいでしょう。

子どもたちが学ぶ内容は，教師の教材研究の深さ，すなわち，一人の学び手としての教師の学びの深さに規定されており，教材研究の結果をわかりやすく教える授業（「教科の内容を学ぶ」授業）に止まっていては，教師の学びの範囲に子どもの学びを限定してしまいがちです。しかし，授業において，教師も教える立場から一人の学び手の立場に降りて，対象世界を子どもと共有し，教材研究のプロセスをともにたどり直すことで，すなわち，「教科する」授業を追求することで，教師の学びの範囲に子どもの学びを限定することを防ぎ，教師がさらに学びを深めたり，時には教師を子どもたちが学び超えていく余地が生まれたりもするのです。

教師と子どもとの信頼関係や子ども集団は，授業の外で形成されるだけではありません。「わかる」授業を行うことは，教師と子どもの信頼関係をつくるし，授業という場が集団で学び合うパブリックな空間であることから，何らかのルールが指導されたり生み出されたりするし，授業の諸構造や教師の振る舞いは教室の文化をつくっていきます。学校生活の大半を占める教科の授業こそ，教師と子どもたちの間で，また子ども同士の間で人間関係を構築し，学級や学校の歴史と文化を生み出し，集団を形成する過程であって，予防的な生徒指導・生活指導の場面でもあるのです。価値観が多様化し，クラスメートの本音が見えない不安を抱える子どもたちにとって，休み時間などの親密圏はむしろ他人の目を過度に気にする「友だち地獄」状態（土井，2008）であって，共通の内容や教材をめぐって，理知的に議論したり，自分なりの考えや感性を交流したりできる**公共圏**としての教科の授業こそが，安心してクラスメートとの情緒的なつながりや**民主的な共同性**を形成していける場なのかもしれません。

*

本章で解説してきたことのほとんどは，発想の転換が必要なものではありますが，いずれも技の熟練が必要なものでは必ずしもなく，基本的には，そうした視点に気づいて時間・空間の配置や配分，自らの立ち位置を変えることで，形だけなら明日からでもすぐ実践できる性格のものでもあります。気づくことで構造やシステムに変更を加え，それを日常化し，その形式の中で技量を磨き，経験や関係の質を充実させ，形式に見合った実践の中身を生み出していくことで，教師の**授業のスタイル**や**教室のルーチン**が構築されていく部分もあるでしょう。

〈注〉

(1)　認知的葛藤とは，人がもっている既有知識と新しく得られた情報との間のズレによって生じる，認知的な不一致や不調和のこと。この不安定な状態（矛盾や当惑）をより安定したものにしようとして，知的好奇心が引き起こされ，これが知識の獲得につながる認識行動を動機づけるとされる。

(2)　ジグソー学習とは，1970年代に，米国の社会心理学者アロンソン（Elliot Aronson）が提唱したグループ学習の方法。1つの長い文章を4つの部分に切って，それぞれを4人グループの1人ずつが受け持って学習するといった具合に，ホームグループ（ジグソーグループ）で資料を分担する。そして，同じ資料を選んだ者同士でエキスパートグループを組んで学習（エキスパート活動）し，その結果をホームグループに持ち寄って，互いに自分が学習したところを紹介しあってジグソーパズルを解くように全体像を協力して浮かび上がらせる。

〈引用・参考文献〉

石井英真 2012「学力向上」篠原清昭編『学校改善マネジメント』ミネルヴァ書房。
石井英真 2015『増補版・現代アメリカにおける学力形成論の展開―スタンダードに基づくカリキュラムの設計―』東信堂。
石川晋編 2014『THE 教室環境』明治図書。
市川伸一 2008『学ぶ意欲とスキルを育てる いま求められる学力向上策』小学館。
今泉博 1998『「荒れる」子どもたちに教えられたこと―学校を楽しさと安心の場に―』ひとなる書房。
上條晴夫・江間史明編著 2005『ワークショップ型授業で社会科が変わる中学校』図書文化。
斎藤喜博 1969『教育学のすすめ』筑摩書房。
佐伯胖 1995『「わかる」ということの意味（新版）』岩波書店。
佐藤学 2012『学校を改革する―学びの共同体の構想と実践―』岩波書店。
庄井良信 2002『癒しと励ましの臨床教育学』かもがわ出版。
杉江修治編著 2003『子どもの学びを育てる少人数授業―犬山市の提案―』明治図書。
チェンバース，R.（野田直人監訳）2004『参加型ワークショップ入門』明石書店。
土井隆義 2008『友だち地獄』筑摩書房。

奈須正裕 2002『学校を変える教師の発想と実践』金子書房。
西岡加名恵編著 2008『「逆向き設計」で確かな学力を保障する』明治図書。
西川純 2010『クラスが元気になる！『学び合い』スタートブック』学陽書房。
藤岡信勝 1991『社会認識教育論』日本書籍。
蒔田晋治 2004『教室はまちがうところだ』子どもの未来社。
三宅なほみ・東京大学 CoREF・河合塾 2016『協調学習とは―対話を通して理解を深めるアクティブラーニング型授業―』北大路書房。
横須賀薫 1978『授業における教師の技量』国土社。
横須賀薫 1994『授業の深さをつくるもの』教育出版。
吉本均 1982『ドラマとしての授業の成立』明治図書。
『わくわくさんすう１』2015年版，啓林館。

第６章　授業づくりのツボ④
「技とテクノロジー（Art & Technology）」で巧みに働きかける

Opening Question

　次に示すのは，向山洋一が小学３年生に実施した「春」（安西冬衛）の詩の授業の冒頭の場面をまとめたものです。この授業の「なんでだろう？」（なんでそんなことをするんだろう？），あるいは，「そんな方法もあるのか」と思ったことを，思いつくだけ挙げてみてください。また，向山がそうする理由を考えてみましょう。

　向山は，「てふてふが一匹韃靼海峡を渡つて行つた。」という詩を黙って黒板に板書し，書き終わってからも約20秒，黙って子どものようすを見ている。
　次に，「４列起立」「前から読んで読んだら座ります」と列指名で読ませる。十人の子に読ませるが全員「てふてふ」「韃靼海峡」が読めない。しかし教師は読み方を教えない。次に，読みたい者に読ませる。「韃靼海峡」を「ドーバー海峡」と読むなど，推理しながら読んでいく。この段階で向山は，ようやく読み方を教える。
　ここで一人の男の子が「韃靼海峡ってどこを通っているの？」と教師に尋ねた。これに対して向山は，「秘密です。それは。」と返す。さらに列指名や全体で読んでいく。そこでまた一人の男の子が「先生，渡っていって，どこにいったんですか？」と尋ねた。向山は「ねえ」とあいづちを打って，子どもの質問には答えない。そして向山は，読んで考えたことを紙に箇条書きにさせる指示を出した。［以下省略］
（向山（1985）の授業の動画や，藤岡（1989）で示されている授業の分析をもとに，筆者が授業の概要をまとめた。）

「技とテクノロジー」は，「言葉と身体で学習者にどう働きかけるか，テクノロジーやメディアをどう活用するか」を問うことです。すぐれた教材・学習課題が設計され，授業の展開や場が適切に構造化されていたとしても，課題提示でもたついたり，説明がわかりにくかったり，落ち着きのないそぶりを見せたり，情報機器をうまく操作できなかったりすると，授業はうまくいきません。本章では，いわゆる教育技術について，子どものほめ方，板書におけるチョークの使い分け，ノートの取らせ方といった，個別のテクニックというよりは，そうしたテクニックのバリエーションを使いこなすベースとなる原理・原則やものの見方・考え方について述べていきます。

本章のポイント

・説明，発問，指示は「攻めの指導言」で助言は「受けの指導言」といった，指導言の類型と特徴と相互関係をつかんで使いこなす。
・身体は言葉以上にものをいい，沈黙や間，あえて語らないこと動かないことこそ，指導技術の極みである。
・主発問で触発しゆさぶって，教師が導くだけでなく，一人の学び手として子どもと一緒に考えようというスタンスで問いかけ，子どもに寄り添うことで，「本物の問い」が生まれてくるのを待つ。
・板書はノート指導と一体であって，子どもたちがノートやワークシートを用いてどう学び，何を書き残させるかを考えて板書する。
・同じ機能ならより原初的なメディアを使うことを原則とし，デジタルメディアだからこそできることを最大限に生かす。

1．教師の指導言

（1）教師による指導言はどう分類できるか

授業の過程は，現象として見る限りは，教師と子ども，子どもと子どもの間のコミュニケーションの過程です。そして，この過程をリードしたり組織したりする上で重要な役割を担っているのが，教師の言葉（話し言葉）です。授業過程で用いられている教師の言葉をその目的に応じて分類してみると，**説明**，**発問**，**指示**，**助言**などに分けることができます（大西，1988；堀，2012）。授業中の教師の言葉を完全にこれらのカテゴリーに分類できるわけではありません。しかし，それぞれの**指導言**の特徴を自覚し，自分の使っている指導言を振り返ることで，自らの授業の特徴や課題が見えてくるでしょう。それぞれの指導言の特徴について説明していきましょう。

説　明

説明とは，子どもたちにとって未知の内容について，子どもたちがすでに知っていることなどを手がかりにしながら，わかりやすく述べることです。文化遺産の伝達を主たる任務とする学校教育において，説明は教師の指導言の中核をなしてきました。

授業過程において説明が果たす役割として，次の二つを指摘することができます。一つは，概念の意味内容を具体的にイメージさせたり，複数の事象や手順の相互関係を構造的に整理したりといった具合に，説明それ自体を目的とし，これによって子どもたちに新しい知識・技能を身につけさせることです。もう一つは，問題状況のイメージを形成したり，学習活動の進め方の見通しを形成したりといった具合に，子どもたちが新しい知識・技能を自ら獲得していくために，その前提をつくるために必要な説明を行っておくことです。この二つの役割を認識すると，説明という行為の重視が，必ずしも一方的な教え込みに直結するわけでないことがわかるでしょう。第５章（p. 160）でも述べたように，むしろ，学習者主体の授業を展開するには，思考したりコミュニケーションしたりする足場をつくる上でも，また，活動に必要な時間を捻出する上でも，適切な場面で手際よくわかりやすく説明することは，教師にとって不可欠な力量なのです。

説明を行う際には，おおよそ下記のような方法がとられます。①**言葉の置き換え**による説明（例：「加法というのは足し算のこと」），②**イメージ**による説明（例：「(物語文の登場人物の心情理解において）想像してごらん，その広い家で子どもが一人ぼっちでお留守番をしているんだよ」），③**例**を使う説明（例：「両生類というのは，たとえば，カエルなどの生き物のことです」），④**比喩**を使う説明（例：「回路を流れる電流は水路を流れる水のようなものです」），⑤**図解**による説明，⑥**実物**，**写真**，**絵**などによる説明。⑤⑥は，言葉以外の媒体を用いますが，その場合も言葉による補足説明は不可欠です。

発　問

発問とは，広義には，教師から子どもに問いかけること，およびその問いのことを言います。発問には，大きく分けて二つの機能があります。一つは，医師による「問診」のように，子どもの状態を知るために問う場合です。授業の導入段階で，「割合って言葉を聞いたことある？」「地層はどこでできるんだったっけ？」などと問い，子どもたちがどの程度の予備知識を持っているかを診断するわけです。「何」「いつ」「どこ」「だれ」のように，知っているかどうかで答えられる一問一答的な問いが中心となるでしょう。もう一つは，教科内容に即して子どもの思考を促し，教師が教えたいものを発見させたりするために問う場合です。発問という言葉は，狭義には，この機能を果たす問いに対して用いられます。「なぜ」「どのように」のように，子どもの解釈や意見を問うもので，答えが分かれる問いであり，考えの対立・分化から対話や集団思考につなげていくのです。

いずれにしても，発問は，わかっている人（教師）がわかっていない人（子どもたち）に問う点に特徴があります。これは，日常会話における質問，すなわち，基本的にわからない人からわかっているだろう人に対して投げかけられる問いとは対照的です[(1)]。このような作為性ゆえに，発問を行う際には，何のために問うのか（教育的意図）を明確に自覚しておく必要があります。たとえば，その発問によって，どのような思考や認識を促そうとしているのか，あるいは，何を知りたいのかをはっきりさせておかねばなりません。そうして，教育的意図をもって考え抜いた問いであることで，発問は子どもたちの思考を触発し，それを深めるものとなりうるのです。

また，発問を行う際には，子どもたちの応答をあらかじめ予想しておくことも重要です。応答の予想において教師がどう思考するかの一例を示しておきましょう。「三日月」（松谷みよ子作）という詩の一節（「くらい森をみはりながら／ふくろうは　かんがえる／生まれてくる子には／赤い三日月をとってやろう／…〔以下省略〕…」）について，「暗い森を見張りながらフクロウは何を見ているの。」という発問を考えた。これに対する子どもたちの考えは，①「獲物を探している」②「敵が来ないかと見張っている」③「生まれてくる子どものことを考えている」に分かれるだろう。もし③の意見が出たら，「いや，獲物を探していたんじゃないか」と問い返してみよう（吉本，1985)。ここからもわかるように，発問は，一つの問いで完結するようなものではなく，子どもの応答への切り返しとして，系列的に投げかけられることで，授業の「展開」を生み出すのです。

指　示

子どもに行動，活動，作業などを要請してやらせることを**指示**と言います。徒競走のスタートを告げるピストル音やグループワークの終わりを知らせるアラーム音など，言葉以外の媒体を用いることもありますが，そのほとんどは言葉によってなされます。

授業場面における指示には，次の二種類があります。一つは，日常生活で人や集団を動かすのと同じ性格のものです（例：「10数えるうちに並びなさい」)。もう一つは，その指示自体が教育的な指導内容を含むものです（例：「おばけになりなさい」（水泳の伏し浮きのコツ))。いずれにしても，指示において大切なことは，その意味や要求の内容，程度が子どもに正確に，納得いくように伝わることです。それゆえ指示は，**簡潔かつ明確**でなければなりません。

たとえば，「机の上に出しているものを机の中にしまい，自分の作品だけを机の上に置いて，鉛筆だけ持って立って，他の人が作った作品を見て回って，見たら付箋紙に感想を残していきなさい」といった具合に，一度に複数の指示内容を伝えるの（多指示行動）でなく，「机の上のものを全部机の中にしまいなさい。(片付け終わったら）自分の作品だけを机の上に置きなさい。(置き終えたのを確認して）鉛筆だけを持って立ちなさい。……」といった具合に，短く一文の指示で一つの行動のみを伝えることを心掛ける必要があります（**一指示一行動の原則**）。冒頭の向山の指導場面でも，列指名の仕方など，一つひとつの指示が短く明確であることに気づくでしょう。また，学習活動の指示の場合，規模（「時間は5分です」）や枠（「『私が○○だったら……』という書き出しで書いてください」）を提示することで**活動の見通し**を持たせることが重要です。さらに，一度出した指示はころころ変えないことが大事です。

加えて，後者の指示の場合は，指示内容の指導上の妥当性も問われます。ある内容（特に技能）を獲得する上での勘所を押さえるとともに，それができるために何をすればよいのか，何に気をつければよいのかがわかり，子どもの学びへの姿勢や行動の変容をもたらすものであることが重要です。その際，させたいことを直接指示するよりも，**比喩やイメージ**を使って結果としてねらう行動が引き起こされるような言葉のチョイスが重要です（「A させたいならB」（上條，2007））。「具体的に書きなさい」よりも「『たとえば』を使って書きなさい」，「できる限りのスピードで早く書きなさい」よりも「鉛筆の先から煙が出るくらい早く書きなさい」，「静かにしなさい」よりも「音を消します」といった具合です。

さらに，指示待ち状態から子どもたちが自分で動くようにしていくうえで，メモを取る習慣をつけさせたり，「明日は○○をするから――」と言って子どもの発言を待ったりするなど，自分たちでやるべきことや必要なものを考えるのを促すことで，一指示一行動から徐々に多指示行動へと移行させていく指導の見通しが必要です。

助　言

助言とは，子どもたちの様々な活動の深化・発展を図る上で，役立ちそうな言葉をかけることを言います。それはあらかじめ用意されているというよりは，子どもの学習活動を受けて，それに対する瞬時の対応やフィードバックとして行われるものです。

たとえば，「うん，残念（**共感**）。でもとても柔らかくて，きれいに跳び箱にのっているよ（**フィードバック**）。今度は思い切って跳んでごらん（改善への**アドバイス**）」というように，助言においては，子どもの思考や感情を共感的に受け止め，現状の学びの状況について，値打ち付けや励まし（**評言**）も含む形でフィードバックし，学習活動を改善するための手がかりをアドバイスすることが重要です。

助言といいながら，正解か正解でないか，できたかできてないかといった具合に，教師が抱く目標に照らして判定して終わりになっていないでしょうか。あるいは，ただほめたりがんばれと鼓舞したりと，根拠のない肯定や激励で終わっていないでしょうか。目標に到達する上で，現状はどうなっているか，どこはできていてどこは課題があるのかという，現在の学習状況についての自己認識を促しながら，次に何をどう頑張ればよいのかの見通しや意識すべき点や改善の手立ても指し示すことが大切です（**形成的評価**）。さらには，自分の答えや反応の妥当性や間違っている部分を，教師からの明示的なフィードバックを伴わなくても，学習者自身が自覚するような促しも大切でしょう（例：間違った単語の綴りや文章のわかりにくい部分をそのまま教師，あるいは子ども自身が読み上げてみることで，子ども自身が間違いやわからなさに気づくことを促す）。ほめて伸ばすことも重要ですが，その子なりに少し挑戦する場を与え，うまくいくにしても失敗するにしても活動そのものから直接的に得られるフィードバックや**手ごたえ**を積み重ねることで，他人からの声掛けや評価に依存することなく，甘すぎずも辛すぎずもない身の丈にあった自己評価と確かな自信も形成されていくでしょう。

また，子どもを見ているようで見ていない，子どもの考えを聴いているようで聴いていない，子どもの感情を受け止めているようで受け止めていないという状況になっていないかも見つめ直してみるといいでしょう。知らず知らずのうちに，子どもの発言の意図を教師の側でこういうことだろうと決めつけて，要はこういうことだと教師の言葉でまとめてしまっていないでしょうか。つらい思いをした経験を打ち明けた子どもに対して，その思いや感情を受け止める間をおかずに，合理的な解決の提示を急いだりしてはいないでしょうか。まず，子どもたちの発言をそのまま繰り返す，つらいことがあったというなら，つらいことがあったんだねと否定も肯定もせずに子どもの感情をまず受け止めることが，**受容的で応答的な関係**を構築する出発点となるのです。

（2）指導言の相互関係をどうとらえるか

ここまでで述べてきた指導言の類型の相互関係をまとめておきましょう。指導言はまず，教師の側から働きかける「**攻めの指導言**」と，子どもたちの反応に対応してなされる「**受けの指導言**」に分けることができます（大西，1988，堀，2012）。説明，発問，指示は主に「攻めの指導言」を組み立てる際に念頭に置くべきカテゴリーです。それに対して，助言の技を磨くことは，「受けの指導言」を磨くことと言い換えてもよいでしょう。

前者はあらかじめ計画しておくことができやすい指導言であり，指導案を構想する際に，一言一句丁寧に言葉を吟味し練り上げることで，技術的に上達していくものです。これに対して，助言は，もちろん事前に子どもの反応を想像しながら，計画段階で想定問答等を作っておいたりすることで磨かれていくものですが，**瞬発力的な対応**が求められ，教師の教材研究の深さや人間性に規定される部分も大きいといえます。冒頭で示した授業場面での，向山の子どもへのとっさの反応の微妙な違いにも意味があります。「韃靼海峡ってどこを通っているの？」という問いは，事実に関わる正解のある質問なので，「秘密です」と，教師が正解を知っていることを暗示しても問題はありません。それに対し，「渡っていって，どこにいったんですか？」という問いは，この教材の本質に関わり，正解があるわけではなく，むしろ多様な解釈を出し合いたい部分であるため，「ねえ」とあいまいに返しているのです。もし同じように「秘密です」と正解があることを想定した返しをしてしまったら，子どもたちは正解を探るようになり，自分の素直な解釈を述べることを躊躇するようになるでしょう。

次々と変わる車窓から見えるものにコメントする，苦手な人への誉め言葉を10個考える，注文は３秒で決めるといった具合に，日頃から対話の引き出しを多くしたり瞬発力を鍛えることを心掛けたりするのもよいでしょう（山田，2010）。しかし，子どもたちの考えを瞬時に理解し，学びを促進する的確な言葉をかけたり，考えを位置づけたりするには，教材研究や授業の構想検討を通して，教材の本質を理解し，そこに至る多様な思考の道筋を想定しておくこと，いわばより緻密な**学びの地図**を構成することが不可欠でしょう。

さらに，**説明，発問，指示の関係**については，二つの軸で整理することができます。一つ目は，内容に密着するか子どもに密着するかという軸です。説明は内容に密着し，指示は子どもに密着します。発問は，その中間に位置し，内容の本質を捉えることはもちろん，子どもの学びや思考の道筋を理解して初めて，子どもの思考を促し，子どもたちの意欲を触発しつつ，子どもたちを教材の本質にいざなう問いを考えることができます。

二つ目は，静的な学びか動的な学びかという軸です。大西（1988）は，発問は思考に働きかけ，指示は行動に働きかけ，説明は両方に関わるとまとめています。発問も指示も，頭で理解するだけでなく，実際に動き出すことを促す指導言といえます。発問は，精神が内的にアクティブに動くこと（thinking）に，指示は，身体が外的にアクティブに動くこと（acting）に関わるわけです。これに対して，説明は，学習者のものの見方や頭の中の認識（knowing）に直接的に働きかけようとするもので，学習の対象や状況のイメージ，および動き方の見通しを明確にすることなどを通じて，思考と行動に間接的に関わるのです。

実際の授業の中で指導言は，特に，一番教えたいものに子どもたちを向かわせる授業の核となるそれは，説明→発問→指示の順で構成されることが多いでしょう。たとえば，「守りはかたい。城塞という感じだね。これを攻撃して革命が始まった。だから授業もこのバスチーユ監獄の襲撃から始めよう。この絵をよく見てください。へんだなあとか，これは何だ？　と思うことない？　疑問点なんかあったら出してください」（安井，1982）といった具合です。教材に密着する説明は，学びの対象と条件を明確化し，発問は教材と子どもの学びとをつなぎ，実際に子どもが動き出すに当たって子どもに密着する指示が力を発揮するわけです。

表６－１　説明型教師，発問型教師，指示型教師の特徴

	よい点	わるい点
説明型教師	よく教材研究をしているから授業の中身が濃い	教師ばかりがしゃべり，子どもの反応に無関心なこともある
発問型教師	話し合いの多い活発な授業がうまい	教科内容の学習が進まず，子どもに定着しないこともある
指示型教師	わかりやすく教科内容が定着しやすい	命令的になったり，子どもを操作しがちなこともある

（出所）大西（1988）p. 142から文言のみ抜粋

一番教えたい部分においてどの指導言をメインにするかは，教師の授業スタイルや技量や子どもたちの状況などによって変わります（表６－１）。大学の教師が説明型の授業を好み，中学校，小学校教師が発問型の授業をする傾向にあり，小学校低学年では指示を多く使いがちな理由もわかるでしょう。また，近年の学習者主体の授業についても，課題と活動手順を示して子どもを動かし，授業を機械的に進行するだけの，命令的ではないが活動主義的な指示型教師になる危険性も見えてくるでしょう。指導言の類型を念頭に置きながら，自分の指導言の傾向を自覚するとともに，それぞれの指導言の特性を理解し，それらを的確に組み合わせ使いこなしていくことが重要なのです。

２．教室における非言語的コミュニケーション

（１）教師の身体的表現力とは

授業での教師の働きかけといった場合，ともすると言葉を介してなされる部分にのみ目がゆきがちです。しかし，「目は口ほどに物を言う」との俚諺もあるように，言葉と同等，もしくはそれ以上に，

教師の表情や身ぶりによって教室のコミュニケーションは成立しています。一説にはコミュニケーション過程において，**言葉**（音声言語・文字言語）によって伝えられるメッセージは，全伝達内容の35％に過ぎず，残り65％は，話しぶり，動作，ジェスチャー，間の取り方など言語以外の手段（身体）によって伝えられるとも言われます（ヴァーガス，1987）。人格形成にもかかわる教育的コミュニケーションの基底である，人と人との応答的関係は，まなざしや息やリズムを合わせるといった身体的な次元の出来事によって規定されていますし，教える内容を相手に印象づけ，認識や方法や信念を根づかせることを目的とする観点からも，教育活動において**非言語的コミュニケーション**は大きな役割を果たします（斎藤，1997；上條，1993）。

授業において教師は，言葉や身体を通して，教科内容を子どもに意識的に伝えようとします（表現）。特に次のような場面では，**身体的表現**が自覚的に用いられます。一つは，言葉だけでは説明しにくい事柄を教えようとする場面です。マット運動や楽器の演奏などの実技を指導する際，教師が実際にそれらをやって見本を示すことはその一例です。また，技能教科以外でも，たとえば，物語文の指導で，場面のイメージを膨らませるために，教師や子どもたちが登場人物の表情やしぐさを再現したり演じたり，演劇的手法を活用することは有効でしょう（渡部・獲得型教育研究会，2014；川島，2017）。

もう一つは，言語的コミュニケーションをより円滑に進めるために身体的表現を用いる場面です。たとえば，説明中の事柄が大事な内容であることを強調するために，トーンを変えたり抑揚をつけたりゆっくり話すことはよくあります。また，子どもの発言を聴く際，うなずき相づちをうちながら，あるいは，さりげなく相手の動きやしぐさに自分のそれを合わせながら聴くことで，「私はあなたの発言をちゃんと受け止めていますよ」との共感的なメッセージを伝えることもあるでしょう。このように，すぐれた教師は，言葉とともに身体をも自在に，表現の手段として駆使しているものなのです。

さらに言えば，言語的コミュニケーションを補うどころか，沈黙や間，あえて語らないこと動かないことこそが，子どもたちの内的集中や主体性を喚起する指導技術の極みであったりします。子どもがざわついているとき教師が沈黙することで自ずと静かになってくる，子どもの重要な発言に対して，目を丸くしたまましばらく沈黙して教室を見渡した後に，「驚いた，いまの○○ちゃんの発言，みんな理解できた？」と言って，教室の緊張感と集中を高め，クラス全体の注目の下で再度発言を促す，といった具合です。本章冒頭の向山の実践でも，黙って淡々と板書し，しばらく沈黙することで，詩を凝視することを促すとともに，その後も読み方の間違いなどをあえて指摘せずどんどん読ませることで，読み方や意味を推測することを促したり，字面からも明らかにやわらかくか細い「てふてふ」と硬く険しい「韃靼」の対比といった，言葉の意味以前の詩の視覚的イメージの次元に浸らせたりする効果も期待できるでしょう。

（2）言葉が届くとはどういうことか

コミュニケーションにおける身体の役割を突き詰めていくと，話す聞くという行為自体，身体的なものであることが見えてくるでしょう。教師の指導言は，いくらその内容が適切でも，話し言葉である限り，聞き手である子どもに届かなくては力を持ちません。たとえば，演出家の竹内敏晴（1999）は，次のようなエピソードを紹介しています。5～6人に勝手な方向を向いて座り目を閉じてもらう，そして，少し離れたところから一人がその中の誰かを選んで話しかけてみる。すると，話しかける者として目星を付けられた相手が，自分に話しかけられたと感じて手を挙げることは極めて少ないという結果となったそうです。ここから，単に声が聞こえ相手に情報が伝わるということと，声が相手の身体に届くということは別物であることがわかります。

言葉が届くというのは，声が相手の身体に触れ，相手の身体の中に入って，相手の身体と心を動かすことです。それは，相手と真剣に関わろうと欲し，自らを開いて全身体的に相手を目指す，という関係性の構築と表裏一体のものです。たとえば，資料を見ながら話していた教師が，資料から目を離して顔を上げ，子どもたちの方を向いた瞬間，子どもたちも顔を上げるといった経験はないでしょうか。クラス全体に説明している時でも，集団に対してでなく，一人一人に向かって顔を見ながら語りかけ，その子どもの相づちや表情を受け止め，彼らと共振する。こうした応答的な関係の下でこそ，教師の言葉は子どもの学びを触発するものとなり，両者の間の人間的信頼関係を生み出していくことになるのです。

（3）教師の身体は教室の雰囲気にどう影響するか

横須賀薫は，次のような，子どもに身体を開いていない教育実習生の授業風景を報告しています。少し長くなりますが引用します（横須賀，1994，pp. 126-127）。

「〔その実習生は,〕授業の中で黒板に字を書くとか，O・H・Pを操作するとかの必要があって，からだを動かすようなことはあるのですが，それは横の動きか，黒板の方向に向かってであって，子どもの方へ向かっていかないのです。見ていると，教卓の子ども側の縁を横に延長した線と最前列の子どもたちの机の前の縁を横に延長した線によってできる空間が，まるで深い溝のようになっていて，実習生はそこを越えることができないかのようなのです。そして，そういう学生は必ずといってよいほど，からだを固くして，まるで棒をのんだようにしています」（括弧内引用者）。

授業が子どもたちの前に**自分の身体をさらす**仕事であることをこの例はよく示しています。人前に自分の身体をさらす時，どんな人でも何らかの防衛機制が働きます。結果，自分と他者との間に，上の例のような「バリア」が形成されるのです。しかし，上の例のように，教師が過度に身体を固め，防衛していると，子どもとの関係はますます固くなり，**教室の雰囲気**は重くなります。

こわばった身体は，直接的にはまず声に影響します。自分を出すのを恐れて，その結果，子どもとの間に壁を作っているため，教師は子どもに自分の声を届かせようとしていない，あるいは逆に，相手を見ずに宙に向かって一方的に言葉を発するということになります。いずれにしても，教師の声は子どもに届かないわけです。また，そうした声は，泳いだ目線などとともに，それ自体が教師の自信のなさなどを伝えてしまうため，教師の言葉の説得力も弱くなります。そうすると，教師の言葉は心を打つものにならないので，子どもたちの中に集中も起こらない，あるいは，起こっても持続しないのです。このように，教師は気づかないうちに，その身体のありようによって，子どもたちに多くのメッセージを伝えているのです（表出）。

こうした固い関係を解きほぐす上で，教師が教壇から下りて，子どもたちの中に自分の身を置いてみるのは一つの有効な方法です。たとえば，子どもたちの席を回りながら彼らに語りかけたり，子どもの傍らに寄り添って発言を聴いたりするわけです。比較的少人数の授業なら，全員が前を向いたスクール形式の座席配置で教師が前に立って話す形式から，車座やロの字で教師も座って語り合う形に変えるだけで，教室の雰囲気は大きく変わります。**立ち位置**や席の配置を変え子どもとの物理的距離を縮めることで，教師の側の緊張もほぐれ，発声も自由になり，身体全体を使ったコミュニケーションへと自然と移行していくでしょう。これに呼応して，子どもたちの身体と言葉も楽になり，授業への集中が生じる素地が生まれます。

逆に，距離が緊張感を生み出すことを生かして，大事な話をするときは離れてすべての子どもたちの顔が見える位置に立つ，あるいは，しかるときは子どもと少し距離をとってから改まった姿勢で話すとよいでしょう。身体は言葉以上にものをいうのです。

教師の身体のあり方は，上記のような形で，子どもとの関係を形成するとともに，子どもたちの教室での学び方や振る舞い方にも直接的に影響します。たとえば，「クラスメートの話が聴けない」「私語が多くて教室がさわがしい」などの子どもたちの問題は，実は教師自身の問題なのかもしれません。教室における話し方や振る舞い方を，教師自身が自覚的に反省し，子どもの声を共感的に受け止め，テンションを下げて静かな口調で子どもに語りかけることで，教室に静かに深く学ぶ雰囲気が成立するのではないでしょうか。

3．学習者の思考を触発し深い思考へといざなう教師の技

（1）思考を触発する発問の技法とは

ここで，思考を促し深めるよう発問と応答を組織化していくポイントをまとめておきましょう。子どもの思考を促す問いかけ，つまり狭義の意味での**発問**は，対立する意見や多様な考え方を，子どもたちから引き出すものでなければなりません。たとえば，「この物語の主人公の名前は何ですか」「三角形の内角の和は何度ですか」など，一つのわかりきった答えを問うようなものでは，子どもの思考は触発されません。これに対し，たとえば，「ボーリングの球は水に浮くだろうか」といった問いは，学級内に対立を生じさせ，予想の根拠をめぐっての議論を誘発するでしょう。

しかしながら，子どもからの多様な意見を引き出すといっても，「アサガオの種はどうやったら芽が出るでしょう。」というような，無限定で何を答えればよいかわからない問いであってはなりません。課題が明確かつ具体的に提示されてこそ思考は触発されます。上の発芽条件に関する発問も，「このアサガオの種を机の上にまいたら芽が出るかな。」などと問うことで，「机の上」と「土の中」という二つの場面の比較として，具体的に考えられるようになります。同様に，文学作品における登場人物の心情の読み取りも，「○○はどんな気持ちでしょうか。」と直接的に問うより，「○○は今どこにいますか。」「○○は何を見ていますか。」などと，その人物の置かれた具体的状況を問い，そこから自然と人物の心情を推察させる方が，読みも深まるでしょう。

また，子どもにとっての自明の前提や正答だと思っていることに疑問を投げかける発問（**「ゆさぶり発問」**）は，それによって生じる矛盾・葛藤を乗り越えさせることで，子どもの思考を弁証法的に深化させます。たとえば，子どもたちの意見が一つにまとまろうとしている時に，あえて反対意見を主張する。あるいは，教師が，子どもの中の少数意見の肩を持ったり，つまずいている子どもの理屈を擁護したりすること（**つまずきを生かす授業**）も有効な方法です。

（２）子どもの思考への対応の技とは

子どもの反応を受け止める

発問は，あくまで子どもの思考を触発する方法であり，子どもたちの思考の深まりを直接的に指導するものではありません。発問を投げかけられた後，対象世界と向き合いつつ，自己や他者と対話する中で，子どもの思考は深まっていきます。その際も教師は，次のような**臨機応変な対応**によって子どもたちの学びを支えます。たとえば，授業を進めることに注力しがちなのを中断して，**「待ち」**の姿勢で，子どもたちの声なき声にも耳を傾け，子ども同士の思考をつないでゆく（佐藤，2003）。子どもの声をまずはそのまま繰り返す（リボイス），ある子どもの意見が他の子どもにとって理解しにくい時には，「どうしてそう思ったの」などと本人に問いかけたり，「○○ということだね」と代弁したり，「○○ちゃんの言いたいことはこういうことじゃないかと説明できる人はいますか」と問いかけて，他のクラスメートにその子の発言の意味を説明してもらったりする。一部の子どもたちの発言だけで授業が進んで他の子どもたちが置いてきぼりになっているなと感じたら，重要な問いで立ち止まったり戻ったりしながら，個人やペアやグループに戻して考えさせてみる。あるいは，追求の中で論点がぼやけてきた場合には，それを明確化して考えるべき問いを限定し再設定する。このように，発問という教師の積極的介入は，子ども同士の意見交流や討論を組織する対応力と結びつくことで，教室に深い学びをもたらします（斎藤，2006）。

子どもの反応を受け止める際には，発言や行動の**つながり**を探りながら聴くことが有効でしょう。**学習活動の三軸の対話構造**（第２章 p. 47 参照），あるいは，佐藤学（2003）の言う「学びの三位一体論」をふまえるなら，子どもの発言や行動は，直前の他の子どもの発言や行動への応答としてなされることもありますが，教材（対象世界）についてその場で新たな発見があったり，みんながやり取りしている途中ずっと一人で考えていて突如発言したりといったこともあります。「○○さんと同じで」といった具合に，子どもがつながりを明示してくれることもありますが，やり取りの中で他者が発した言葉やアイデアを取り込みながら自らの思考を紡いでいっているプロセス（専有化（appropriation）（ワーチ，2002））にも注目しながら，**対話**や**集団思考**の深まりを捉えていくことが大事でしょう。また，授業全体の流れから外れたように見える発言についても，考えもせず思いつきで発言しているのならある程度流してもいいでしょうが，その発言の背景にあるつながりを探ってみて，個人内で対象と向き合ってその子なりに対話していたことが見えたなら，丁寧に耳を傾けてみる必要があるでしょう。

聴いて返す**対話の技**に関わって，山田洋一（2010）は，まずい対話として，以下の三つを挙げています。①話を聞いているようで，実は抑え込んでいる（例：「なんでも言っていいよ」といいながら，教師の意図にそぐわないと「うーん，ほかに？」と次の指名をしようとする，「どうして叩いたんだ」「だってＡくんが僕を叩いたから」「叩かれたからって叩き返していいのか」と心情を受け止めず一方的に指導を通そうとする），②学力をつけていない，正しい行動への導きがない（例：子どもたちに意見を言わせて「どれもよい意見です」「みなさん上手です」でまとめる），③わからないことへの共感がない・安心感がない（例：「どうしてわからないの！」「前にも言ったでしょ！」「早くしなさい」といった言葉が頻繁に叫ばれる教室）。こうしたまずい対話を改善するために，①子どもの意見を引き出し，深め，広げること（**「引き出し型」の対話術**），②子どもの意見をもとに，学力をつけたり，好ましい行動へと導くこと（**「束ね型」の対話術**），③子どもの心情や考えに沿い，包み込むことで，安心を与えること（**「寄り添い型」の対話術**）を意識するとよいでしょう。

学び手の立場で子どもをゆさぶる

特に，多様な意見を交流して終わる話し合いに止まらず，子どもの思考を広げたり深めたりする上で，日本の教師たちが追求してきた練り上げ型の授業のエッセンス，特に先述の「ゆさぶり」という発想を継承していくことが重要でしょう。それぞれのやり方でひし形の面積を求めて満足している子どもたちに対して，「今日はここでは終わらないよ，共通するところはないかな」と問い，多様な解き方も，全部，対角線の長さが入っていることに気づかせ，公式へと一般化していく。宮沢賢治の童話「やまなし」の読み取りで，12月のイメージとして「安心」という言葉を出して満足している子どもたちに対して，「カワセミの恐怖はほんとうになくなったのかな」と問いかけて，危険がなくなった環境の変化だけではない，カニの兄弟の成長という側面にも目を向けさせていく。こうして，子どもたちの考えのあいまいな部分を突っ込んだり，対象世界を見ていながら見落としている部分への**指差し**を行い，いい意味での意地悪心をもって，**教育的な挑発**を行うことも大事でしょう。

発問で触発しゆさぶることは，その作為性ゆえに，教師主導で思考の流れを作って目標に追い込んでいく授業になる危険性もありますし，子ども自らが問いを生成し問い続けていくことを邪魔してしまうかもしれません。教師が導くのみならず，一人の学び手として子どもと一緒に考えようというスタンスで問いかけ，子どもに寄り添うことも大切です。たとえば，子どもを叱る場面でも，「なぜ，そうしたの？」と問い詰めるよりも，「そんな状態の時をＢ君はどんなふうに受け止めているのだろうね？」と問うことで，「これでいいんだろうか？」「自分がすべきことは何だろうか？」といった気づきを促すような問いかけとなるでしょう（菊池，2012）。その際，要はこうすべきというのを回りくどく伝えるために問うのではなく，その子とともに教師自身もＢ君の気持ちに心を砕き，理解したいというスタンスで問うことが重要です。先述のゆさぶり発問も，カニの兄弟の成長に気づかせたいという，教え手としての意図性や見通しを持ちつつも，他方で，改めて，テキストの読みとして本当のところどうなのだろう，他に読み落としている記述はないだろうかと，教師自身が学び手の立場で，子どもたちとともにテキストに向かい合うことで，子どもたちはその学び手としての教師の姿に感化され，テキストへの向き合い方や問い方をつかみ，そこから教師にとっても未知を含んだ「**本物の問い**」の追求が生まれるのです。

4．板書とノートの生かし方

教師と子どもたちによる言語的・非言語的コミュニケーションは，それを文字や絵や図にしなければ，流れてしまって個人の中に残らないし，残ったとしてもあいまいな認識になりがちです。また，内容を提示するときに，さまざまなメディアやツールを活用することで，わかりやすく教えたり，子どもたちの興味や思考を喚起したりすることもできるでしょう。まず，ここでは，多くの教室においていまだ中心的なメディアであり続けている黒板とノートの生かし方について説明しましょう。

（1）板書の意義とは

板書とは，黒板に文字，図，絵などをチョークで書くことによって，子どもの学習を援助する働きを言います。板書は，授業でのコミュニケーションの中で生まれた一過性の話し言葉を文字化し，繰り返し立ち返ることができるようにします。これにより，板書は，①指導内容や学習課題を提示・説明する，②指導内容を要約・整理して授業過程を明確化する，③子どもたちの思考活動を触発・組織化するなどの機能を果たすのです。

一口に板書といってもその目的と方法は多様です。大西忠治（1987）は，板書法を，次の三パターンで捉えます。一つ目は，授業内容を順次説明しながら，その要点を整然と体系的にまとめていく板書です（「**体系的板書**」）。多くの人は，「板書」というとこの体系的板書を思い浮かべるでしょう。社会科の授業などにおいて，系統的な知識の構造的な理解を促したい場合，体系的板書は有効です。

しかし，体系的板書は，ややもすると，教師による一方的な授業展開と結びつきやすいという点には注意が必要です。体系的板書が，一方的で機械的な板書に陥る時，子どもの学習活動は，教師の板書をひたすらノートに写し取ることだけになってしまいます。特定の内容をわかりやすく説明する場合も，子どもとの応答的コミュニケーションを大切にし，子どもの反応に合わせて板書のタイミング，書く速さ，板書する言葉などを調整することが必要です。

二つ目は，あるテーマへの子どもの発言や表現を，そのまま，または要点をまとめて書いていく板書です（「**表現的板書**」）。国語科における作品の読み深めなど，子ども同士の自由なやりとりを中心に授業を展開させる場合，表現的板書は有効です。図６－１に示したのは総合学習における板書例であり，発表者に対する子どもたちの質疑応答の過程が描かれています。子どもたちの発言を文字化して黒板に整理していくことは，新たな発言を触発したり，発言の根拠を明確にしたり，発言間のつながりに気づかせたりするのに寄与します。

三つ目は，授業の進行に従って次第に全体像を明らかにしていき，授業の終末場面ではじめて，各要素の全体の中での意味を明らかにする板書です（「**構成的板書**」）。構成的板書は，教師の側がつかませたい主題や内容をはっきり持ちつつ，子どもの集団思考を組織していく授業形態でよく用いられます。たとえば，黒板の真ん中から板書が始まり，授業の最後にはじめて，なぜそこから書き始めたのかの意味がわかるといった具合です。この板書法は，緻密な板書計画と，子どもの発言を触発・組織する高い指導技術によって，ドラマ

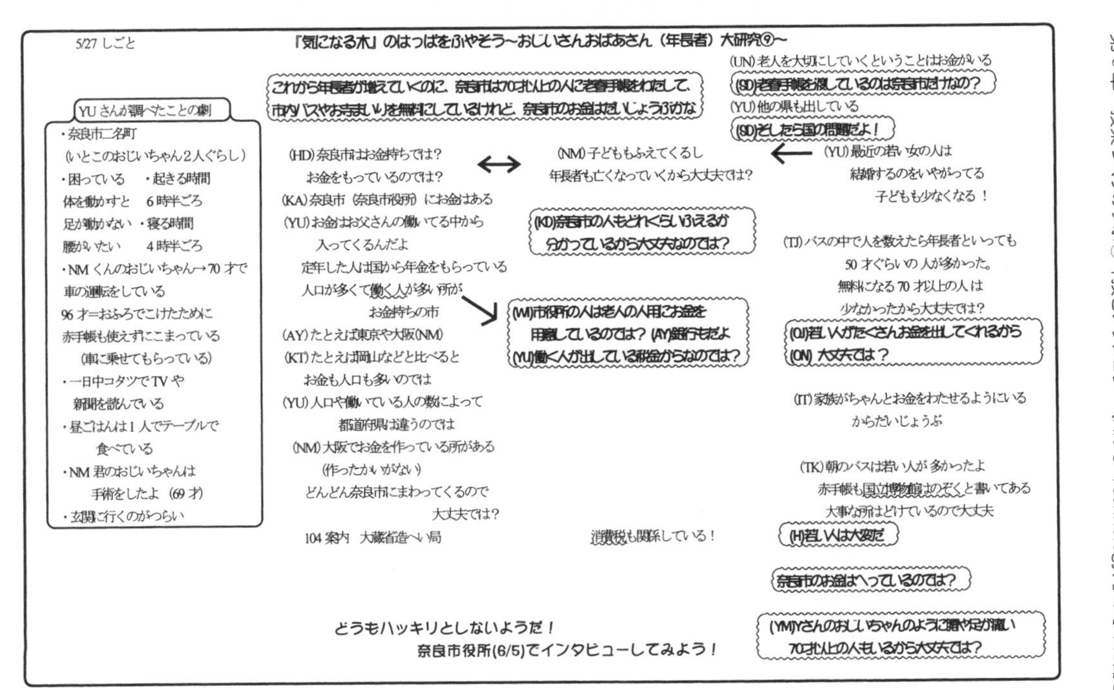

図6-1　小幡馨教諭の板書記録

（出所）荒木（1999）p. 86.

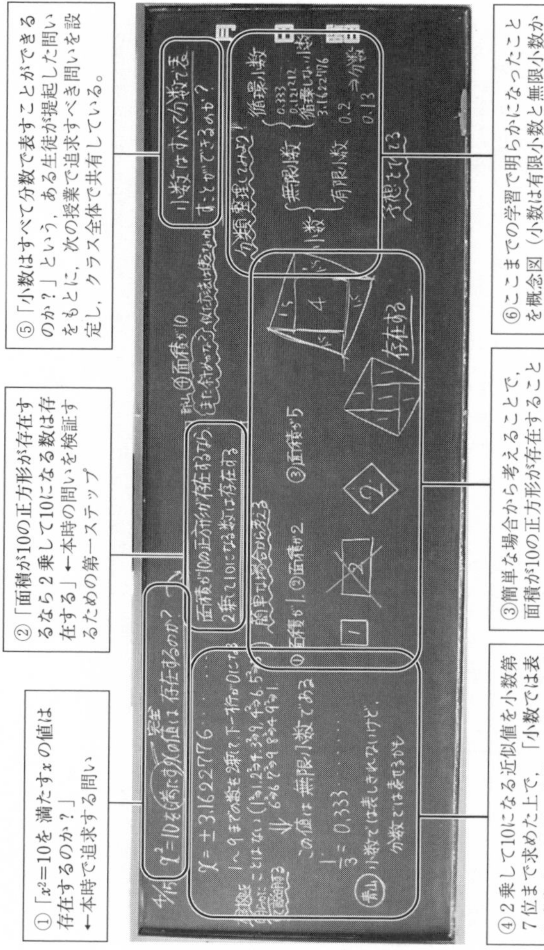

図６−２　中学校３年生の数学の授業の板書の例

（出所）元・広島大学附属東雲中学校神原一之教諭による

チックで印象的な学習経験を演出する方法と言えます。図６－２に示した板書では，その授業で子どもたちが何をどう追求してきたのかという，授業における思考の展開が可視化されています。

（２）効果的に板書する技術とは

上に三つの板書法を挙げましたが，黒板の使い方については，より柔軟に考えてもよいでしょう。たとえば，より学習者主体の授業をめざすのであれば，黒板は教師の占有物ではなく，子どもたちが黒板の周りに集まって，自分たち自身で自分たちの考えを板書しまとめていくことも有効でしょう（栗田，2017）。ただし，黒板をどう使うにしても，次の諸点は押さえておく必要があります。まず，一時間の授業展開を視野に入れつつ，意図や計画や見通しを持って板書するということです。何を，授業のどの段階で，誰が，黒板のどこに書くか，そして，どの部分は子どもにノートを取らせるかなどを事前に考えておくわけです（**板書計画**）。

次に，黒板に文字を書く段階においては，板書内容を視覚的にわかりやすく整理することが重要です。そのためには，書体，文字の配置，色チョーク，下線や囲み，矢印や記号などに気を配り，**板書を構造化**することが必要です。また，板書内容をノートに写させる場合には，板書する際の**教師の立ち位置**や**板書のスピード**なども考慮せねばなりません。黒板の文字を教師の身体で隠さないように，身体を斜めにして，四分だけ黒板に，六分は子どもたちの方に身体を開いて立つ（**四分六の構え**）など，ポジショニングに自覚的でなければなりませんし，説明しながら書くのか，説明してから書くのかなど，指導言との関係も考えておく必要があります。無言で黒板に向かい，刻み込むようにゆっくりと文字を書くことで，子どもの集中を誘うなど，黒板というメディアの特性を生かした効果的な演出も工夫するとよいでしょう。板書はノート指導と一体であって，子どもたちがノートやワークシートを用いてどう学ぶのか，何を書きとらせ残させて何は書かせなくてよいのか，といった点を意識しながら板書することを心掛けるとよいでしょう。

最後に，他の教具と組み合わせて黒板を用いることの有効性を指摘しておきます。たとえば，分量の多い教科書の本文や説明内容などは，事前に紙（短冊）に書き込んでおけば，黒板に貼りつけてすぐに提示することができます。具体物や史料や生の子どもの作品等を共有したり，その細かい部分を指さしながら説明したり，手元を映して操作の仕方を演示したりする場合には，OHC（実物投影機）も活用するとよいでしょう。また，社会科や総合的な学習の時間の探究的な学びの履歴や，後続の学習で繰り返し参照する用語や公式や決まりについては，黒板でなく模造紙に授業内容をまとめ，授業後それを壁に掲示しておくとよいでしょう（側面掲示)。こうして，板書が果たしうる機能のいくつかを他の教具に分散させることで，授業展開に幅や余裕が生まれます。

（3）板書にとらわれず，しかしそれを生かしていくためには

ここまで板書法について述べてきましたが，授業において黒板をセンターに置く必要はありませんし，板書が必須であるわけでもありません。学習者主体の授業であれば，個々人にワークシートを配ることで，活動や話し合いの目的や内容や手順を指示し，グループワークにおいても，模造紙やホワイトボードなどに意見を集約させ，

それを直接全体で共有することで授業を展開することもできるでしょう。また，壁一面がホワイトボードのようになっていれば，あるいは，そういう環境でなくても，壁に模造紙を貼り付けたり，イーゼルにホワイトボードを載せたりすれば，黒板に縛られることなく，教室のいたるところで，集まりやすいところにグループで集まって，壁などに意見を自由に書きながら議論することもできます。後述するように，電子教科書など，教材のデジタル化が進めば，情報提示については，パソコンとプロジェクタとスクリーン（映し出せる平らな壁面）さえあればよいのかもしれません。

その一方で，板書には板書ならではのメディアとしての強みや味があることにも目を向けておくとよいでしょう。パワーポイントによるスライド提示がそうであるように，電子メディアの多くは，時系列で展開する内容を重ねていってしまいますが，板書はそれを横に広げ並べ，平面で構造化することで，一時間の授業展開をそのまま可視化することができます。指導案作成において板書計画を重視する意見もあるように，一時間の授業においては，場所が足りないために板書を消したりせず，一枚でまとめることの重要性がしばしば指摘されます。一時間の授業がしっかり計画されていなければそうした板書はできないし，一時間の授業の内容が構造化されて残されていることで，授業の終末に子どもの学びの過程に沿って授業を振り返りながら，自然な形でまとめをすることもできるでしょう。板書や一時間単位でのまとめにとらわれる必要はありませんが，見通しをもって計画的に授業を展開する技を磨く一つの手立てとして，授業者が，さらには子どもたちが，それを見れば一時間の授業を振り返りまとめができるような板書を心掛けてみてもよいでしょう。

（４）机間指導の意味とは

「机間指導」とは，教師が子どもたちの座席を順次巡回することで，彼らの学習状況を具体的に把握したり，そこから後続の指導の手だてを考案したりする授業技術を指します。従来は，「机間巡視」という言葉を使うのが一般的でした。しかし，「机間巡視」という言葉は，「指導せずにぶらぶら散歩するだけ」「教師（職制）が子ども（労働者）を管理する方法」など否定的なニュアンスを持ちうることから，「机間指導」という言葉が用いられることも多いのです。机間指導とは逆に，子どもが教師のもとにノートやドリルを持って行って個別に評価や指導を受ける形は，「膝下指導」と呼ばれます。

机間指導は，下記のような場面で実践されます。まず考えられるのは，**個別学習**や**協同学習**において，それぞれの子どもやグループの学習状況を把握し，それらに個別具体的に対応する場面です。練習問題をさせている時，つまずいている子に手厚く個別指導を行うのはその一例です。また，総合学習などでグループごとにテーマを決めて調べ学習をする際，ポートフォリオなどをもとに探究の過程を聴きとり対話しながら，各グループの進行状況をつかみ，それぞれのニーズに応じた資料提供や支援を行う場面も考えられます。

学級全体で一つの課題を追求する形での**練り上げ型の一斉授業**においても，机間指導は重要な役割を果たします。すなわち，クラス全体に共通の学習課題を提示した後，机間指導によって個々人の問題解決の様態を把握し，後続の授業展開の方針を練るのです。この時，教師は，教壇から離れて子どもたちの中に入っていき，おおよそ次のような仕事をします。①一人ひとりの子どもが取り組んでいる問題，それについての考え，思考の変化などを把握する。②問題の解き方が全然わからない子，途中で行き詰まっている子，あまりに的外れな解き方をしている子への指導を行う。③子ども同士の考えをつなげることで，それぞれの学習をさらに深めたり，発展させたりする。④必要に応じて子どもたち全員の学習を中断させ，多くの子どもが共通してつまずいているポイントについて解説やヒントを与えたり，学級全体の学習を整理したりする。

従来の練り上げ型授業においては，個人やグループでの活動の後に，集団解決場面を組織化する上で，誰に指名するか，どの意見をどの順番で取り上げるかといった具合に，授業のストーリーを組み立て，次の一手を構想することを念頭に置いて机間指導することが強調されがちでした。一方で，第5章でも述べたように，グループ学習をより重視するならば，きめ細やかに指導したい，授業を先に進めたいといった意識を控えめにして，むしろ観察者的に子どもたちの学びを把握し見守るくらいの心持ちが有効でしょう。特に，経験の浅い教師は，一時間で指導しきらないといけないという焦りもあってか，机間指導でつまずいている子を見つけると，その子だけにかかりっきりになってしまって，それで時間を取りすぎてしまったり，他の子どもたちの状況が見えず，すでに問題が解けている子どもたちへの指導を怠ってしまったりしがちです。一対一の関係に入りすぎずクラス全体の学びに常に目配りしておくこと，そこで教師が指導しきるのでなく，子どもたち同士の学び合いやその後の練り上げにおける回復のチャンスも視野に入れておくことが肝要でしょう。机間指導は，一時間の授業過程における評価活動の要であり，かつ子どもの個性に応じた的確な対応が求められる場面なのです。

（５）ノート指導のポイントとは

机間指導は，絵やプリントの記述など，子どもが自らの学習過程を何らかの形で表現したものに基づいてなされます。とりわけノートは，子どもたちが，授業の中で何をどう学んでいるのかをリアルに映し出しています。子どもたちのノートを見れば，その教師の授業が見えるといっても過言ではないでしょう。それゆえ，机間指導を効果的に行う上で，また，授業内容を子どもたちに残しその後の子どもたちの学びの支えとするためにも，**子どもの学びの足あとが**残るよう，ノートという媒体を工夫せねばなりません。

ノートの持つ機能として，東井義雄（1957）は，①**練習帳的機能**（例：計算練習を行う），②**備忘録的機能**（例：教師が板書したり話したりした情報をメモしておく），③**整理保存的機能**（例：小説の一場面に対する自分なりの解釈や感想を書き留めておく），④**探究的機能**（例：科学的な仮説の設定と検証の過程をレポートのようにまとめる）の四つを挙げています。多くの教室において，ノートの機能は，①②の機能のみに限定されがちです。しかも，②の機能は，教師が板書した事項を受動的に丸写しすることに陥りがちです。

しかし，真に子どもの学びの実態を映し出し，机間指導を下支えするようなノートにするには，③④の機能をより重視する必要があるでしょう。たとえば，クラス全体に共通に与えられた問題に対する個々人の多様な解法，それを導くまでの試行錯誤のプロセス，そして，クラスメートとの討論を通じて新たに学んだことなどを，ノートに残していくよう促すのは一つの方法です。その際，消しゴムを使わないようにした上で，間違った場合は二本線を引いて訂正するように，また，クラスメートの意見は色ペンで書き加えるよう

①学びを記録する段階	→ ②学びを見渡す段階	→ ③学びを生活に結びつける段階
基礎　a　筆写の正確さ	情報整理　d　階層構造	自己の記録　g　発想の保存
b　筆写の速度	e　要約度	h　複数の情報の関連づけ
c　文字の読みやすさ	f　検索性	i　自己の学びの省察

図６－３　ノート指導の三つの段階

（出所）吉永・森（2015）p. 15.

に指示するなど工夫するとよいでしょう。そうすることで，子どものありのままの思考過程が確実に残るようになります。こうして，ノートは**子どもの自己表現と自己評価の場**として生まれ変わるのです。

きれいな字で書かれた整然としたノートがよいノートとは限りません。説明型の授業を通して，自分で作った参考書のような，後で見返してわかる，知識が構造化されたノートを作成することも重要ですし，乱暴な字で書かれた雑然としたノートは問題ですが，自分の考えや試行錯誤のプロセスや走り書き的にメモした内容など，整っていないけれど**その子なりの思考のリアルが残るようなノート**であってこそ，学び手にとって愛着のある，次の学びにつながるノートとなるのです。

自ら学ぶ力の育成につながる**ノート指導**の在り方を考える上で，大村はまの「国語学習記録」の取組みは示唆的です（大村，1984）。彼女は学習の記録の仕方の指導を系統的に行うとともに，学期末には罫紙に綴らせたノートを並べ替えさせ，章立て，章扉，目次を工夫させ，編集後記を書かせるなど，ノートを一冊の本のように編集し，現代でいうところのポートフォリオづくりを通じて，自らの学びを振り返り次の学びにつなげていく実践を展開しました。そのエッセンスは吉永幸司らによって，図６－３のようにまとめられています。a～iは指導の側面であって，指導の順序を示すものではないし，①～③は，各学年にふさわしい質へとノートを高めるための各学年内の段階として設定されています。

たとえば，①の**学びを記録する段階**では，板書通り正しく丁寧に写すことがまずは大切です。その上で，視写や聴写を通じて，速く正しく書けるように指導していくことで，メモを取ることや思考の過程をノートに残していくための土台となる力を育てるわけです。クラス全体での話し合いやグループ学習を取り入れつつ，思考の質や密度を高めていく上で，聞き書きができること，メモを取れること，書きながら考えられるようになることが重要でしょう。②の**学びを見渡す段階**では，見出しが目立つよう，高さ，色，太さ，記号等を自分で工夫させることで，授業の階層構造を捉えやすくなるようにすることや，板書をもとに考えたことが残るノートをめざすことが大事です。国語のように縦書きならノートの下，算数などのように横書きならノートの右端，四分の一なり三分の一なりを仕切ってメモ欄を作らせ，授業の中で時々立ち止まって，そこに学習の要約や気づいたことなどを記入し交流する時間を取ったり，友達の意見を書き加えることができた子どものノートをほめたりするわけです。③の**学びを生活に結びつける段階**では，自分で工夫したノートであることをほめるのが大切になってきます。自分の考え，わかったこと，疑問，他の子と意見の違うところやその理由，新たに知りたくなったことや疑問を書くように促したりするわけです。さらには，図６-４に示したような**思考ツール**を手掛かりに，考えを自分で整理し構造化できるように指導することも有効でしょう。思考ツールは，ワークシートのひな型としてだけでなく，ノート指導と

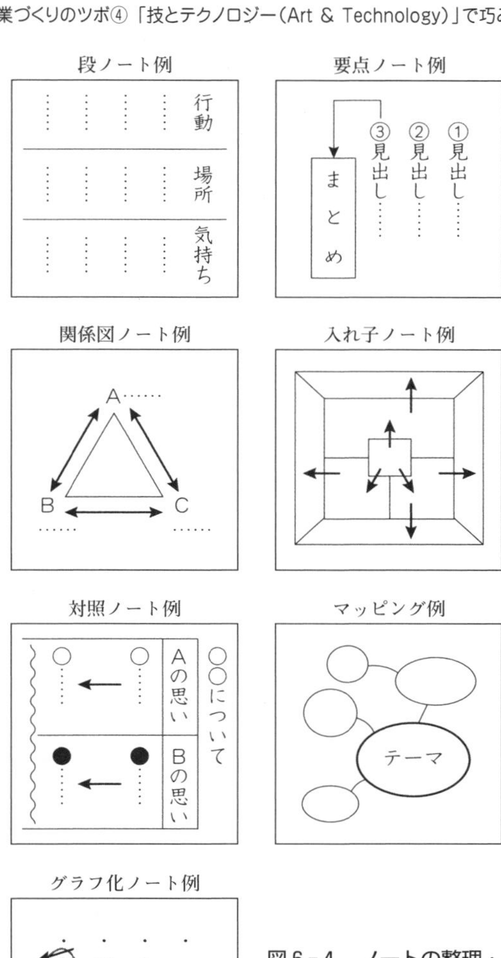

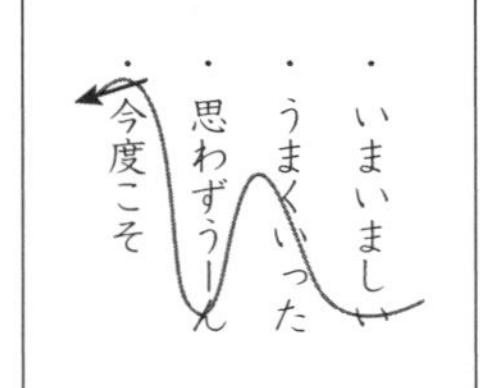

図６－４　ノートの整理・構造化の類型

（出所）吉永・森（2015）pp. 80-81.

結び付け，ノートの取り方のバリエーションを広げるものとして用いていくとよいでしょう（関西大学初等部，2013）。

５．授業づくりにおいてICTとどう付き合うか

第四次産業革命[(2)]期ともいわれる現在，AIやICTの進歩が，様々な形で教育に影響を与えており，それとどう付き合うかが重要になってきています。新しいメディアは，教室の当たり前の風景（学校という，教え学ぶためだけに組織された時間と空間と人のつながりの枠内で，教科書と黒板とノートと鉛筆を主たるメディアとして，グループ活動では模造紙やホワイトボードも用いながら，教師の応答的な指導言によって学びを触発しつなぎ，ペーパーテストや教師の目による観察で評価する）を一変させる可能性があります（佐藤，2018，コリンズ・ハルバーソン，2012）。

（１）テクノロジーの進歩がもたらす教室の姿とは

教室で使われる主たる教具は，タブレット端末とタッチペン（音声入力ができればペンも必要ない）。学習者は，電子教科書や3D映像や動画等も織り込まれた教材パッケージで情報や課題を提示され，個人で，あるいは協働で，問題の答えや思考の過程をタブレットに入力していきます。教師はタブレットで全員の進行状況を確認しながら，ディスプレイ越しに個別にフォローすることもできます。一人ひとりの考え方をすぐにスクリーン（電子黒板もいらない）に映し出したり，他のクラスメートとデータをすぐ共有したりすることもできるし，さらには，情報整理・共有アプリを用いて，考えを可

表6-2　テクノロジーの進歩がもたらす学びのスマート化，フラット化，ボーダーレス化

教科書，黒板（グループ活動では模造紙やホワイトボード），ノートと鉛筆を主たるメディアとする。	⇨	タブレット端末とデジタル化された教材・学習パッケージとスクリーン（音声入力により鉛筆も不要）を主たるメディアとする。
教師の応答的な指導言によって思考をつなぐ。教師の言葉と身体によるアートの重要性。	⇨	アプリで自動的に思考を可視化し，視覚的にマッピングする。学習のシステムとツールの複合的な活用の重要性。
ペーパーテストや教師の目による観察・判断。	⇨	学習履歴のデータベース化，AIによる統計的解析と自動採点。
学校という場所で，教育課程の範囲と時間割の枠内で，教師の指導の下で，クラスメートとともに一斉に学ぶ，体系化・共通化された教育機関。	⇨	どこでも，いつでも，どこまでも，だれとでも自由に学べる，個性化・協同化された学びの場のネットワーク。

視化しつないでいくこともできます。タブレットを使えば動画や画像の撮影も容易なので，体育で運動したり美術で制作したり理科で実験したりしている過程を撮影して，動画をもとに自分たちで自分の姿を確認・省察したり，みんなで検討したりできるでしょう。教科書や資料集の枠を越えて，ウェブに自由にアクセスして膨大な情報をベースに考えることができるし，ハイパーリンクにより関連する知識に容易にアクセスすることができるし，専門家の知や専門家本人と直につながることもできます。

様々なアプリや解析ソフトを用いれば，収集した膨大な情報を子どもたちは自分で分析することもできるし，図表や画像や動画などを組み込んだプレゼンも容易に作成できます。そして，インターネットで，教室を越えた他の地域や国の人たちへの発信や遠隔会議も可能でしょう。上記の一連の学習の履歴は，すべてデータとして蓄積されており，さらに本人の振り返りや自己評価等も積極的に入力

しｅポートフォリオを作成することで，評価に役立てることもできます。

このように，**テクノロジーの進歩**は，**メディア革命**（紙と活字を介したコミュニケーションから電脳空間でのコミュニケーションへ）を伴いながら，教室の姿を**スマート化**するでしょう（表6-2）。さらに，インターネット環境の整備やAIの進歩は，既存の学校の機能を電子化しスマート化するだけでなく，学校の役割やそこでの学びのあり方自体を変える可能性も持っています。反転授業[(3)]のように，講義はウェブで視聴し自宅学習して授業に臨む，さらには，対面でなくても，教師や学習分析業者やAIから個に応じてフィードバックや課題提示などがリアルタイムで受けられるようなシステムが構築されれば，学校にいなくても，いつでもどこでも都合の良いときに学ぶことも可能になります。また，ネットを活用すれば，教師や教科書を通り越して，子どもたちが，子ども向けに加工される前のほんものの知や素材に触れたり，大人や専門家の現在進行中の活動に，リアルタイムで直接取材したり参加したりすることも可能になります。また，学習や評価の過程の電子化により，多くの学び手の思考過程やつまずきのパターンやそれに対する教師の判断・評価の事例やデータがビッグデータとして蓄積されてくると，教室の外で，データ解析の専門家が，さらにはAIが，子どもに教えたり学びをファシリテートしたり評価したりするようになるかもしれません（「**AI先生**」の誕生）。このように，**フラット化**や**ボーダーレス化**により，必要に応じて電脳空間上で協同化された学びも組織しながら，基本的にはオンデマンドでテーラーメイドの個性化（**個別最適化**）された学びが実現するかもしれません[(4)]。

（2）テクノロジーの限界をどう考えるか

テクノロジーの進歩と落とし穴

上に述べたようなテクノロジーの進歩がもたらす，**スマートで自由な学びの姿**は，ユートピアのようにも映りますが，そこに落とし穴はないのでしょうか。黒板やノートを使って授業をするのは古いのでしょうか。たしかに，「個別最適化」などのテクノロジーの進歩がもたらす恩恵は，さまざまな壁やハンディキャップを乗り越えていく可能性を秘めています。しかし，テクノロジーの活用は，しばしば便利で効率的であることを追求する志向性と結びついて展開しがちです。それゆえ，一見スマートで自由に見える学びの姿は，教育的価値よりも便利さを優先し，人間の根っこを形成する手間や回り道や人と人との（身体や感情を介した）泥臭いつながりの機会を奪うことで，言葉の重さや認識の深さを欠いた，軽くて浅い学びにつながりかねません。また，際限なき能力開発（人間のサイボーグ化を含む）をめざした自由は，個性尊重の名の下に，それに乗れる富や能力を持った者とそうでない者との埋めようのない格差をもたらしかねません。さらには，ビッグデータを基礎にしたAIが導く学びは，一見すべて自分で選んでいる主体的で自由な学びに見えて，機械に選ばされ，主体的に既存の社会やシステムに従属する学びになりかねません。ネットで買い物をすると次々と関連商品が紹介されて，購買意欲を掻き立てられるように。

デジタルメディアの弱点とアナログメディアの強み

スマート化，フラット化，ボーダーレス化というテクノロジーの進歩が向かいがちな方向性をほどほどのところで制御し，人間的な豊かさにつなぐ上で，ICTの弱点やリスクをふまえてそれを飼いならす視点を持つ必要があります。たとえば**デジタルメディア**は，学習や認識形成の道具としては，以下のような弱点を持っており，逆に，伝統的な**アナログメディア**にも以下のような強みがあります。

まず，デジタルメディアは，ディスプレイの制約があるために，複数の資料を横に並べて検討しにくく，学習者が求めるもの以外の情報が目に入らないといった，**一覧性と俯瞰性**において弱点を持っています（新井，2012）。これに対して，板書は，先述のように，時系列で提示される情報を上に重ねるのでなく横に展開させることができるので，一時間の授業の流れを可視化し続けることができます。また，資料や情報を検索する場合も，インターネットによるキーワード検索だけでなく，直に図書館の本棚や資料を眺めることで，自分の想定していた枠に収まらない気づきを得ることもできます。

デジタルメディアは，認識の深化を情報のネットワークの構築としてのみ遂行しがちです。デジタル教材やスライドで視覚的にわかりやすくかつテンポよく，プレゼンのように情報提示されて，理解したつもりでいても，学習者の頭の中に内容が残っているとは限らないし，むしろ一つひとつのスライドの内容をつないでまとめるよう求められても，点が線や面でつながらず，論理を構築することは難しいかもしれません。また，ウェブ上であらゆる知識は情報としてフラット化されているため，情報のつぎはぎでネットワーク的に広く調べることはできていたとしても，本質的な知識を軸に，情報間の関係を階層化・系列化・構造化し，認識を深めることにつながるとは限りません。理解するということは情報間のネットワークの構築や情報処理に解消されるものではありません。情報を統括する重要概念を見極め，情報処理に止まらない，自己の体験や思いと結びつき，自らの思想の軸を形成するような，**認識の情動的側面や身体性や切実性**への視点を忘れてはなりません。

これに対して，聴くだけでも理解可能なように語ることは論理を伴います。ノートに何を取らせるかを意識しながら板書しノートにまとめさせること，そして，話しながら板書することで生まれる適度な間は，学習者に内容を残す上で有効性を持つでしょう。パワーポイントは子どもの反応を見てその場で内容や順序を変えることは難しいですが，板書は消して書き直すことができます。また，確かな教材研究をベースになされるゆさぶり発問は，知識の構造化をもたらすのみならず，ものの見方・考え方の転換や，地に足をつけて切実性を持って思考しているかどうかを吟味することを促すでしょう。

ICT の持つリスク

さらに，タブレットやスマホなどの端末は，弱点に止まらず，ブルーライトによる目へのダメージなど**健康上のリスク**，個人端末に依存する**中毒性のリスク**もあります。マルチな機能を持ち，かつネットを通して新たな情報に無制限につながってしまうことで，スマホいじりやネット依存などの中毒性を持ちやすいと言えます。そもそもスマホのアプリは，長く持続的にそれにアクセスさせることを重視して開発されがちです。人とつながるのにメディアを通すようになることで**学習の個別化**を進めかねないし，ディスプレイだけを見てすぐ隣のクラスメート（生身の人間）から学ぶことをしなくなるかもしれません。

こうしたリスクも意識しながら，ICT から遠ざけるのではなく，発達段階を考慮して与え方を考えたり，タブレット端末はグループで一つとして，**協働を促すツール**として用いたりするなど，うまく付き合うことが求められます。そもそも学校外の生活は，ICT 機器であふれています。そして，それらは，人間の健康や成長よりも，利便性や企業の商業主義的な利益の追求を優先しがちです。特に日常生活で使っている ICT 機器は，使い捨てや浪費に導きがちです。そうした消費社会的でプライベートなデジタル環境ではなく，職業人や専門家がアクセスしているような，子どもたちの日常生活ではあまりふれる機会のない，**知的で文化的でパブリックなデジタル環境**をこそ学校において保障し，デジタルメディアとのより成熟した付き合い方を学ばせることが大切でしょう。

（3）テクノロジーを取り入れるとき何に気を付けるか

テクノロジーの選択と活用を考える際，**教具**を有効に活用する一般的なコツでもありますが，同じ機能を果たす道具であれば，代替可能なより原初的でローテクなものを考えてみるとよいでしょう。さらに，コンピュータの教育への取り入れ方について，図６-５のような類型を念頭に置いて考えるとよいでしょう。ティーチング・マシンやウェブ授業など，コンピュータが子どもに教える（内容を提示し習得させる）のでも，教師がわかりやすく教えるのに情報機器やコンピュータを使うのでもなく，知識構築やリフレクション（学びの省察，振り返り）など，**子どもが思考しコミュニケーションするツール**としてコンピュータを使うことで，教室での教え・学ぶ関係や思考とコミュニケーションのあり方自体が問い直される可能性があります。さらに近年は，内容習得以上に子どもたちが自ら学び続けていくことを重視し，また，コンピュータも，一方通行的

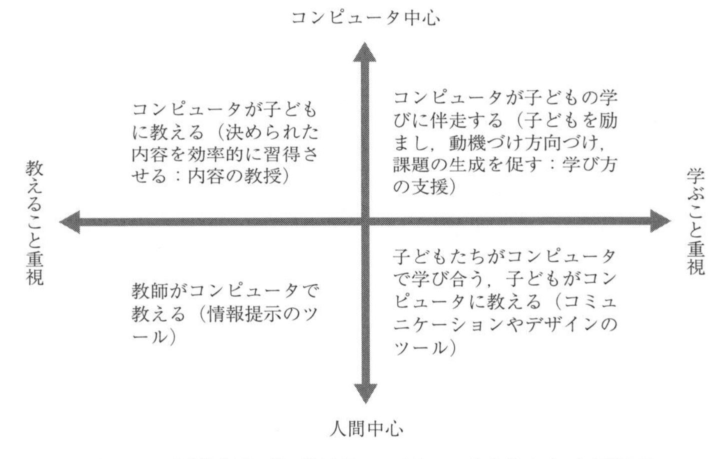

図６－５　授業と学びにおけるコンピュータの生かし方の類型

で客体的な存在から人間との相互作用がより円滑にあたかも主体的に行えるかのようになり，コンピュータは，内容よりも**学び方**（**自己調整**）を指導するコーチの役割を担うようになってきています。他方，子どもたちもコンピュータに指示を出すなど，学びのパートナーとしてコンピュータと相互交渉を行うようになってきています。

一口にICTといっても，その用途や機能の違いを考えてみると，たとえば，電子黒板は黒板に，タブレットはグループの真ん中にあって対話と思考の広場となるホワイトボードや模造紙に置き換えることができることに気づきます。教師主導の授業では，黒板とノートが中心的な教具となる一方で，学習者主体の授業において中心的な教具となるのは，ホワイトボードや模造紙やワークシートです。すなわち，電子黒板は，情報提示など，教師が教えるためのメディアとしての性格が強く，タブレットは，コミュニケーションやリフレクションなど，**学習者が学び合うためのメディア**としての性格が強いと言えます。ただし，タブレットも一人一台となると，それは，協働的な対話と思考の広場の機能というより，ドリルと練習ノートという学習の個別支援の機能に傾斜するかもしれません。

創発的なコミュニケーションを促進する上では，全体での情報提示や逆に個別のドリル学習支援としてのメディア活用よりも，思考とコミュニケーションのための個人やグループベースのメディア活用の方が有効であり，逆に，そういった**教室の学びやコミュニケーションの変革を促すツール**として，ICT の活用は考えられる必要があるでしょう。その際，システムがダウンして右往左往するようなこともないように，同じ機能が果たせるのであれば，より原初的な教具を使えばよいということを基本としながら，タブレットなどの新しいメディアだからこそできることに注目し，それらを有効に活用していくことが必要でしょう。

〈注〉

(1)　こうした教室でのコミュニケーションの特殊性は，メーハン（H. Mehan）により，「（教師による）開始（Initiation）―（子どもによる）応答（Reply）―（教師による）評価（Evaluation）：IRE」連鎖という言葉で記述されてきた（秋田，2012）。

(2)　第四次産業革命とは，18世紀末以降の水力や蒸気機関による工場の機械化である第一次産業革命，20世紀初頭の分業体制に基づく電力を用いた大量生産である第二次産業革命，1970年代初頭からの電子工学や情報技術を用いた一層のオートメーション化（自動化）である第三次産業革命に続く，技術革新を指す。それは物理，デジタル，生物圏の間の境界を曖昧にする技術の融合によって特徴づけられ，インターネットを通じてあらゆる機器が結びつく段階であり，IoT（あらゆるモノがインターネットと繋がり，情報交換をすることで相互に制御するシステム）やAI（人工知能）を導入し，自律的・自動的・効率的に製造工程や品質の管理を進め，省エネルギー化などを行い，新たに産業の高度化を目指すものである。

(3)「反転授業（the flipped classroom / the inverted classroom）」とは，ブレンド型学習（対面学習とICTを使ったオンライン学習とを組み合わせたもの）の一つであり，授業と宿題の役割を「反転」させ，授業時間外に講義部分をオンライン教材として提供し知識を予習させ，対面の教室の授業では，協同学習や問題解決学習等を通して，知識理解の確認や知識の使いこなしや深化の機会を提供する学習形態である。

(4) 経済産業省の教育に関する有識者会議「『未来の教室』とEdTech研究会」が2018年６月にまとめた「第１次提言」では，「誰もがパソコンやスマートフォンを通じてクラウドにつながり，通信環境も5Gに突入し，学習記録をAIが解析する今後は，いつでも，離島や山間部に住んでいても，自宅でも学校でも学習塾にいても，どんな家庭環境で育っても，何歳になっても，誰でも自分に合った方法で学ぶことができるようになる。EdTechは『学習者の特性・適性・興味・関心』を見いだし，学習者の『WILL（志)』を引き出す助けになり，多くの人達に『学習の自由化』（個別最適化された学び方を世界中から幅広く選べる）や『学術の民主化』（幼い頃から誰もが探究できる）という恩恵を与えるだろう」（２頁）という具合に，「学習者中心」の未来の教育像が示されている。

〈引用・参考文献〉

秋田喜代美 2012『学びの心理学―授業をデザインする―』左右社。
新井紀子 2012『ほんとうにいいの？　デジタル教科書』岩波書店。

荒木寿友 1999「授業分析１『気になる木』の『はっぱ』をふやそう――おじいちゃん，おばあちゃん大研究」田中耕治編『「総合学習」の可能性を問う――奈良女子大学文学部附属小学校の「しごと」実践に学ぶ』ミネルヴァ書房。

有田和正 1996『新ノート指導の技術』明治図書。

石井英真 2007「授業展開と導く教授行為」田中耕治編『よくわかる授業論』ミネルヴァ書房。

石田佐久馬 1964『発問・板書・ノート』東洋館出版。

ヴァーガス，M. F.（石丸正訳）1987『非言語（ノンバーバル）コミュニケーション』新潮社。

大西忠治 1987『授業つくり上達法』民衆社。

大西忠治 1988『発問上達法』民衆社。

大村はま 1984『大村はま国語教室 第12巻 国語学習記録の指導』筑摩書房。

上條晴夫 1993『実践・子どもウォッチング―言葉にならないメッセージを受けとるために―』民衆社。

上條晴夫 2007『図解　よくわかる授業上達法』学陽書房。

川島裕子編 2017『〈教師〉になる劇場―演劇的手法による学びとコミュニケーションのデザイン』フィルムアート社。

関西大学初等部 2013『思考ツール』さくら社。

菊池省三 2012『授業がうまい教師のすごいコミュニケーション術』学陽書房。

栗田正行 2017『９割の先生が知らない！ すごい板書術』学陽書房。

コリンズ，A.・ハルバーソン，R.（稲垣忠監訳）2012『デジタル社会の学びのかたち』北大路書房。

齋藤孝 1997『教師＝身体という技術―構え・感知力・技化―』世織書房。

斎藤喜博 2006『授業の展開（新装版)』国土社。

迫田一弘 1991『机間指導の技術』明治図書。
佐藤昌宏 2018『EdTech が変える教育の未来』インプレス。
佐藤学 2003『教師たちの挑戦』小学館。
竹内敏晴 1999『教師のためのからだとことば考』筑摩書房。
田宮輝夫 1979『発問・板書・教材研究のコツ』あゆみ出版。
東井義雄 1957『村を育てる学力』明治図書。
豊田久亀 1988『明治期発問論の研究―授業成立の原点を探る―』ミネルヴァ書房。
新潟大学教育学部附属新潟小学校 2017『ICT ×思考ツールでつくる「主体的・対話的で深い学び」を促す授業』小学館。
藤岡信勝 1989『授業づくりの発想』 日本書籍。
堀裕嗣 2012『一斉授業10の原理100の原則―授業力向上のための110のメソッド―』学事出版。
「未来の教室」と EdTech 研究会（経済産業省）2018「第１次提言」。
向山洋一 1985『教育技術法則化ビデオシリーズ　春：向山洋一の小学校三年生国語の授業』安井電子出版。
安井俊夫 1982『子どもが動く社会科』地歴社。
山田洋一 2010『発問・説明・指示を超える対話術』さくら社。
横須賀薫 1994『授業の深さをつくるもの』教育出版。
横須賀薫編 1990『授業研究用語辞典』教育出版。
吉永幸司・森邦博 2015『ノート指導―子どもの自己学習力を育てる―』東洋館出版社。
吉本均 1985『授業成立入門―教室にドラマを！―』明治図書。
吉本均 1995『発問と集団思考の理論・第二版』明治図書。
ワーチ，J. V.（佐藤公治他訳）2002『行為としての心』北大路書房。
渡部淳・獲得型教育研究会編 2014『教育におけるドラマ技法の探究―「学びの体系化」にむけて―』明石書店。

第７章　授業づくりのツボ⑤ 「評価（Assessment）」を指導や学習に生かす

Opening Question

211－120，78－39という計算問題に対して，Aさん，B君，Cさんは，それぞれ表のように答えました。問題（ア），（イ）の解答パターンから，問題（ウ）315－184に対する三人の解答を予想してみましょう。

	問題（ア）	問題（イ）	問題（ウ）
Aさん	211 －120 11	78 －39 4	315 －184 ???
B　君	211 －120 111	78 －39 41	315 －184 ???
Cさん	211 －120 131	78 －39 417	315 －184 ???

「評価・見取り」は，「どのような方法で学習の過程と成果を把握し，その結果をどう実践に生かすか」を問うことです。第１章（p. 11）で述べたように，いかに緻密に計画し実践したとしても，教師の意図どおりに子どもが学ぶとは限りません。ゆえに，学習を可視化する手立てを講じ，そうしたずれを明らかにしながら，目的・目標の実現に向けて明日の授業の改善を図る，あるいは授業過程で教え方を自己調整することが重要です。

本章のポイント

・「教育評価」とは，「教育活動の評価」という意味であって，できないことを子どものみの責任にするのではなく，教師の指導，さらにはそれを規定している，カリキュラム，学校経営，教育政策といった教育環境や教育条件のあり方を問い直すものである。
・実践において評価を意識することは，学び手の目線で教育活動の全過程を眺められる教育的な想像力を豊かにすることにつながる。
・指導と評価の一体化の前に，目標と評価の一体化を追求してみることが必要であり，学び丸ごとではなく，目的意識的に指導したことを中心に評価することが重要である。
・指導改善に生きる評価のためには，学力・学習の質に注目して目標を明確化し，適した評価方法を設計していくことが有効である。
・パフォーマンス評価は，見えにくい学力を評価する新しい方法を提起するだけでなく，より人間的で創造的な営みとして評価を捉えなおす新しいパラダイムをも提起するものである。

1．教育評価の基本的な考え方

（1）「評価」とは何か

「評価」という言葉を聞いて何をイメージするでしょうか。評価される子どもの立場からすると，テストされる，成績をつけられる，選別されるといった具合に，あまりいいイメージで語られることはないのではないでしょうか。評価する側の教師にとっても，むしろ非教育的なもので，仕方なくやっているが，できればやりたくないものとして映っているのではないでしょうか。

評価という営みの出発点は，子どもの学習や学力を**可視化**することです。そして，そうして可視化された子どもの事実は，下記の二つの文脈で用いられることになります。一つは，深く確かな子ども把握に基づく実践の反省と改善です（**指導改善のための教育評価**）。もう一つは，通知表，内申書（調査書），入試，学校評価といった形で，子どもの変容・能力を誰も（子ども自身，保護者，地域住民，入試で選考や選抜をする者，行政など）がわかる形で確認・証明することです（**評定・説明責任のための教育評価**）。

評定や選抜など，非教育的な文脈が注目されがちな評価ですが，教師としては，それを指導改善の文脈で捉えることで，子どもたちに確かな学びと学力を保障していく道具として，評価という営みを生かしていくことができます。そもそも，この内容を習得させたい，こういう力を育てたいといったねがいやねらいを持って，子どもたちに目的意識的に働きかけたならば，それが達せられたかどうかという点に自ずと意識が向くでしょう。評価的思考は，日々の教育の営みには内在しているのです。

指導しているクラスのテストの点数が悪いとき，教師はしばしば子どもたちに対して，もっとがんばれと言います。しかし，見方を変えると，教師の側も，指導した子どもたちに悪い点数しか取らせることができなかったとも言えます。「学習評価」に止まらない「**教育評価**」とは，「教育活動の評価」という意味であって，できないことを子どものみの責任にするのではなく，教師の指導，さらにはそれを規定している，カリキュラム，学校経営，教育政策といった教育環境や教育条件のあり方を問い直すものです。

（2）教師としての成長において評価に注目することの意味とは

評価という営みを意識することは，教師としての中核的な力量の成長を促すことにもつながります。本章の冒頭に挙げた，三人の子どもたちの誤答を予想する問題については，三人とも繰り下がりのある引き算でつまずいていることがわかるでしょう。ただ，繰り下がりに直面した時に，その窮地を脱するためにやることが三人それぞれに異なります。上の数より下の数が大きい場合，A さんは，その部分を無視しています。B 君は，引けるところから引くということで，下の数から上の数を引いています。C さんは，引き算ができないということで足し算をしています。ゆえに，315－184であれば，A さんは21，B 君は271，C さんは291と答えると考えられます。

計算ができるかできないかだけを見ていたのでは，こうした子どもなりの理屈には気づけません。教師としての成長の中核的な部分は，教科の内容についての正しい理解や深い教養があるだけでなく，それぞれの内容を学ぶ際に子どもたちがどう思考し，どこでどうつまずくかの予測やイメージが具体的で確かなものになっていくこと，いわば学び手の目線で教育活動の全過程を眺められるようになり**教育的な想像力**が豊かになること（**子どもが「見える」**ようになること）です。[1] そして，評価という営みは，まさに子ども理解や子どもを見る目の確かさに関わるものです。

ちなみに，この三人でいえば，引き算をしているのに答えが大きく増えているＣさんのつまずきは注意してみなければならないかもしれません。それは，計算の手続きを正しく習得できていないというレベル（**やり方のつまずき**）ではなく，39や417といった数の量感がイメージできていない（**意味のつまずき**），もっと言えば，そもそも算数の計算は現実世界とはまったく関係のない記号操作としかとらえられていないのかもしれません（**学び方のつまずき**）。計算間違い一つとっても，そこに何を見ているか，まなざしの先に見据えているものの違いに，教師としての力量の違いが表れるのです。

（３）目標に準拠した評価の意味とは

2001年の指導要録改訂において，学校での評価のものさしが相対評価から**「目標に準拠した評価」**に転換しました。どんなに指導しようとも必ず「１」をつける子が存在するというように，相対評価では，悪い成績はその子の素質や努力の問題に帰着させられます。また，相対評価による子どもたちの序列化は，学校教育の選別・競争の場としての性格を強めます。

これに対して，目標に準拠した評価では，悪い成績は教えた側の指導の問題としても捉えられ，教師や学校の教育活動の反省と，悪い成績を取った子どもへの支援が重視されます。こうして，目標に準拠した評価を軸にしていくことは，先述の「教育評価」の考え方に基づいて，**子どもの学力と発達を保障する場**として，学校教育を機能させていくことにつながります。さらに，指導の改善に生かす評価という場合，指導の最後に**評定**（**総括的評価**）して終わりではなく，指導の前に学習者の学習状況や準備性を把握したり（**診断的評価**），途中段階で目標の実現状況などを確かめそれに応じて指導のあり方を調整したりしていくこと（**形成的評価**）も含めて，評価という営みを捉えていくことが必要です。

形成的評価を重視する意味で「指導と評価の一体化」の重要性がしばしば言われますが，それが「指導の評価化」にならぬよう注意しましょう。些細なしぐさからその日の子どもの心理状況を感じ取ったり，授業中の子どものかすかなつぶやきをキャッチしたり，教師は授業を進めながらいろいろなことが自ずと「見える」し，見ようともしています（「**見取り**」）。しかし，授業中に熱心に聞いているように見えても，後でテストしてみると理解できていなかったりと，子どもの内面で生じていることは，授業を進めているだけでは見えず，そもそも授業を進めながらすべての子どもの学習を把握することは不可能です。さらに，公教育としての学校には，意識的に「見る」べきもの（保障すべき目標）があります。このように，教える側の責務を果たすために，すべての子どもたちについて取り立てて学力・学習の実際を把握したい時その方法を工夫するところに，「**評価**」を意識することの意味があります。そして，認定・選抜・対外的証明のために「評価」情報の一部が用いられるのが「**評定**」です。

しばしばアクティブ・ラーニングや探究的な学びの評価は難しい

という声を聞きますが，それはそうした学びを通して育てたいもののの中身，すなわち目標が具体的にイメージできないということが大きいのではないでしょうか。また，目標が明確でないと，学びの過程を無限定に評価することになり，教師と子どもの応答的な関係で自然に見えているものを，「評価」だから客観性がないといけないと必要以上に証拠集めをしてみたり，評定のまなざしを持ち込んで，日常的な学びを息苦しくしたりすることにつながりかねません（**指導の評価化**）。特に，現行の小・中学校の観点別評価は，毎時間の授業観察で思考・判断・表現や関心・意欲・態度の表れを見取る評価として捉えられがちで，授業において常に教師が評価のためのデータ取りや学習状況の点検に追われる事態が生じています。指導と評価の一体化の前に，**目標と評価の一体化**を追求してみることが必要であり，学び丸ごと（子どもが学校外の生活も含めたどこかで学びえたもの）ではなく，目的意識的に指導したこと（学校で責任をもって意図的に教ええたこと）を中心に評価することが重要です。

（４）目標に準拠することで子どもが見えなくなることを防ぐには

こうして目標に準拠した評価を重視することは，逆に，子どもを見えなくするかもしれません。まず，目標に準拠して評価することは，目標にとらわれて，教師の想定の範囲内で子どもの学びを捉えることになりかねません。これに対して，「**ゴール・フリー評価**」（**目標にとらわれない評価**）を考慮することが有効です（根津，2006）。教育においては，常に教育者の意図をはみ出す部分が存在しています。よって，第三者的な立場から，多様な視点をもって，先入観にとらわれずに事実を把握し，目標からはみ出す想定外の成果や副作用，さらには「**隠れたカリキュラム**」（第１章 p. 11 を参照）をも明らかにすることで，教育活動の成果と課題を総合的に判断するわけです。

また，目標に準拠した評価のみでは，目標達成という単一の尺度で，できるかできないか，どれくらい上手かといった優劣の物差し（垂直軸で能力を判断する）で子どもをみることにつながりやすいものです。これに対して，その子ども（個人）に即した意味を規準とし，その子なりの持ち味・がんばりを継続的・全体的に評価する「**個人内評価**」も意識することが大切です（東，2001；鹿毛，2007）。教室で子どもたち一人ひとりが経験していることを個別具体的に解釈し，学びの個性的意味，および，一人ひとりの子どもの特性や思考スタイルや持ち味を理解するわけです（水平軸で意味や個性を味わう）。第３章（p. 77）などで述べたように，目標に準拠した評価を強調することは，教師が設定した目標に向けて子どもたちを追い込んでいくことを意味するものでは必ずしもありません。目標や計画なき実践は盲目的ですが，計画は計画すること自体に意味があるのであって，**目標に準拠しつつ目標にとらわれない評価**を志向することが必要でしょう。

2．目標の明確化と評価方法の設計

（1）学力・学習の質的レベルに応じて評価方法をどう設計するか

指導改善に生きる評価のためには，目標を明確化し，適した評価方法を設計していくことが求められます。その際，第２章で示した**学力・学習の質的レベル**に注目することが有効です。以下に挙げた三つの評価課題は，ともに「小数の乗法」という内容の習得状況を評価するものです。しかし，それぞれの評価課題が測っている学力の質には違いがあることがわかるでしょう。

【問1】 35×0.8=(　　　)
【問2】「計算が35×0.8で表わせるような問題（文章題）を作りましょう。」
【問3】「あなたは部屋のリフォームを考えています。あなたの部屋は，縦7.2m，横5.4m，高さ2.5mの部屋です。今回あなたは床をタイルで敷き詰めようと考えています。お店へいったところ気に入ったタイルが見つかりました。そのタイルは，一辺が30cmの正方形で，一枚550円です。お金はいくら必要でしょうか。途中の計算も書いて下さい。」

問1は，小数の乗法の演算技能が身についているかどうかを問う課題（「知っている・できる」レベル）であり，問2は，小数の乗法の意味を理解しているかどうかを問う課題（「わかる」レベル）です。そして，問3は，数学的に定式化されていない現実世界の問題を解く，知識・技能の総合的な活用力を問う課題（「使える」レベル）といえます。こうして目標となる学力・学習の質を明確化し，それに応じて学力評価の方法を工夫していくことが重要となります。

図7-1に示したように，「知っている・できる」レベルの評価においては，重要語句の穴埋め問題や選択問題などの客観テスト，および簡単な実技テストが有効です。「わかる」レベルの評価におい

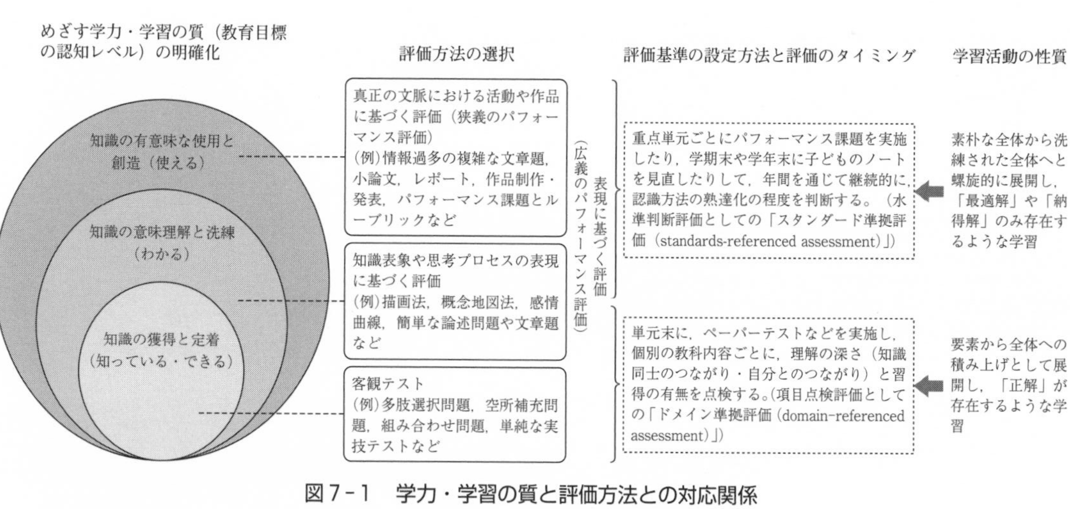

図７－１　学力・学習の質と評価方法との対応関係

（注）学力の質の明確化の図は，マルザーノ（Marzano, R. J.）らの「学習の次元（Dimensions of Learning）」の枠組みに若干の修正を加えたものである（Marzano, 1992, p. 16）。
（出所）石井（2012）p. 140（一部改変）

ては，学んだ内容を適用することで解ける適用問題はもちろん，「豆電球が光っている時，電流はどのように流れているのでしょうか」と問い，学習者のイメージや説明を自由に記述させたり（描画法），歴史上の出来事の因果関係を図示させてみたり，マインドマップを書かせてみたりして，学習者がどのように知識同士をつないでいて，内容に対するどのようなイメージを構成しているのか（知識表象）を表現させてみることなどが有効です。また，日々の授業で学習者に考えさせる際に，思考のプロセスや答えの理由をノートやワークシートに残させることも，学習者のわかり方やつまずきを把握する上で有効です。さらに表7-1のような「わかる」レベルのさまざまな思考の類型を意識して，テストの問い方を工夫してみてもよいでしょう。そして，「使える」レベルを評価する上で有効な方法として，後述するパフォーマンス評価を挙げることができます。

評価方法を選んだり作成したりする際には，**妥当性**（測りたいものが的確に測れているかどうか）と**信頼性**（繰り返し測定しても結果が安定しているかどうか）の両面を考える必要があります。評価といえば，客観性・信頼性が第一に考えられがちですが，そもそも測りたいもの（目標）が測れているかを問うことは不可欠です。また，総括的評価，特に評定や成績づけが主目的でなく，形成的評価として，指導改善に生かす上では，妥当性が優先されるべきでしょう。さらに，評価の持つ学習へのメッセージ性を考慮すれば，（実際に測れているかどうかは別にして，）見るからに何を測っていそうか（**表面的妥当性**），評価課題によって表現される学力観も考慮する必要があります。

表7-1　思考の類型と問い方の工夫

理解する――授業で伝達された内容（口頭で説明されたものも，書かれたものも，文章だけでなく図表も含む）から意味を構成する。	
解釈すること	ある表現形式（例：文章や数式）を別の形式（例：絵や図）に変えること（例：この文章で書かれた問題場面をわかりやすく図や絵で表現しなさい）。
例示すること	ある概念や原理の例を挙げること（例：様々な美術の描画様式の例を示せ）。
分類すること	ある物事があるカテゴリー（例：概念や原理）に属するかどうかを決めること（例：示された植物の種類を分類せよ）。
要約すること	テクストや映像から主題や主な点を抽出すること（例：ビデオで描かれた出来事の短い要約を書け）。
推論・予測すること	提示された情報から論理的結論を導出すること（例：示された表とグラフから読み取れる変化のパターンを推定せよ）。
比較すること	二つの物事や考え方の間の対応関係を発見すること（例：大日本帝国憲法と日本国憲法を比較せよ）。
説明すること	あるシステムの因果関係モデルを構成すること（例：世界恐慌の原因を説明せよ）。
分析する――事象やテクスト等を構成要素に分解し，部分同士がお互いにどのように関係しているか，部分が全体構造や目的とどう関係しているかを明らかにする。	
識別すること	提示された素材について，関連する部分とそうでない部分，重要な部分とそうでない部分とを区別すること（例：数学の文章題において関連する数字とそうでない数字とを識別せよ）。
組織化・構造化すること	ある構造の中で要素がどのように適合し機能しているのかを決定すること（例：論説文に示されているそれぞれの図表が論証上どのような位置づけにあるか明らかにし，その図表が必要かどうか，あるいは，他に必要だと考えられる図表を示せ）。
前提を問うこと	提示された素材の背後にある視点，偏見，価値，意図を決定すること（例：貧困問題について，この論文の筆者の立場を同定せよ）。

（出所）Anderson & Krathwohl（2001）で示されている目標分類学（「改訂版タキソノミー（Revised Bloom's Taxonomy）」）から「わかる」レベルに対応する思考の類型のみ抜粋。カテゴリーの定義や例の一部は筆者が修正。
なお，学力の質的レベルや思考の類型や能力要素を分類する目標分類学（タキソノミー）については，石井（2015b）を参照。「改訂版タキソノミー」の全カテゴリーも示されている。

（2）情意領域の評価をどう考えるか

評価でしばしば問題となるのは，**関心・意欲・態度**などの**情意領域**の評価をどうするかという点です。情意に関わる部分，特に性向（ある状況において自ずと特定の思考や行動を取ってしまう傾向性や態度）や人間性といった価値規範に関わるものは，プライベートな性格が強く，それらを評価することは，個々人の性格やその人らしさまるごとを値踏みする**全人評価**につながることや，それによる価値や生き方の押しつけに陥ることが危惧されます。何より，関心・意欲・態度の評価（評定）については，学習者が授業への積極性を表面的にアピールしたり，授業態度が悪いと成績が悪くなるといった具合に，教師が子どもたちを従わせる道具として用いたりする事態も生じているように思います。

こうした困難を伴う情意領域の評価について，ブルームらは，情意領域の評価が**教化**（価値の教え込み）や洗脳に陥らないための条件を下記のように整理しています（ブルームら，1973）。

まず，**道徳的価値**についてはその指導と評価は慎重であるべきですが，物事を鵜呑みにせずに批判的に思考しようとする態度（思考の習慣）などの**認知的価値**については，必ずしも指導と評価を躊躇する必要はないと言います。また，情意を「評価」することと「評定」することとを区別して議論することも重要です。情意領域は，成績づけ（評定）としての総括的評価の対象とすべきではありませんが，**形成的評価**を行うことは必要です。また，それが評定に用いられないならば，授業やカリキュラムの最終的な成果を判断する総括的評価も有効です。たとえば，単元の終了時にその単元で扱った社会問題に対してクラスの大部分が望ましくない態度を抱いているなら，それはカリキュラムの改善を促す情報となります。そして，そうした**カリキュラム評価**に必要なのは，質問紙などによる集団の傾向を示すデータのみです。実際，PISA 調査などの大規模学力調査では，学習の背景を問う質問紙調査でそれはなされています。

情意領域については，学力評価（学習者個人においてその形成を目指し個々人においてその有無を評価するもの）の対象というより，教育課程[(2)]や教育条件（教室や学校の設備・環境・システム・共同体・文化）の質を問うカリキュラム評価の対象として位置付けることがもっと追求されてよいでしょう。学習観を問う質問紙調査，日常的な行動観察，思考をともに深めあう学習集団の育ちの評価などを通して，学級や学校の全体的傾向を把握するといった具合です。

その際，**学習への動機づけ**や**意欲**の評価については，教育活動が望ましい方向性に向かっているかどうかを確認し，基本的には，望ましくない方向に向かっている場合に，改善の手立てを講じるという形となるでしょう。一方，**知的態度**や**思考の習慣**については，直接的に達成する対象というより，その学校のあらゆる教育活動の場面に浸透し，それを方向付ける包括的価値や人間像（ミッション，ヴィジョン）として，学校教育目標のレベルで方向目標（第３章 p. 91 参照）の形で明確化し，追求し続けるという位置づけ方が考えられるでしょう。

情意の中身を考える際には，学習を支える「**入口の情意**」（興味・関心・意欲など）と学習を方向付ける「**出口の情意**」（知的態度，思考の習慣，市民としての倫理・価値観など）とを区別する必要があります。授業態度などの入口の情意は，授業の前提条件として，教材の工夫や教師の働きかけによって喚起するものであり，授業の目標として掲げ意識的に評価するものというよりは，授業過程で，学び手の表情や教室の空気から感じるものも含めて，授業の進め方を調整する手がかりとなるものでしょう。これに対して，批判的に思考しようとする態度などの出口の情意は，授業での学習を通してこそ生じる変化であり，目標として掲げうるものです。

（３）「主体的に学習に取り組む態度」をどうとらえどう評価するか

「出口の情意」としてとらえる

2019年改訂の指導要録における「**主体的に学習に取り組む態度**」の観点については，「出口の情意」としてそれをとらえていくことがまずは重要です。資質・能力の３つの柱の一つとして示された「学びに向かう力・人間性等」について，そこには，「主体的に学習に取り組む態度」として，観点別評価で目標に準拠して評価できる部分と，感性や思いやり等，観点別評価や評定にはなじまず，個人内評価により個々人のよい点や可能性や変容について評価する部分があるとされており，情意の評価について対象限定がなされています。

また，「主体的に学習に取り組む態度」について，「児童生徒の学習評価の在り方について（報告)」(2019年１月)（以下「報告」）では，「単に継続的な行動や積極的な発言等を行うなど，性格や行動面の傾向を評価するということではなく，各教科等の『主体的に学習に取り組む態度』に係る評価の観点の趣旨に照らして，知識及び技能を獲得したり，思考力，判断力，表現力等を身に付けたりするために，自らの学習状況を把握し，学習の進め方について試行錯誤するなど自らの学習を調整しながら，学ぼうとしているかどうかという意思的な側面を評価することが重要である」とされ（10頁)，そしてそれは,「①知識及び技能を獲得したり，思考力，判断力，表現力等を身に付けたりすることに向けた粘り強い取組を行おうとする側面と，②①の粘り強い取組を行う中で，自らの学習を調整しようとする側面」(11頁) という二側面でとらえられるとされています。単に継続的な**やる気**（側面①）を認め励ますだけでなく，教科として意味ある**学びへの向かい方**（側面②）ができているかどうかという,「出口の情意」を評価していく方向性が見て取れます。

教科内容の学び深めと切り離さない

しかし,「主体的に学習に取り組む態度」を**メタ認知**的な**自己調整**として規定することについて，メタ認知や自己調整という言葉が一人歩きして，教科内容の学び深めと切り離された一般的な粘り強さや学習方略としてとらえられると，ノートの取り方などを評定対象とし，器用に段取りよく勉強できる子に加点するだけの評価となりかねません。もともと自己調整学習の考え方は，学び上手な学習者は自分の学習のかじ取りの仕方（メタ認知的な自己調整）が上手だし，力の使い方が間違っていないとった，学習の効果における学びへの向かい方（学習方略やマインドセット）の重要性を提起するものです。そこには，効果的な勉強法のような側面と，**思慮深く学び続ける力**としてとらえられる側面とが混在しています。目標として総括的評価の対象とすべきは後者の側面であり，各教科の目標に照らして，いわば教科の見方・考え方を働かせて学ぼうとしていることを重視する必要があります。前者は「入口の情意」として，ノートの取り方やポートフォリオ等による自己評価の仕方といった基本的な学び方の指導の留意点（形成的評価）として主に意識すべきでしょう。

改めて断っておくと，「出口の情意」であっても，原則的には，目標として掲げて形成的評価は行っても，直接的に評定すべきではありません。この点に関わって，「報告」では，「主体的に学習に取り組む態度」のみを単体で取り出して評価することは適切でないとされており，「思考力・判断力・表現力」等と一体的に評価していく方針が示されています。たとえば，後述するパフォーマンス課題のように，ペーパーテスト以外の思考や意欲を試す課題について，「使える」レベルの学力を試す，問いと答えの間が長く試行錯誤のある学習活動（思考のみならず，粘り強く考える意欲や根拠に基づいて考えようとする知的態度なども自ずと要求される）として設計し，その過程と成果物を通して，「思考・判断・表現」と「主体的に学習に取り組む態度」の両方を評価するわけです。美術・技術系や探究的な学びの評価でしばしばなされるように，その時点でうまくできたり結果を残せたりした部分の評価とともに，そこに至る試行錯誤の過程で見せた粘り，あるいは筋（センス）のよさにその子の伸び代を見出し，評価するという具合です。「報告」では，粘り強さ（側面①）だけではく，一定水準の自己調整（側面②）も伴わないと，ＢやＡという評価にならないとされていますが，同時に，実際の教科等の学びの中では両側面が相互に関わり合って立ち現れるともされています。スマートで結果につながりやすい学び方をする子だけでなく，結果にすぐにはつながらないかもしれませんが，泥臭く誠実に熟考する子も含めて，教科として意味ある学びへの向かい方として評価していく必要があるでしょう。

3．パフォーマンス評価の基本的な考え方と方法

（1）パフォーマンス評価とは何か

近年，思考力・判断力・表現力等を評価する上で注目が集まっている，パフォーマンス評価について説明しておきましょう。**パフォーマンス評価**（Performance Assessment）とは，一般的には，思考する必然性のある場面（文脈）で生み出される学習者の振る舞いや作品（パフォーマンス）を手がかりに，概念の意味理解や知識・技能の総合的な活用力を質的に評価する方法です。それは狭義には，現実的で真実味のある（真正な）場面を設定するなど，学習者のパフォーマンスを引き出し実力を試す評価課題（**パフォーマンス課題**）を設計し，それに対する活動のプロセスや成果物を評価する，「パフォーマンス課題に基づく評価」を意味します。パフォーマンス課題の例としては，町主催のセレモニーの企画案を町の職員に提案する社会科の課題，あるいは，栄養士になったつもりで食事制限の必要な人の献立表を作成する家庭科の課題などが挙げられます。

またパフォーマンス評価という場合，広義には，授業中の発言や行動，ノートの記述から，子どもの日々の学習活動のプロセスをインフォーマルに形成的に評価するなど，「パフォーマンス（表現）に基づく評価」を意味します。「総合的な学習の時間」の評価方法としてしばしば使用される**ポートフォリオ評価法**[(3)]も，パフォーマンス評価の一種です。

テストをはじめとする従来型の評価方法では，評価の方法とタイミングを固定して，そこから捉えられるもののみ評価してきました。

これに対しパフォーマンス評価は，課題，プロセス，ポートフォリオ等における表現を手掛かりに，学習者が実力を発揮している場面に評価のタイミングや方法を合わせるものと言えます。深く豊かに思考する活動を生み出しつつ，その思考のプロセスや成果を表現する機会を盛り込み，そこで生み出される思考の表現を質的エビデンスとして評価していくのがパフォーマンス評価です（**授業や学習に埋め込まれた評価**）。いわば**「使える」レベルの思考**を試す真正の学習課題や活動を，評価課題や評価場面として生かしていくわけです。

資質・能力をバランスよく評価するために，知識量を問うペーパーテストのみならず，パフォーマンス評価をはじめとする多面的・多角的な評価方法を用いていくことが求められています。そして，こうした評価改革は，「大学入学共通テスト」で記述式問題など思考力を問う問題を導入する，各大学の個別選抜でアドミッション・ポリシーに基づく多面的・総合的評価を確立・拡充するといった形で，**高大接続**・大学入試改革のレベルでも徹底されようとしています。パフォーマンス課題への取り組みや作品を，さらには総合学習での試行錯誤を含んだ息の長い学びの履歴を，ポートフォリオに蓄積し，それを個別選抜の資料とするといった具合に，教室での授業や学習に埋め込まれた評価を基にした接続システムを構築するには，人間の目による丁寧な選考のシステムを担う専門部署の設置，教室ベースの質的評価の妥当性・信頼性を支える教師の評価眼や評価リテラシーを育む研修の機会の充実など，**「選抜」型**（点数の序列による機械的な線引き）から，資格試験的な**「選考」型**（大学が求めるものと学生が学んできたものとのマッチング）の高大接続システムの構築に向けた条件整備が望まれます。

表7-2　「日本文化を紹介しよう」発表のルーブリック

	内　容	発　表	
		英語らしさ（流暢に話す･文のまとまり）	発表の積極性
3	日本文化についての説明や感想を伝える形容詞を選んでいる。また，単語や文を付け足して相手の理解を深める発表ができる。	音のつながりやイントネーションを意識し，文の流れを保って話すことができた。話の区切れごとに相手の理解を確認するような表現が加えられている。	伝える相手の人数や状況に応じて目線を振ったり話題に合わせた表情やジェスチャーを取り入れた発表ができる。
2	伝えたいものを選んで調べ，日本文化についての説明や感想を伝える形容詞を選んで発表することができる。	つかえることもあるが，最後まで話すことができた。叙述と自分の考えの違いがわかるように区切って発表できる。	相手に目線を振ったり，ジェスチャーを入れたりした発表ができる。
1	お手本を使った発表しかできない。	途中で止まってしまい，続けることができなかった。話の区切れがわかる発表ではない。	資料や下ばかりを向いて相手に目線をあわせられない。

（出所）赤沢・福嶋（2019）p. 142.

（2）ルーブリックとは何か

ルーブリックの具体

パフォーマンス評価においては，客観テストのように，目標の達成・未達成の二分法で評価することは困難です。パフォーマンス課題への学習者の取り組みのうまさや出来具合は程度問題であるため，教師による質的で専門的な解釈と判断に頼らざるをえません。よって，パフォーマンス評価では，主観的な評価にならないように，**「ルーブリック**（rubric）」と呼ばれる，パフォーマンスの質（**熟達度**）を評価する採点指針を用いることが有効となります。

表7-2や表7-3のように，ルーブリックとは，成功の度合いを

表７－３　算数・数学に関する一般的ルーブリック（「方略，推理，手続き」）

熟達者	直接に解決に導く，とても効率的で洗練された方略を用いている。洗練された複雑な推理を用いている。正しく問題を解決し，解決結果を検証するのに，手続きを正確に応用している。解法を検証し，その合理性を評価している。数学的に妥当な意見と結合を作りだしている。
一人前	問題の解決に導く方略を用いている。効果的な数学的推理を用いている。数学的手続きが用いられている。すべての部分が正しく，正解に達している。
見習い	部分的に有効な方略を用いているため，何とか解決に至るも，問題の十分な解決には至らない。数学的推理をしたいくつかの証拠が見られる。数学的手続きを完全には実行できていない。いくつかの部分は正しいが，正解には至らない。
初心者	方略や手続きを用いた証拠が見られない。もしくは，問題解決に役立たない方略を用いている。数学的推理をした証拠が見られない。数学的手続きにおいて，あまりに多くの間違いをしているため，問題は解決されていない。

（引用者注）数学的問題解決の能力を，「場面理解」（問題場面を数学的に再構成できるかどうか），「方略，推理，手続き」（巧みに筋道立てて問題解決できるかどうか），「コミュニケーション」（数学的表現を用いてわかりやすく解法を説明できるかどうか）の三要素として取り出し，単元を超えて使っていく。この表は，三要素のうち「方略，推理，手続き」の部分のみを抜粋。

（出所）*Exemplars: We set the Standards !*　https://www.exemplars.com/assets/files/Classic3LevelRubric.pdf（2019年８月30日閲覧）。

示す３～５段階程度の数値的な尺度と，それぞれの尺度に見られる認識や行為の質的特徴を示した記述語から成る評価基準表のことをいいます。このくらいの出来ではまだまだ入門レベル，こういうふうにできたら黒帯レベルといった，昇級や昇段をイメージするといいでしょう。表７－２は，「交流プログラムで出会う海外の小学生に自分が伝えたいと考える日本の文化（食べ物，行事，遊び）を発表しよう」（小学校６年生，外国語科）というパフォーマンス課題の発表場面を評価するための，**課題に特化したルーブリック**です。その記述語からは，時折つかえながらもなんとか最後まで話し切った子，さらには，流れるように話す子など，自らが出会ってきた子どもたちとオーバーラップして，子どもたちの具体的な姿がぼんやりと目に浮かんでくるのではないでしょうか。この表に，各レベルの特徴を示す典型的な作品事例（**アンカー作品**）が付いてくると，それぞれのレベルのイメージはより明確になります。「文の流れを保って」や「状況に応じて目線を振る」といった言葉は，言葉だけ見ていても評価者間で意見はすれ違うかもしれませんが，実際の事例を見るとその言葉で言わんとしていることが一目瞭然ということはしばしばあります。評価者間の合意を形成する上で，事例をもとに考えていくようにするとよいでしょう。

それぞれの課題に特化したものだけでなく，表7－3のように，類似の課題であればカスタマイズして使えるような**一般的なルーブリック**を作成することもできます。たとえば，現実場面で知識・技能を使って問題を解決する数学のＢ問題（第２章 p. 30 参照）的な課題，複数の資料をもとに根拠を明らかにしながら，歴史上の出来事の意味を考察したり，現代の論争的な課題についての意見をまとめたりするような社会科のレポート課題，英語でのプレゼンテーション，国語の作文，理科の実験ノート，美術の水彩画，家庭科の調理実習など，テーマを変えながら繰り返し経験する課題や活動を評価する際に，一般的ルーブリックは有効です。そうして繰り返し同じ一般的ルーブリックを用いて評価し，また，その物差しを子どもたちと共有することを促すことで，子どもたちは，一般的なルーブリックに示された考え方や学び方のポイントやコツをクラスメートや自らの具体的な学びの姿で理解し，自らの学びの舵取りができるようになっていくのです。

ルーブリックは，パフォーマンス全体を一まとまりのものとして採点する「**全体的ルーブリック**」としても作成できますし，一つのパフォーマンスを，複数の観点で捉える「**観点別ルーブリック**」としても作成できます。全体的ルーブリックは，学習過程の最後の総括的評価の段階で全体的な判定を下す際に有効で，他方，観点別のルーブリックは，パフォーマンスの質を向上させるポイントを明示するもので，学習過程での**形成的評価**に役立てやすいでしょう。

ルーブリックの作り方

認識や行為の質的な転換点を決定してルーブリックを作成する作業は，３，４名程度の採点者が集まり，一般的には下記のように進められます。①試行としての課題を実行し，できる限り多くの学習者の作品を集める。②観点や何段階評価かを採点者間で確認しておく。③各人が作品を読み採点する。④次の採点者にわからぬよう付箋に点数を記して作品の裏に貼り付ける。⑤全部の作品を検討し終わった後で，作品裏の付箋を確認し，全員が同じ点数をつけたものを選び出す。⑥採点者の採点理由を共有しながらその作品を吟味し，それぞれの点数に見られる特徴を記述する。⑦点数にばらつきが生じたものについて，採点者間の採点理由を確認しながら，観点やその重みづけ等のズレなどについて議論し，合意を形成する。こうして，子どもの作品を意識的に集め，評価的関心で**事例検討**をしてみることは，それぞれの教師の持っている，その教科や単元で大事にしたいもの（教科観やこだわりや価値）を浮き彫りにし，教師の**子どもを見る目**を鍛え，**教材理解**を深める機会となるでしょう。

観点別で採点するか，何点満点で採点するかなどは状況に合わせて考えていけばよいでしょう。もちろん，表７-２や表７-３のようなルーブリックのひな型や，他者が作成したルーブリックを使ったり，それまでの実践経験に基づく学習者の反応の予想をもとに教師一人でルーブリックを作成したりすることもできます。しかし，そうした方法で作成されたルーブリックについては，その仮説としての性格を自覚し，実際の学習者の作品をもとに再検討されねばなりません。その際，クラス間，学校間で類似の課題を用い，それぞれの実践から生まれてきたルーブリックと学習者の作品を持ち寄って互いに検討する作業（「**モデレーション**（moderation）」）は，ルーブリックの信頼性（**比較可能性**）を高める上で有効です。

４．パフォーマンス評価が提起する教育評価の新しいパラダイム

PDCA サイクルの強調など，成果主義や競争主義が強まっている現在，評価は，テストで測れる見えやすい成果に向けて，子どもたちの学習を点検する機械的な営みとして捉えられがちです。これに対して，パフォーマンス評価は，新しい評価の方法を提起するだけでなく，より人間的で創造的な営みとして評価を捉えなおす新しいパラダイムをも提起するものです。そうした教育評価の新しいパラダイムは，「**真正の評価**（authentic assessment）」「**スタンダード準拠評価**（standards-referenced assessment）」「**学習としての評価**（assessment as learning）」という三つのキーワードでとらえることができます。

（１）評価の文脈の真正性と学力の質の追求

パフォーマンス評価においては，課題の文脈や思考過程の**真正性**が重視されます（「**真正の評価**」の考え方）。すなわち，本書で繰り返しその重要性を指摘してきた（第２章 p. 39 など）「**真正の学習**」

が自ずと生じるよう，「問題のための問題」（不自然すぎて思考する必然性を欠いた問題）や「学校の中でしか通用しない学び」に陥りがちな，学校での学習や評価の文脈を問い直すわけです。真正の学習の多くは，正解が一つに定まらなかったり，定形化された解法がなかったりします。よって学習者は，問題解決にどの知識が有効か考え，必要な情報を収集し，他者とも協働しながら，型にとらわれずに問題場面とじっくりと対話することが求められます。またそこでは，時には教科書をも資料の一つとして思考の材料にしながら，持てる知識・技能を総合し，筋道立てて思考せねばなりません。問題解決には多様な道筋が考えられるし，その状況での最適解を判断することが求められます。パフォーマンス課題は，真正の課題であることを追求することによって，現代社会において重要度を増す**「使える」レベルの思考**を試すものとなります。

先述のように（p. 247），真正の課題は，**評価課題**であると同時に**学習課題**でもあるという二重性を帯びることになります。学習課題としての性格を強調すると，作品制作過程での教師の指導，子どもたち同士の共同を重視することになります。しかしそうすると，課題に対するパフォーマンスは，個人に力がついたことの証明とはなりにくいという問題が生じます。この点に関しては，たとえば，大学の卒業論文の評価において，口頭試問が行われるように，「作品の共同制作＋個々人による作品解説」，「共同での作品発表＋（作品発表へのフィードバックをふまえた）個々人による改訂版の作成」といった具合に，共同作業と個人作業の両面を保障することで，評価課題と学習課題のバランスをとることができるでしょう。

（２）人間の目で判断すべき知的・社会的能力の育ちを長期的に評価する

めざす学力の質に応じて点検と判断を使いわける

パフォーマンス課題の遂行を支える知的・社会的能力の育成は，単元・領域横断的に長期的な視野で考えねばなりません。「知識・技能」については，授業や単元ごとの指導内容に即した「**習得目標**」について，理解を伴って習得しているかどうか（到達・未到達）を評価（点検）する（**項目点検評価**としての**ドメイン準拠評価**）。一方，「思考・判断・表現」については，その長期的でスパイラルな育ちの水準を段階的な記述（「**熟達目標**」）の形で明確化し，重要単元ごとに類似のパフォーマンス課題を課すなどして，学期や学年の節目で，知的・社会的能力の洗練度を評価（判断）する（**水準判断評価**としての**スタンダード準拠評価**）という具合です。

たとえば，単元で学んだ内容を振り返り総合的にまとめ直す「歴史新聞」を重点単元ごとに書かせることで，概念を構造化・体系化する思考の長期的な変化を評価する。あるいは，学期に数回程度，現実世界から数学的にモデル化する思考を伴う問題解決に取り組ませ，思考の発達を明確化した一般的ルーブリックを一貫して用いて評価することで，数学的モデル化や推論の力の発達を評価するわけです。

力試し的に「この問題」が解けたかどうか（思考の結果）を見るのではなく，「この手の問題」が解けるためにさらに指導が必要なこととは何なのか，どんな力を付けないといけないのかといった具合に，思考のプロセスに着目しながら子どもたちの思考の表現を解釈していくことが必要です。

ドメイン準拠評価とスタンダード準拠評価という目標準拠評価の二つの形を念頭に置くと，「ルーブリック評価」という言葉に代表されるような，ルーブリックという表がまずありきで，その物差しを子どもに当てはめて評価するという形でのパフォーマンス評価の捉え方は本末転倒で，**人間の解釈・判断**がベースにあるということが再確認できるでしょう。あるパフォーマンスを見た時に，そこに何を見てどのような点からそのようにレベルを判断したのか，専門家としての見えや判断を，他の人たちに見えるようにしていくために基準表を作成する，これが逆になってはなりません。ルーブリックという図表化されたものはあくまでも説明の道具であって，評価自体は教師の判断をベースになされるのです。

ゆえに，水準判断評価としてのパフォーマンス評価の妥当性や信頼性を高めるということは，ルーブリック（表）を作成して終わりというのではなく，そうした基準表づくりや，その共有化の過程で，評価者の見る目を鍛え評価力を高めていくこと（**鑑識眼の練磨**）につながらねばなりません。パフォーマンス評価は，量的で客観的な評価というより，質的で間主観性を原理とする評価（人間の目による人間にしかできない評価）といえます。

また，学力・学習の質の階層性もふまえて考えると，どんな学習でもすべてルーブリックで評価する必要はないということも見えてきます。「原稿用紙を正しく使える」といった，ルールが守れているかどうかを，できたか・できないか（チェックリスト）で点検できるような要素的な技能でも，ルーブリックの形で段階的な評価基準を作成するようなことになると，評価の煩雑化に陥ります。「論争的な課題について自分の主張をまとめた論説文が書ける」（ゲーム：思考を伴う実践）（第２章 p. 39 参照）のように，できたか・できないかで点検できない，議論の組み立ての論理性や論述の巧みさの程度などを，人間の目で判断するしかないときにこそ，ルーブリックを用いるわけです。ルーブリックは，「わかる」レベルの学習についても使うことはできますが，一番適しているのは，「使える」レベルの思考を伴う実践の評価においてなのです。ルーブリックを使うというのであれば，それを使うに値するような目標や内容や学習を目指しているかどうかを問うてみる必要があります。

「ルーブリック一歩手前」で評価規準を共有する工夫

以上のように，専門家の判断をベースに評価し，評価される側の子どもたちも含めた，評価者以外の人たちも，規準を共有し，結果に納得できるようにすることが目的ですから，必ずしも，ルーブリックという形にこだわる必要もありません。たとえば，河野哲也氏作成のレポート評価のための相互評価票（表７-４）は示唆的です。表７-４の相互評価票を見ると，形式面は基本的にはチェックリスト的に○×で評価されます。これに対して，内容面については論旨の一貫性などの程度（グラデーション）が３～４段階で評価されます。記述語は記されておらず，一見チェックリストのように見えますが，ルーブリックの本質的特徴を備えているといえます。ルーブリックといえば記述語のイメージが強いですが，記述語はあくまでも段階を区分する質の違いを肉付けするために示されるのであって，最低限の骨組みとして重要なのは，質を捉える観点（例：論理，立論，論旨，結論，発想），質のグラデーションとその質的転換点を描く軸（卓越さの方向性を示す形容詞や副詞の部分）（例：論理については飛躍の程度，論旨については一貫性の程度，発想については独創性の

表７－４　相互評価票

レポート評価票　　　　評価者　クラス＿＿＿番号＿＿＿氏名＿＿＿＿＿＿
レポート筆者名（＿＿＿＿＿＿＿）　　総合判断　優　良　可　不可
①執筆の倫理　問題ありなら不可
・執筆の倫理が守られているか。　問題ない　問題あり（理由＿＿＿＿＿＿）
②形式面　40％
・序論・本論・結論が正しく構成されているか。
　正しく出来ている　あまり出来ていない　出来ていない
・引用の仕方が正しいか。　正しい　あまり適切でない　不適切
・参考文献表・注が正しく付けられているか。
　正しい　あまり適切でない　不適切
・字数その他の約束が守られているか
　守られている　守られていない（理由＿＿＿＿＿＿＿＿＿）
③内容面　40％
・論理的か。論理に飛躍や穴がないか。
　大変良い　概ね良い　不適切な箇所がある　不適切な箇所が多い
・立論は妥当か（意味規定は正しいか，根拠は妥当か，必要な証拠が挙げられているか）。
　優　良　可　不可（不可の理由＿＿＿＿＿＿＿＿＿）
・全体の論旨に一貫性があるか。
　首尾一貫している　概ね良い　あまり一貫していない　まったくまとまりがない
・結論は明示されているか。
　明確だ　あまり明確でない　何が言いたいのか分からない
・発想は独創的か。
　他で見られない発想がある　自分の考えで書けている　どこかで見たような内容だ
④表現面　20％
・文章は読みやすいか。　優　良　可　不可
・誤字・脱字・誤植はないか。　問題ない　眼について気になる
・手書きの場合，丁寧に書かれているか。
　丁寧だ　普通　字が汚くて読む気がしない　読めない

（出所）河野哲也氏作成。

程度）です。骨組みさえしっかりしていれば，それに記述語や具体例で肉付けすればルーブリック的な表は完成させられますし，記述語以上に，それぞれの段階に対応する**典型事例**で質的な違いのイ

メージを肉付けしていくことの方が重要でしょう。子どもの学びの質の違いを判断していく専門家の「事例研究する」過程を追体験できるような，いわば「**ルーブリック（評価基準表）一歩手前**」で，さまざまな評価規準の共有の工夫がなされるとよいでしょう。

（３）評価を子どもや学校のエンパワメントと新たな学びの創発につなげる

子ども自身が生かせる評価

表７‐５に示したように，近年の形成的評価の研究では，教師が評価を指導改善に生かす（「**学習のための評価**」）のみならず，学習者自身が評価を学習改善に生かしたり，自らの学習や探究のプロセスの「舵取り」をしたりすることの意義が強調されています（「**学習としての評価**」）。

深い学びを実現すべく，課題や活動を設計したとしても，実際に子どもたちが学習の深さを厳しく追求しようとするとは限りません。学びの深さは，子ども自身が学習をどう捉え，どのように学習過程をメタ認知的に自己調整しているかによって規定されます。そして，そうした子どもの学習観や自己学習・評価の在り方は，彼らの教室での評価のされ方によって形作られます。評価課題の文脈が実生活に即したものになっていることは，そのこと自体が測ろうとしている学力観を暗示しており，子どもたちの日々の学習を方向づけることになります。創造的な授業が育む本物の学力を把握するためだけでなく，そうした本物の学力を真に形成するためにも，授業改革は，評価の問い直しにまで至らなければなりません。

子ども自身が自らのパフォーマンスの善し悪しを判断していける

表７－５　教育における評価活動の３つの目的

アプローチ	目的	準拠点	主な評価者	評価規準の位置づけ
学習の評価（assessment of learning）	成績認定，卒業，進学などに関する判定（評定）	他の学習者や，学校・教師が設定した目標	教師	採点基準（妥当性，信頼性，実行可能性を担保すべく，限定的かつシンプルに考える。）
学習のための評価（assessment for learning）	教師の教育活動に関する意思決定のための情報収集，それに基づく指導改善	学校・教師が設定した目標	教師	実践指針（同僚との間で指導の長期的な見通しを共有できるよう，客観的な評価には必ずしもこだわらず，指導上の有効性や同僚との共有可能性を重視する。）
学習としての評価（assessment as learning）	学習者による自己の学習のモニターおよび，自己修正・自己調整（メタ認知）	学習者個々人が設定した目標や，学校・教師が設定した目標	学習者	自己評価のものさし（学習活動に内在する「善さ」（卓越性の判断規準）の中身を，教師と学習者が共有し，双方の「鑑識眼」（見る目）を鍛える。）

（注）振り返りを促す前に，子どもが自分の学習の舵取りができる力を育てる上で何をあらかじめ共有すべきかを考える。
（出所）石井（2015a）p. 66.

ようにするには，授業後の振り返りや感想カード等により学習の意味を事後的に確認，納得するのでは不十分です。学習の過程において，目的・目標・評価規準，および，それに照らした評価情報を，教師と学習者の間で共有すること，それにより目標と自分の学習状況とのギャップを自覚し，それを埋めるための改善の手立てを学習者自らが考えるのを促すことが必要です。作品の相互評価の場面で，また日々の教室での学び合いや集団討論の場面で，よい作品や解法の具体的事例に則して，パフォーマンスの質について議論する（憧れのパフォーマンスの像を豊かにし，学習者の評価力・鑑識眼を肥やす機会を持つ)。そして，どんな観点を意識しながら，どんな方向をめざして学習するのかといった各教科の**卓越性の規準**を，教師と学習者の間で，あるいは学習者間で，教師が想定した規準自体の問い直しも視野に入れて，対話的に共有・共創していくわけです。

テスト以外の「見せ場」をつくる

試合，コンペ，発表会など，現実世界の真正の活動には，その分野の実力を試すテスト以外の舞台（「**見せ場**（exhibition）」）が準備されています。そして，本番の試合や舞台の方が，それに向けた練習よりも豊かでダイナミックです。しかし，学校での学習は，豊かな授業（練習）と貧弱な評価（見せ場）という状況になっています。それもあって，「思考・判断・表現」等の「見えにくい学力」の評価は授業中のプロセスの評価（観察）で主に担われることになりがちで，授業において教師が常に評価のためのデータ取りや学習状況の点検に追われる問題状況も生み出しています。他方，単元末や学期末の総括的評価は，依然として知識・技能の習得状況を測るペーパーテストが中心で，そうした既存の方法を問い直し，「見えにくい学力」を新たに可視化する評価方法（舞台）の工夫は十分には行われているとはいえません。

パフォーマンス評価のポイントの一つは，こうしたテスト以外の豊かで挑戦的な「見せ場」を教室に創り出すことにあります。教師やクラスメート以外の聴衆（他学年の子ども，保護者，地域住民，専門家など）の前で学習の成果を披露し，学校外のプロの規準でフィードバックを得る機会が設定されることで，学習者の責任感と本気の追究が引き出されるとともに，そこでプロの規準（その分野の活動のよさの規準）を学ぶことで，教師から価値づけられなくても，学習者が自分自身で自律的に学習を進めていくことや，教師の想定や目標の枠を超えた**「学び超え」**も可能になるでしょう。

新たな学びやつながりを生み出す評価を

子どもに関する情報の収集とその価値づけに関わる「評価」という営みは，教育における権力の源泉であり，学校組織における知識マネジメントの要でもあります。それゆえ，「評価」は，管理や効率性追求の道具として機能させれば，教師や子どもの自律性や共同性を阻害する要因となります。一方で，そこにメスを入れることで，「評価」は，教師や子どもの**エンパワメント**を促すことにもつながりうるし，学校教育への信頼や，子どもの学習の事実を中心に据えた大人たちの対話と共同的関係とつながり（「**社会関係資本**（social capital)」）を生み出す力にもなります。そして，そうした，子ども，教師，保護者による，時には地域住民も含めた参加と共同を通して教育の質を追求していくような評価であってこそ，成果志向の改革は，テストで測れる見えやすい学力の量的向上と一過性の学校改変（結果主義）ではなく，見えにくい育ちも含めた学力の質の追求と**持続的な学校改善**（**実質主義**）につながりうるのです。

「評価」というと，個人の能力の形成を合理的・直接的に実現するものととらえられがちですが，それは人と人との間に新たなつながりや共同を生み出すことで間接的に個を育てるという側面も持ちます。探究的な学びの成果や過程をポスター発表したりドキュメント風に動画でまとめて公開したり，子どもの作文を学級のエピソードも交えて学級通信にまとめたり，宛名（オーディエンス）を伴った「見せ場」として評価をデザインすることは，子どもの学びを中心にしたつながりや共同体を形成していくことにつながりうるのです。評価の結果をただ記録や成果物として可視化し報告するだけでなく，**作品づくり**として，意味ある表現活動としてもデザインすることで，子どもの学びをめぐって対話が起こり，人々の思考やコミュニケーションが触発され，そこから新しい価値が創発され人々がつながっていく。**学びの共有**がさらなる学びやつながりを生み出すわけです（閉じた反省的なプロセスから開かれた創発的なプロセスとしての形成的評価へ）。

一般に評価については，妥当性と信頼性といった概念で，測りたいものを正確に測れているか（把握の仕方）が問題とされますが，評価それ自体が新たな学びの機会やつながりや価値を生み出す未来志向的で価値創造的な営みとなる上では，表面的によく見せたり演じたりすることに陥らないように注意しながら，あくまでも**触発性**や**創発性**を持つという観点から，評価対象である学びの切り取り方や共有の仕方（見せ方）も考慮するとよいでしょう。

〈注〉

(1)　教師の専門性の発達において，教科内容に関する専門知識にも，子どもの学習や発達に関する専門知識にも解消されない，両者を統合し，子どもがどう学ぶかという視点から教科内容の意味や価値を捉え直した知識（「教えることを想定した教科内容に関する知識（pedagogical content knowledge：PCK）」）が重要だと言われている（八田，2011など）。

(2)　一般に「カリキュラム」という言葉は，教育計画のみならず，その実施と評価のプロセスまで含むものとして，「隠れたカリキュラム」（学びの履歴全体）も含むものとして用いられる。他方，「教育課程」という言葉は，教育計画（学習指導要領，時間割，年間指導計画等）を問題にする場面で主に用いられる。

(3) ポートフォリオとは，「紙ばさみ」や「書類を運ぶためのケース」，特にファイルにきれいに綴じられる前段階の書類をひとまとめにして，運びながら出し入れできるケースという意味を持っている。教育活動の文脈では，学びの履歴の質的エビデンス（学習者が学習過程で残した作文，レポート，作品，テスト，および，活動の様子を残した動画や写真など）を，系統的に蓄積していくものである。ポートフォリオ評価法とは，ポートフォリオづくり（目的や状況や提示する相手に応じて，残す内容を選んだり差し替えたりする編集作業）を通して，学習者の自己評価を促すとともに，教師も学習者の学習活動と自らの教育活動を評価するアプローチである。

〈引用・参考文献〉

赤沢真世・福嶋祐貴 2019「外国語活動・外国語科」西岡加名恵・石井英真編著『教科の「深い学び」を実現するパフォーマンス評価』日本標準。

東洋 2001『子どもの能力と教育評価（第二版）』東京大学出版会。

石井英真 2012「学力向上」篠原清昭編著『学校改善マネジメント』ミネルヴァ書房。

石井英真 2015a『今求められる学力と学びとは―コンピテンシー・ベースのカリキュラムの光と影―』日本標準。

石井英真 2015b『増補版・現代アメリカにおける学力形成論の展開―スタンダードに基づくカリキュラムの設計―』東信堂。

ウィギンズ，G.・マクタイ，J.（西岡加名恵訳）2012『理解をもたらすカリキュラム設計―「逆向き設計」の理論と方法―』日本標準。

鹿毛雅治 2007『子どもの姿に学ぶ教師』教育出版。

梶田叡一 2010『教育評価（第２版補訂２版）』有斐閣。

ギップス，C.（鈴木秀幸訳）2001『新しい評価を求めて―テスト教育の終焉―』論創社。

鈴木秀幸 2013『スタンダード準拠評価―「思考力・判断力」の発達に基づく評価基準―』図書文化。

田中耕治 2008『教育評価』岩波書店。

田中耕治・西岡加名恵・石井英真編 2015『新しい教育評価入門』有斐閣。

中央教育審議会初等中等教育分科会教育課程部会 2019「児童生徒の学習評価の在り方について（報告）」。

西岡加名恵 2016『教科と総合学習のカリキュラム設計―パフォーマンス評価をどう活かすか―』図書文化。

西岡加名恵・石井英真編 2019『教科の「深い学び」を実現するパフォーマンス評価』日本標準。

根津朋実 2006『カリキュラム評価の方法―ゴール・フリー評価論の応用―』多賀出版。

八田幸恵 2011「カリキュラム研究と教師教育―アメリカにおける PCK 研究の展開―」岩田康之・三石初雄編『現代の教育改革と教師』東京学芸大学出版会。

ブルーム，B. S.・ヘスティングス，J. T・マドゥス，G. F.（梶田叡一・渋谷憲一・藤田恵璽訳）1973『教育評価法ハンドブック―教科学習の形成的評価と総括的評価―』第一法規出版。

Anderson, L. W. and Krathwohl, D. R. eds., 2001, *A Taxonomy for Learning, Teaching, and Assessing: A Revision of Bloom's Taxonomy of Educational Objectives*, New York: Longman.

Marzano, R. J., 1992, *A Differrent Kind of Classroom: Teaching with Dimensions of Learning*, ASCD.

第Ⅲ部

5つのツボを生かして授業づくりを深める

第８章　「教科する」授業を創る手立て

Opening Question

次に示す三つの授業事例を「教科する」授業として再構成するならどのようになるか考えてみて下さい。

【事例①】

電池の仕組みを身近な素材で具体的に理解するために，単元の始めの方で，果物で電池を作る活動に取り組む。

【事例②】

小学校の社会科授業。自分たちの住む○○県内のご当地キャラクターを記した地図，土地利用図，地形図という三つの資料をまず個人で読み取り気づいたことをまとめ，それをグループで，さらにはクラス全体で交流していき，「農水産物は，地域の地形に合ったものが作られていて，その地域でよくとれる有名な農水産物が，ご当地キャラクターの名前や身体の一部分に使われている」といった一般的な結論へと練り上げていく。

【事例③】

電卓を用いて平方根 $\sqrt{10}$ の近似値を探す中学校の数学の授業。桁数の制約ゆえに電卓上では二乗してぴったり10になる地点があることを生かして，誰が一番最初にその近似値を求められるかを生徒たちは競い合っていた。そして，電卓の桁数を増やすとさらに数が続くことに気づかせ，それを巻物で提示することで，平方根は循環小数でない無理数であることを，生徒たちは実感を伴って学んでいた。

本章では，ここまでで説明してきた授業づくりの5つのツボを意識して，授業をデザインしていく思考のプロセスをおさらいするとともに，「わかる」授業を創っていく上で，それを構想する力をじわじわとつけていけるようにする上で，日々の実践において意識しておくポイントを示します。さらには，「使える」レベルの学力と，より有意義で高次で深い学びに向けて，「教科する」授業を創造していく上でのポイントについて説明します。

本章のポイント

・日々の「わかる」授業を創る上で，「目標と評価の一体化」と「ドラマとしての授業」の二つの発想を大事にするとよい。
・本当に教えたいものは教えない（子どもたち自身につかませる）。
・計画は計画すること自体に意味があるのであって，事前に子どもの言葉を予想し「まとめ」を明確化しても，教師の想定を超える「まとめ」が生まれることをめざす。
・事前にプランを練る際には，一貫して学習者の視点から計画を眺める姿勢が肝要であり，目標は評価と，指導言は子どもの反応（思考と行動）と，板書はノートと一体のものである。
・「教科する」授業を創る際には，①尻すぼみの単元展開から末広がりの単元展開へ，②知識発見学習から知識構築学習へ，③教科の本質的なプロセスを経験させているかどうかという視点から授業で経験されている“do”（動詞）の質を吟味するのを大事にするとよい。
・わかっているつもりは，現実世界の複雑さから，できているつもりは，その文化や領域の追究の厚みからゆさぶられる。

1．「授業づくりの5つのツボ」を意識して学びの質を追求する

（1）授業をデザインするときの思考の道筋とは

第5章（p. 139）で取り上げた「昆虫」概念の授業づくりを例としながら，「**授業づくりの5つのツボ**」を用いて授業をデザインする思考の流れをおさらいしておきましょう。小学生に「昆虫」という概念を教えるのにどの虫を素材として取り上げるかと尋ねると，多くの人は，カブトムシ，チョウ，トンボ，アリ，セミ，バッタ，ダンゴムシ，クモなどを選択肢として挙げるでしょう。この中でどれが適切かを選ぶ際，ある人は，人気のあるカブトムシを使えば，子どもたちが動機づけられると考えるかもしれません。しかし，ここで考えるべきは，**"Goal"**，つまり「昆虫」概念を指導するときに外してはいけない本質的な内容です。「昆虫」概念の授業では，昆虫に共通する特徴（昆虫の体は頭，胸，腹で構成され，触角が2本あり，胸から6本の足が生えている。変態により成長する。）を指導することが重要です。昆虫の体の構成だけが重要なら，アリを選んでもよいですが，アリは小さくてすばしっこくて観察しにくいし，「変態」についても教えたいので，チョウがもっとも適切と判断されます。しかも，チョウについては，飼育することも容易なので，チョウを飼育する活動を通して，子どもたちのチョウへの愛着や興味も育むことができるでしょう。こうして "Goal" の達成を意識しながら，子どもたちの興味をそそり，かつそれを通して教えたい内容の理解が深まるような **"Task"** を考えるわけです。

さらに，**"Structure"** を考えることで，授業をドラマとしてデザ

インし，概念について印象深く学び理解を深めることができます。最初に「昆虫」の特徴を典型的に示すチョウを用いて「昆虫」概念を指導します。その後に，「じゃあクモは昆虫かな？」と問いかけることで，日常生活では虫とされているが生物学的には「昆虫」ではないものの存在に子どもたちは気づき，彼らの「昆虫」概念の理解はより確かなものとなります。その上で，「昆虫」概念が理解できたと思っている子どもたちに対して，「昆虫」ではあるがその特徴が見えにくい素材として，カブトムシを取り上げ，「では，カブトムシは昆虫だろうか？」と問います。すると，子どもたちの中に，「えっ，どうなんだろう？」という問いが生じ，子どもたちの理解がゆさぶられます。その瞬間，多くの子どもたちは，すでに思考をはじめているでしょうし，指示されなくても，自然と隣のクラスメートと話しはじめていることでしょう。こうなれば授業者としてしめたものです。

カブトムシが昆虫だと思う者とそうでない者とで議論するなどして，「実際どうなのか確かめたい」という子どもたちの追求心を高めた上で，カブトムシを実際に観察してもよいでしょう。カブトムシが昆虫かどうかを議論することは，子どもたちの「昆虫」概念の理解や科学的推論の能力を試すことができるよい機会なので，クラス全体で話し合いをするよりも，ペアやグループの学習形態を用いて，子どもたち全員に思考しコミュニケーションする機会を与えることが有効かもしれません。そうして，カブトムシも確かに昆虫の特徴を備えていることを確かめることで，「昆虫」概念は，印象深い情動的な経験を伴って，子どもたちにすっきりと理解されるのです。

さらに，“Task” や “Structure” がよくデザインされていても，**“Art & Technology”** が巧みでなければ，期待したような授業のドラマ的な展開や理解の深まりはもたらされません。チョウ，クモ，カブトムシと教材を並べて，子どもたちに認知的葛藤を起こさせるような授業の展開の構造をデザインしたとしても，問いの前に間もタメもなくさらっと授業を進めてしまっては，子どもたちの意欲も思考もかき立てられません。また，チョウやカブトムシを観察する際の子どもたちへの教師の指示やルールの指導があいまいだったり，教師が観察器具や実物を提示する機器を巧みに使いこなせなかったりすると，授業が混乱するおそれがあります。実践過程での教師の指導技術や非言語的コミュニケーションの力や臨機応変の対応力が，授業での実際の経験の質に大きく影響するのです。

以上のように，「昆虫」概念を情動を伴って深く理解する授業が展開されても，多くの場合，**“Assessment”** については，アリの絵を見せて，「頭」「胸」「腹」「触角」といった部位の名称を答えさせる，断片的な知識を問う客観テストが用いられがちです。しかし，そうした「豊かな授業」と「貧しい評価」というズレの結果，子どもたちは，評価される断片的な知識を記憶しておけばよいという学習方略を採用するようになります。頭の中でのイメージの形成や知識間のネットワークの構築を大事にする授業を実施しているのであれば，評価もそれを可視化できるよう工夫される必要があります。たとえば，「昆虫」概念の理解を問うのであれば，頭・胸・腹だけを書いたアリの絵を子どもたちに提示して，足はどこから生えているかを絵で描かせるとよいでしょう。また，複数の生物を提示して，昆虫と昆虫でないものとを分類させてみてもよいし，そこで分類の理由を聞いてみてもよいでしょう。豊かで深い学習を実現していくためには，**目標と指導と評価の一貫性**（alignment）を保障することが必要なのです。

（2）学力・学習の質的レベルに応じて授業像はどう変わるか

第1章（p. 19）でも述べたように，授業者が考える理想の授業像に応じて，授業づくりのフレームに示した5つのツボで何が妥当な判断となるのかは変わります。たとえば，表8-1のように，黒板を背にして教科書の内容（正答）を一方的に淡々と説明し，個別の知識・技能の項目を網羅していって，客観テストのみで評価するような授業は，「知っている・できる」レベルのみを目標とするのであれば，よしとされるかもしれません。しかし，「わかる」を伴わないと，「知っている・できる」という目標すら実際には達せられないし，学ぶ側から見れば単調で退屈で平板な授業となるでしょう。逆に，目標が明確でなく，盛り上がる活動だけがあるような授業，テクノロジーなどが華々しく使われているが，結局何を学んだのかがわからない授業も，よい授業とはみなされないでしょう。

「知っている・できる」を含んで，教科内容の豊かな習得を保障する**「わかる」授業**を成立させるには，授業づくりのフレームの5つのツボにおいて，表8-2のようなポイントを意識するとよいでしょう。すなわち，①個別の知識・技能から，それらを概括するような本質的な概念や方略に目標の焦点を移し，メインターゲットを絞って明確化する。②教科内容と教材の区別を意識しながら，「教科書を教える」授業から「教科書で教える」授業に転換する。③淡々とこなす「平板な授業」ではなく，ストーリー性のある「展開

表８－１ こんな授業になっていませんか？

①目的・目標 (Goal)	・個別の知識・技能中心（知っている・できるレベル） ・目標を学習者の姿で明確化できておらず，別の学習場面で生かせないまとめになっている ・メインターゲットが絞れておらず，項目を網羅することになっている
②教材・学習課題 (Task)	・教科書を教える授業 ・教科書の記述をそのまま説明する ・盛り上がっても何を学んだかわからない
③学習の流れと場の構造 (Structure)	・ヤマ場のない平板な授業，「時間がかかる」という感覚 ・復習中心でやる気を削ぐ授業，スタートダッシュで息切れする授業 ・常に黒板を中心とする一方的で一様な学習形態 ・教師の考える正答をさぐる関係性と正答主義の文化
④技とテクノロジー (Art & Technology)	・わかりにくく不明瞭な説明や指示，クイズ的な問い中心，管理的な指示中心 ・学習者に言葉を届ける意識がない，学習者の意見や反応を受け止める間がない ・新しいテクノロジーに使われている
⑤評価 (Assessment)	・客観テスト中心，授業の活動との整合性が問われない ・「学習の評価（assessment of learning）」（評定・成績付のための評価）中心，最後にだけ評価して評価しっぱなしでフィードバックがない

のある授業」をめざす。④黒板を中心にした一斉授業の形態から黒板を必ずしもセンターにしない多様な学習形態を用いた授業へと転換する。発問，説明，指示などの指導言を鍛え，学習者との応答的なコミュニケーションを大切にする。⑤評価についても，意味理解を可視化する工夫を行い，教師の指導改善につなげていくことを意識する，というわけです。

さらに，より学習者主導の参加型の授業を，そして，スキル主義や態度主義に陥ることなく，教科の枠にとらわれず知を総合化していく学びや，問いと答えの間の長い活動での試行錯誤を通じて，知

表8-2　「わかる」授業（豊かに「教科の内容を学ぶ（learn about a subject)」授業）

①目的・目標	・概括的な概念・方略中心（わかるレベル） ・目標を学習者の姿で明確化できていて，別の学習場面でも活かせる一般化されたまとめになっている ・メインターゲットが絞れていて，何を学んだかが教師や学習者もわかる
②教材・学習課題	・教科書で教える授業 ・典型性と具体性のある教材，思考する必然性と学びの足場のある課題 →生活的概念をゆさぶり科学的概念がすっきりわかるネタ
③学習の流れと場の構造	・全体としてのヤマ場があるシンプルでストーリー性のある授業（教師が展開を組織する授業），「時間をかける」という感覚 ・教師に導かれつつ，授業のヤマ場でメインターゲットの内容を活動や討論を通じてともに深め合う授業（最後にすっきり納得する授業） ・個人，ペア，グループ，全体での練り上げなど，多様な学習形態の活用 ・教師とともに真理をさぐる関係性と学びの深さを尊重する文化
④技とテクノロジー	・わかりやすく明確な説明や指示，意図的に思考を促す発問が中心 ・学習者に言葉を届ける意識がある，学習者の意見や反応を受け止める間がある ・ローテクで対応できるところは対応しつつ，教えるためのツールとして新しいテクノロジーを効果的に用いている
⑤評価	・知識のつながりとイメージを可視化する評価方法の工夫がある ・「学習のための評価（assessment for learning)」（教師がつまずきを指導改善に活かす）中心，わかる授業を通して生み出される思考の表現をもとに教師が自らの指導を振り返る

識・スキル・情意の育ちを統合的に実現していく学びを実現することをめざすなら，教科の内容を豊かに深く「わかる」授業の先に，表8-3のような，**「教科する」授業**がめざされる必要があるでしょう。すなわち，①一時間のメインターゲットが，教科の見方・考え方といったよりメタな目標との関係で位置づけられており，一時間単位で完結するのではなく，長期的な指導の見通し（**カリキュラム**

表８－３　教科の本質的プロセスにふれる授業（「教科する（do a subject)」授業）

①目的・目標	・見方・考え方（プロセス）中心（使えるレベル） ・目標を学習者の姿で明確化できていて，単元や領域，時には教科を超えた汎用性のあるまとめになっている ・メインターゲットが絞れていて，より長期的なゴールも意識されている
②教材・学習課題	・教科書を資料にして学ぶ授業（教科書も学びのリソースの一つ） ・思考する必然性と学びの足場のある課題，手持ちの知識・技能を結集しないと解けないリアルで挑戦的な問題状況→教師の教材研究のプロセスをたどり直すのに必要な一次資料や現実場面
③学習の流れと場の構造	・一時間のかなりの部分が学習者に委ねられ，各個人や各グループで静かなドラマが生まれる授業（学びから展開が生まれる授業），時間を忘れて学び込む感覚 ・ともに未知を追究するプロセス自体を楽しみ新たな課題や問いが生まれる授業（もやもやするけど楽しい授業） ・個人やグループなど学習者のより息の長い自律的な活動に委ねる ・教師とともに未知を追究する関係性と教科の本質的価値を追究する文化
④技とテクノロジー	・わかりやすく端的な説明や指示，教師にとっても未知を含む本物の問い ・学習者に言葉を届ける意識がある，学習者の意見や反応を受け止める間があり，学習者とともに未知を追究できる ・ローテクで対応できるところは対応しつつ，学びのツールやリソースの一つとして新しいテクノロジーが効果的に用いられている
⑤評価	・知識･技能を総合するプロセスを可視化するパフォーマンス評価の活用 ・「学習としての評価（assessment as learning)」（学習者自身がつまずきを学習改善に活かす）も含んで展開する，思考過程や最終的な作品をめぐって教師と子どもたち，子ども同士が対話や相互批評を行い，見る目を肥やしていく

構想）を持てていること。②「教科書で教える」授業を超えて，その教科の，さらには複数の教科の教科書を問題解決や探究活動の資料とするような，「**教科書で学ぶ**」授業を展望すること。③一時間の主要な活動の主導権が学習者に委ねられ，必ずしも教師の前や学級全体の場でなくても，各グループなどで静かなドラマが生まれる

授業，そして，授業の終わりも，すっきりと終わるだけでなく，時には新たな問いやさらにわからないことが生まれるような，「**もやもやするけど楽しい授業**」をめざすこと。④発問によって思考を方向付け，練り上げるのみならず，時には教師にとっての未知も含む**本物の問い**を学習者とともに追求する，伴走者的・促進者的な言葉かけを行ったり，**創発的なコミュニケーション**を活性化し促進するよう ICT を活用したりしていくこと。そして，⑤教師がつまずきを生かすのみならず，学習者自身の自己評価能力の育ちを含んで，「学習のための評価」を超えて「**学習としての評価**」をより強調する，というわけです。

先述の「昆虫」概念の授業も，「昆虫」概念がすっきりわかることのみならず，未知を探究する「科学する」プロセスを強調するなら，「カブトムシはどうなんだろう？」という問いを生じさせるまでのプロセスはむしろ学びへの導入と位置づけることができ，「では，テントウムシなどの他の虫は？」「逆にクモやダンゴムシは何なの？」といった具合にさらに問いを広げて，標本や実物や書物を手がかりに探究活動を行い，グループで手分けして調べたものをまとめて，虫の図鑑にまとめる，といった活動をデザインすることもできるでしょう。

2.「わかる」授業へ，そして「教科する」授業へ

（1）「わかる」授業を構想するポイントとは

以上のように授業の質を追求していく上で，日々の授業づくりや単元づくりにおいて頭に置いておくとよいことをまとめておきまし

表８－４ 日々の「わかる」授業を構想するポイント

①毎時間のメインターゲットを一つに絞る。
②「目標と評価の一体化」を意識して，具体的な子どもの姿（授業後に子どもに生じさせたい変化（子どもの行動，言葉，作品など））で目標を明確にイメージする。授業の「まとめ」を子どもの言葉でイメージするのも一案。
③メインターゲットについて，それを子どもたち自身につかませるような思考し表現する機会（子どもたちが協働的に活動したり討論したり思考過程をノートに残したりする場面）を設定する。
④それを授業のヤマ場に置いて一時間の授業のストーリーをシンプルに組み立てる。
⑤思考し表現する活動を本時の形成的評価のポイントとしても意識する。
⑥計画は計画すること自体に意味があるのであり，教師の想定する「まとめ」を越える学習が出てくることをめざす。
※「目標と評価の一体化」と「ドラマとしての授業」とをつなぐ

ょう。日々の授業においては，「目標と評価の一体化」と「ドラマとしての授業」の二つの発想を大事にするとよいでしょう（表８－４）。これらはともに，近年の教員の世代交代の中で忘れられがちな部分であり，アクティブ・ラーニングなどの学習者主体の参加型授業において見落とされがちな部分でもあります。

①② 第３章でも述べたように，**「目標と評価の一体化」**とは，**メインターゲット**を絞り込んだ上で，授業後に子どもに生じさせたい変化（子どもの行動・言葉・作品など）を事前に想像することで，具体的な子どもの姿で目標を明確化することを意味しています。よく指導案で見かけるような「植物の体のつくりと働きについて理解している」といった形で目標を記述しても，それだけでは指導のポイントは明確になりません。そこから一歩進めて，「植物の体のつくりと働きを理解できた子どもの姿（認識の状態）とはどのようなものか」「そこに至るつまずきのポイントはどこか」と問い，それ

に対する自分なりの回答を考えることが必要です。指導案で詳細に記述しなくても，仮にそうした問いを投げかけられたときに，「たとえば，チューリップにタネができるかと尋ねられたなら，花が咲く以上，その生殖器官としての機能からして必ずタネはできると考えるようになってほしい」といったようなことを，授業者は答えられる必要があるでしょう。すなわち「それをどの場面でどう評価するのか」「子どもが何をどの程度できるようになればその授業は成功と言えるのか」と，事前に評価者のように思考するわけです。毎時間の「まとめ」を意識し，それを子どもの言葉で想像してみてもよいでしょう。

③④ こうして，目標と評価をセットで明確化したなら，シンプルでストーリー性を持った授業の展開を組み立てることを意識します（ヤマ場のある**ドラマとしての授業**を創る）。一時間の授業のストーリーを導く課題・発問を明確にするとともに，目標として示した部分について，**思考を表現する機会**（子どもたちの協働的な活動や討論の場面）を設定するわけです。グループ活動や討論は，授業のヤマ場を作るタイミングで取り入れるべきでしょうし，どの学習活動に時間をかけるのかは，メインターゲットが何かによって判断されるのです。何でもかんでもアクティブにするのではなく，メインターゲットに迫るここ一番で学習者に任せるわけです。目標を絞ることは，あれもこれもとゴテゴテしがちな授業をシンプルなものにする意味を持ち，ドラマのごとく**展開のある授業**の土台を形成するのです。

⑤ その上で，学習者に委ね活動が展開される場面を**形成的評価**の場面としても位置づけ，意図した変化が生まれているかを見取る機会・資料（例：机間指導でノートの記述を評価材料にして）と基準

（例：△△ができていればＯＫ，××だとこのように支援する）を明確にしておきます。その際も，限られた時間の机間指導ですべての子どもの学びを把握しようであるとか，ましてや過程を評価しようなどとは思わず，この子がわかっていたら大丈夫といった具合に当たりをつけるなどして，授業全体としてうまく展開しているかを確かめるようにするとよいでしょう。一方で，「思考の場」としてのノートを意識し，目標に即して子どもに思考させたい部分を絞り，そのプロセスをノートに残すなどすることで，授業後に子ども一人ひとりの中で生じていた学びを捉えることもできるでしょう。

⑥ そうしてあらかじめ目標を明確化するからといって，目標にとらわれて目標に追い込む授業にならないよう注意が必要です。教えたいものは子どもたち自身につかませるという意識が大切です。何を教えるかよりも，**何を教えないか**（子どもたち自身につかませるか）を考えるわけです。また，計画は計画すること自体に意味がある（見通しを得るために綿密に計画を立てる）のであって，授業では子どもたちの思考の必然性に沿って臨機応変に授業をリデザインしていくことが重要です。事前に「まとめ」を明確化しても，教師の想定を超える「まとめ」が生まれることをめざすとよいでしょう。

教師はとかく教えようとする思いが強すぎるために，**授業の余白**を埋めようとしがちですし，次々と授業を進めようとするものです。しかし，適切に設計された余白は，子どもたちの自由な思考の余地や熟考の機会や主体的関与の機会を生み出すでしょうし，間延びではない**集中による沈黙**こそが，子どもたちの内面で猛烈な思考が生じている証拠でもあるのです。また，テキストの解釈の交流や活動からの知識の一般化において結論を急ぎがちなところで，テキストや事実にもどすこと，クラス全体での練り上げで一部の子だけで議論が進みがちなところで，個人やグループにもどしてみること，こうした「**もどす**」ことを意識することで，学びは深まりそれがクラスみんなのものになっていくでしょう。

そして，事前にプランを練る際には，一貫して**学習者の視点から計画を眺める**姿勢が肝要です。目標は評価と，指導言は子どもの反応（思考と行動）と，板書はノートと一体のものという視点を意識することで，**授業をリアルに想像する力**が育っていくのです。そして，授業をリアルに想像できるようになることで，綿密に計画することが授業過程で学習者の多様な意見を受け止める応答性を高めることにつながるのです。

（2）「教科する」授業を創っていくポイントとは

「教科する」授業とは，授業づくりのヴィジョンであって，これをすればいいという型を示すものではありません。上記の「わかる」授業を組織する授業づくりの基本を押さえた上で，「目標と評価の一体化」の発想を教科の本質に迫る本物のゴールの追求へと拡張し，「ドラマとしての授業」の発想を単元展開レベルへと拡張する形で，より有意義なものへ，より高次なものへ，より深いものへと，授業での学びの質を追求していくのが「教科する」授業の創造をめざすということです。

ただ，そうした学びの質を追求していく上で実践の入り口となる手立てや仕掛けとして，単元や授業の組み立てにおいて，①**末広がりの単元づくり**と，②**最適解創出型（知識構築型）の授業づくり**をめざすこと，そして，活動主義や形式主義に陥らないために，単元レベルと授業レベルの両面において，思考する必然性と思考のつながりを重視しつつ，③ **"do" の視点**から授業での思考（学習者が内的に経験している動詞）の質を吟味することを挙げることができます。

以下の部分では，この三つのポイントを意識してどう実践を組み立てていけばよいのかを解説します。それとともに，本章冒頭で挙げた事例について，「教科する」授業を意識することで実践がどう再構成されうるのかを示します。ヴィジョンとして「教科する」授業をめざし続けるとは，どういう発想で日々の実践を見つめ直していくことであるのかを示します。

尻すぼみの構造から末広がりの構造へ

〈「もどり」の機会をつくる〉

第５章（p. 147）でも述べたように，これまでの教科学習では，多くの場合，単元や授業の導入部分で生活場面が用いられても，そこからひとたび科学的概念への抽象化（「わたり」）がなされたら，あとは抽象的な教科の世界の中だけで学習が進みがちで，もとの生活場面に「もどる」（知識を生活に埋め戻す）ことはまれです。さらに，単元や授業の終末部分では，問題演習など機械的で無味乾燥な学習が展開されがちです（「尻すぼみの構造」）。

これに対して，よりリアルで複合的な現実世界において科学的概念を総合する，「使える」レベルの課題を単元に盛りこむことは，**「末広がりの構造」**へと単元構成を組み替えることを意味します。単元の最初の方で単元を貫く課題を共有することで，学びの必然性を単元レベルで生み出すこともできるでしょう。そして，「もどり」の機会があることによって，概念として学ばれた科学的知識は，現実を読み解く**眼鏡**（ものの見方・考え方）として学び直されるのです。

たとえば，**【事例①】**は，電池の仕組みが「わかる」（実感を伴って科学の世界に「**わたる**」）ためになされるものづくり活動です。これに対して，速く動くソーラーカーをつくる活動において，電気のはたらき，太陽の動きと日光など，それまでに学んできた知識の複合体を活用するといった具合に，学んださまざまな「科学」的知識を，より複合的な「生活」文脈において総合するものづくり活動（「**もどり**」）を設定し，それを軸に単元をプロジェクト型で展開することで，「使える」レベルの思考を盛り込んだ，有意味で高次な学びを実現することができるでしょう。たとえば，「使える」レベルの「総合」問題に単元末に取り組ませてみたり，あるいは定期テストでそれを意識した記述式問題やレポート課題を課したりしてみることから始めてみてもよいでしょう。

〈発達段階をふまえた工夫〉

なお，こうして「使える」レベルをめざして教科の実践を進めるに当たって，**発達段階**をふまえた具体化の必要性を指摘しておきたいと思います。たとえば，小学校低学年のうちは，「わかる」レベルの学習活動を軸に，生活経験をもとに基本概念を豊かに学ぶ授業が主となるでしょう。小学校中学年になり，抽象的・概念的思考の力が発達してくるに伴って，生活的概念から科学的概念への再構成のプロセス（「わかる」レベルの思考過程）を自覚化したり，知識・技能を総合する「使える」レベルの学習活動を組織したりすることが求められるでしょう。「使える」レベルの総合問題や末広がりの構造という形にこだわる必要はありませんが，「わかる」ことを軸にしながらも，「もどり」の精神を生かして，単元末に教師主導で眼鏡としての意味を実感させたり，小さな研究者や市民のごとく，ホンモノのプロセスのエッセンスを経験させたりすることは低学年でもできるでしょう。

さらに，小学校高学年から中学校になり，問いと答えの間はより長くなります。それに伴い，「わかる」レベル，あるいは「使える」レベルの思考過程自体を意識的に指導していく工夫もより求められるようになります。また，「使える」レベルの思考を活性化する「真正の学習」は，自己の生き方を問い，内面世界を構築していく思春期の生徒たちのニーズに応えるものでもあるでしょう。

知識発見学習から知識構築学習へ

〈真に対象世界との対話を生み出す〉

すでに何度か指摘してきたように，これまでの教科学習でも，知識の習得だけがめざされてきたわけではありません。しかし，従来の教科学習で考える力の育成という場合，基本的な概念を発見的に豊かに学ばせ，そのプロセスで，知識の意味理解につなげる思考も育てるという知識発見学習としての「わかる」授業でした。たとえば，実験や調査といった活動も，正解とされる概念を印象的に豊かに学ぶための手段に止まりがちでした。そこでは，子どもたちの多様な意見も，教師に導かれながら正解に収束していくような学習となりがちでした。

しかし，第２章で述べたように，現代社会においては，「**正解のない問題**」に対して**最適解**を創る力を育てることが課題となっており，そうした力は実際にそれを他者と創る経験（**知識構築学習**）なしには育ちません。正解がどこかにあって，誰かがそれを知っていて，発見されるもの（絶対的真理）として知識を学ぶのではなく，いまここで，自分たちで創りだしていくものとして，知識を学ぶことが求められているのです。ゆえに，知識発見学習を越えて知識構築学習をめざす上では，知識を自分たちで構築するプロセスとしての実験や調査を学習者自身が遂行していく力を育成する視点や，そのプロセス自体の質や本質性を問う視点が重要となります。

第5章（p. 173）で述べたように，これまで授業における「発見」は，往々にして先生が教材研究で解釈した結果を子どもに発見させるということになりがちでした。それは，「先生の想定する考え」を子どもに探らせるということ，つまり，授業における対話関係の主軸が，「正答主義でつながれた子どもと教師」にあったということです。

しかし，本来子どもの中で学び直しが起こる時，深い学習が成立する時，学びにおける対話関係の主軸は，「子どもと対象世界」になるはずです。国語の読解で言えば，子どもがまずテキストを自分で読み，ある解釈を持ちます。そして，集団での練り上げで，他の子どもたちの解釈を聞きます。練り上げの過程で他者から学んだ解釈をふまえて，もう一度，テキストに戻って読み直してみると，最初に読んだのとは違った見え方がするでしょう。しかも，テキストと直に対話することで，ただ他者から学んだ見方をなぞるだけでなく，多かれ少なかれ，その子なりの新しい発見や解釈が生まれるのです。これが，**子どもと対象世界が対話する**ということであり，**学びが深まる**ということなのです。子どもと教師がともに誠実に教材と向き合い没入することが重要です。

〈話し言葉でのコミュニケーションのメリットを最大化する〉

知識発見学習では，考え方や説明の学問的厳密性を重視するあまり，一定の解釈や結論（教師の想定する唯一の正解）に持って行くことにこだわり一般化を急ぐあまり，書いてきっちりとまとめたものを説明し合って，それをもとに教師が練り上げる展開になりがちでした。これに対して，**知識構築学習**では，グループでの子ども同士のコミュニケーションをより大切にしつつ，そこで何か一つの結論を出すことを急がず，いわばカフェのようなインフォーマルな雰囲気の下で，対話と**アイデアの創発**を促すことが重要となります。

こうした創発的コミュニケーションをめざすためには，教室における「**言葉の革命**」が必要です。多くの教室では書き言葉の文化が強すぎ，考えること，書くこと，話すことの三つが分断されがちです。そして，授業の展開は，まず個人で考え，それを書き，書いたことを発表し合う，といった形になります。話し合い活動は発表し合う活動として遂行され，書き言葉的な話し言葉が優勢となりがちなわけです。書き言葉には考えたことを固めたり整理したり残したりできるメリットがありますが，新しいアイデアを生み出す力に弱さがあります。

これに対して，**話し言葉**には即興性や相互に触発し合う側面があり，話し合いを通して新しいものを生み出していきやすいのです。なので，たとえば，考えること・書くこと・話すことを同時にやってしまってもいいわけです。各自考えながら，話し合って，そこで出た意見や思いついたことをそのままメモ的にホワイトボードやタブレットに書き込んでいくわけです。そこでは話し言葉が優勢になっていて，自分たちで話していることをベースに出てきた考えを書き，書いて可視化するからさらに触発されて話し言葉の対話が進みます。そこでは，話し言葉でのコミュニケーションを活性化するために，ラフに書く活動が手段として位置づけられています。グループで共有されるホワイトボードや模造紙などは，まとまった考えを清書する場ではなく，むしろ思考とコミュニケーションの作業場として位置づけられるわけです。そういうコミュニケーションを授業の中にたくさん作りだしていくことがこれから重要になってくるでしょう。

そして，こうした創発的なコミュニケーションとICT，特にタブレットは比較的相性がよく，効果的に活用していくこともできるでしょう。ネット環境が整備されるなら，タブレットは，記録したもの全部を一括で瞬時に集約して意見のつながりなどを可視化できる強みがあります。また，ネットを通じて，リアルタイムで研究者や市民の実際の活動とつながり，ホンモノの知識創造や問題解決の過程に参加しながら学ぶ可能性もあるでしょう。ただ，ICT機器の活用自体が目的ではないことを忘れてはいけません。ICT機器は言葉の革命を触発したりそれを円滑に促進したりするための教具に過ぎないので，アナログでできる部分はアナログでいいわけです。タブレットありきで授業をつくるのはちがいます。

〈対象世界と繰り返し対話する〉

知識構築学習という観点から【事例②】を見直してみましょう。個人で読み取る際には，子どもたちは資料と対話していますが，グループでの交流では，「果樹園は標高が高いところに多い」といった，読み取りの結果（一般化された命題）が交流され，そうした一般化された命題をグループごとにホワイトボードに集約したものが，クラス全体での練り上げ場面で紹介され，子どもたちはホワイトボードに書かれた命題を主に見ながら議論していきます。このように一般化を急ぐコミュニケーションにおいては，資料のどの部分からその命題を導き出したのかを確認することを怠りがちであり，同じ言葉でまとめられていてもそもそも資料で着目している部分が違ったり，実際には違った発見や解釈をしていたりする可能性が見えなくなってしまいがちです。

教科学習の真価は，子どもたちが対象世界とどれだけ深く対話できるかにかかっているわけで，【事例②】であれば，発見を抽象化・一般化すること以上に，資料に即してそれを読み深めることが重要なわけです。そのように考えれば，たとえば，グループで共有すべきは，白紙のホワイトボードではなく，大きく拡大した地形図であり，そこに各人が発見したことを話しながら書き込んでいき，さらに発見したことをメモのように残していく。クラス全体においても，さらに拡大した地形図を黒板に貼って，そこに書き込んでいく。その前提として，個人で思考する際にも，ワークシートに発見した一般的な命題を書き込むより前に，地形図に書き込むように促す。このように，複数の地図を比較・分析し，それらを重ね合わせながら地理的な傾向を見出していくことは，まさに「地理学する」ことの本質的なプロセスでしょう。

これと同様に，国語であれば，読解の対象となるテキストの拡大コピーを，生活科のアサガオの観察の授業であれば，アサガオの花や葉や茎を写した拡大写真を，美術科で絵画の鑑賞であれば，その絵画の拡大写真を，そして，体育科でのサッカーのゲームの振り返りであれば，ゲームのワンシーンを動画撮影したタブレットを，グループの真ん中に置いて，気づいたことを話しながら書き込んでいく。その際，写真などについては，クリアファイルに挟むなどしてマーカーで書いて消せるようにしておくとよいでしょう。そうして，個人，グループ，クラス全体の三つの次元で，教師やクラスメートからのゆさぶりを伴いながら，対象世界との対話を三度繰り返すわけです。

授業で経験されている“do”（動詞）の質を吟味する
〈活動や思考のプロセスの質を問う〉

ここまでで示してきた「教科する」授業を創るポイントについては，単元や授業のシステムのレベルで，少し発想を変えれば，形を変えるだけで明日からでも取り組める部分を多く含んでいます。「使える」レベルの課題を位置づけた末広がりの構造になるよう，教科書教材の中身や配列を工夫したり，そもそも教科書のあり方を変えたりする，あるいは，知識構築型学習を促すよう，学びの対象となる事象や一次資料やテキストや問題をグループの中心に一つ置いて，それをめぐって考えること・話すこと・書くことが一体のコミュニケーションを行う，といった具合です。

しかし，こうした形を作ったからといって，子どもたちが対象世界に没入し深く思考することが生じるとは限りません。第4章（p. 104）で教材づくりの原則としても強調したように，思考する必然性や思考のつながりや深さを生み出すべく，教師が工夫し技量を磨くことを忘れてはなりません。特に，授業における子どもたちの学びの中に，その教科における**本質や「ホンモノ」を見出す目**を，そして，子どもたちの世界観や生き方に響くような**「ゆさぶり」ポイントを見出す目**を磨くことが重要です。

その授業が「**教科の本質**」に迫るものであったかどうかというとき，基本的で本質的な内容の理解につながっているかという具合に，内容面からのみ授業の成否は捉えられがちです。しかし，子どもたちの活動や思考のプロセスそれ自体が，その分野の専門家や大人たちが行う知的活動のエッセンス（本質）を含んでいて，ホンモノさを感じさせるものであるか。こういった観点からも「教科の本質」を理解することが必要です。教科の本質的な内容を「習得させきる」というより，学習のプロセス自体が教科に即して本質的かどうか，つまり，「数学する」「科学する」「市民として思慮深く判断する」といった活動自体に価値を見い出し，そこに授業の成功や学びの手応えを求めるわけです。そうすれば，１時間，１時間の授業の中で，子どもの思考にもう少し余裕を持って寄り添っていけると思いますし，このような授業なら，これまで１時間の授業の中で確実にわからせきろうとしていたプレッシャーから，教師も子どもも自由になれるでしょう。

その上で，授業での活動が子どもたちに内的にどのように経験されているのか，どのような **"do"（動詞）**がその中にあるのかを問い，その方向性や質を問うていくのです。「板書に書かれたことをノートに取る」という行動一つとっても，**内的経験**に注目すれば，勉強の苦手な子どもは「黒板に教師が書いたことをそのまま写す」こととして遂行しがちで，勉強の得意な子は「黒板に書かれたこととそれに対する教師の説明を受け止め理解したことを外化し表現する」こととして遂行していたりします。表面的な活動ではなく，内的なプロセスにおいて子どもの経験の質を見極めることが重要です。

〈質の高いプロセスを生み出す工夫〉

たとえば，自分たちで話し合って創ったオリジナルのじゃんけんを説明し合う国語科「あたらしい『なるほどじゃんけん』をつくろう」という授業で，新しいじゃんけんのアイデアについて子どもたち同士グループで話し合っている場面。子どもたちの意識としては，新しいじゃんけんを創りたいと思って，（国語科の学びであることも忘れて，）自由闊達に思考したりコミュニケーションしたりしているわけですが，教師としては，客観的にその活動を見た時に，意味のある質の高い言語経験があるかどうかを見極めることが求められます。そうして活動の中に意味を見出すことができてこそ，活動の振り返りを通じて，言語経験としての意味を価値付けし，国語科の学びとしてのクオリティを高めていくことができるのです。

また，「実験すること」という一見科学的な活動があっても，それを子どもたちの内的プロセスからみると，「実験手順を正しく安全になぞる」ことになっていて，真に「科学する」ことになっていない場合もあります。問いや仮説を持って実験に取り組んでいるか，実験の結果にばらつきが生じた時に，教師が頭ごなしに結論を押しつけたりせず，ばらつきが生じた原因を考えてみるよう子どもたちに投げかけ，実験の手順や条件統制等に問題はなかったかどうかを考えさせたりする機会があるかどうかなど，「科学する」プロセスを成立させるための手立てを考えていくことが重要です。

冒頭で挙げた【事例③】については，「わかる」授業としてとてもよい授業です。しかし，「数学する」活動という点からすると，近似値を求める活動が，電卓を使ったゲーム的な作業になっていて，あてずっぽうでもとにかく数値を求めようとする生徒の姿も見られました。これに対して，たとえば，グループ学習を取り入れ，同じグループのなかで$\sqrt{2}$，$\sqrt{5}$，$\sqrt{8}$，$\sqrt{10}$を担当する生徒を混在させるようにすれば，生徒はグループ内の友達から，近似値（計算結果）

よりも，どのようにして近似値を絞り込んでいくかという過程をまねるようになるのではないでしょうか。こうして，教師と生徒のやりとりではない，生徒同士の創発的コミュニケーションが生まれるとともに，数値の範囲を「絞り込む」という数学的に意味のある思考のプロセスが促されることで，「教科する」授業になっていくのです。

〈結果重視かプロセス重視かの二者択一を超える〉

教科学習としての中身や結果を重視すると授業が固くなり，逆にプロセスを重視すると教科学習としての質が薄まり結果が伴わない，いわば，正解収束型・結果重視の授業か，多様拡散型・プロセス重視の授業かという二項対立に対して，「教科する」授業は，教科の本質に照らしてプロセス自体の質を問うことで，**最適解創出型・結果につながるプロセス重視の授業**を志向するものです。正解を導き出すことにこだわると一般化を急ぎがちですが，納得解を導き出すプロセスを鍛えるのが目的なら思考すること自体を充実させることが大事になってくるというわけです。そうした視点を持つことで，内容がよくわかってすっきりする「わかる楽しい授業」を超えて，学ぶことで新たな問いやさらにわからないこと（追究したいこと）の生まれる「**もやもやするけど楽しい授業**」への道が開かれるのです。

そして，こうした「教科する」授業の追求は，発展課題を追求するような，子どもたちにとって高度な授業をめざすものでは必ずしもありません。むしろ，「教科する」授業において大切にされるプロセスの中心は，「推理すること」であって，それは万人に与えられた才能ではないでしょうか。これまでの学校教育で発揮する機会が制限されがちであった，人間が持つ推理しようとする意欲と力に改めて火をつけるのが，「教科する」授業なのです。

3.「教科する」授業と新しい教育文化の創出

（1）「使える」レベルをめざすことの核心とは

自然や社会のリアルと向き合う

「教科する」授業は，教科学習の本来の任務とその可能性を見つめ直すものです。そもそも教科書に示されている教科内容は，人間が世界と対話し格闘する中で，いろいろな自然現象，社会事象などを読み解いていくための枠組みや解釈として生まれ，それらをまとめたものです。つまり教科内容，特にその分野の基本的な原理や概念は，もともと現実世界を見るための「**眼鏡**」なのです。しかし，子どもたちは，教科内容の習得自体を目的に，先に述べた知識発見型の学び方をしてきてしまったため，「眼鏡」としての教科内容の意味を学べず，自然現象や社会事象への興味すらも失ってしまっています。さらに言えば，「演習問題を解くこと」「先取りして次々と内容を進めていくこと」を徹底する進学塾的な勉強文化の下で，教科は頭の「筋トレ」の道具となり，そうした文化への過剰適応によって，大学に入っても教科や学問の文化的価値を味わえなくなってしまっているように思います。また，世界や社会への関心を失い，どろどろしたものや割り切れなさを含んだリアルと向き合えなくなっているように思います。子どもたちが，「教育的」の名の下に便利にきれいに過度に加工されたまがい物（子どもだまし）ではなく，自然や社会のリアルと対話・格闘するような経験をすることができたなら，世界に目を向ける面白さや教科を学ぶ意味を実感できたかもしれないのにです。

世界の見え方が変わる学びへ

授業において深い学びが大事だと言われます。それは，「わかっていたつもり」だったことが「本当にはわかっていなかった」ということに気づき，それに気づくと，「もっと違った見方ができるようになっていく」ということです。授業を通して，自然現象や社会事象について，今まで自分が考えていたことと違う捉え方ができるようになっていく。たとえば，「酸化」という概念を学ぶからこそ，日常生活の中では結びつかない「ものがさびること」と「ものが燃えること」が結びつくのです。

そうして，知らず知らずのうちにじわじわと，教科の学びは，多かれ少なかれ，学習者の世界への見方や関わり方に変化を生み出しているのです。それを子どもたちはもちろん，教師たちも自覚していません。**世界の見え方**が変わることで，自らの無知に気が付いて世界への切実な関心が生まれてくることもあるでしょう。何に切実な関心を持っているか，**視座（意識）の高さ**や**視野の広さ**にこそ，その人の教養や人格は現れます。断片的な知識を概念として構造化し，それを「**見方・考え方（眼鏡）**」として身体化し，それが教養・見識として人格化されていく。教科学習はそうした**人間教育**としてのポテンシャルを持っており，「使える」レベルの学力をめざして，高次さと深さと有意義さを統一する学びとしての「教科する」学びは，このような形で学力形成と人格形成とを結びつけるのです。

「わかっているつもり」「できているつもり」をゆさぶる

末広がりの単元構造の核心は，生活と科学の往還（「転移」に解消されない，生活における科学的概念の限界の認識をも含んだ「**もどり**」）において，科学的「**認識**」（「理解」に解消されない切実性や立場性の意識化を伴う）の形成から**民主的人格**の形成を展望する点にあり，また，知識構築学習の核心は，子どもが教師（の想定する正解）を忖度する関係を，教師と子どもたちが共に真理を追求し合う**民主的関係性**へと再構築する点にあります。たとえば，岐阜県海津市の輪中を取り上げて，「治水」という概念を学んだ後，自分たちが住む広島市にも当てはまらないかを，過去と現在の航空写真などを素材にしながら考える小学校の社会科の授業。教師が教材研究で得た結論に向けて発言をつないでいき，広島の放水路も治水事業の成果だと確認する展開だと，忖度する関係は問い直されず，「治水」概念の身近な生活への適用（転移）で終わります。これに対し，「もどり」を意識するなら，治水により長らく水害が起きなかったのに，なぜ近年，広島市は災害に見舞われているのかという，子どもたちの足元の問題にまでつなげ，そこで社会科で学んだことを総動員したり，航空写真から読み取れることを考えたり，新たに情報や知識を収集したりしながら，教師もともに問いと向き合い，探究することで，教師（の想定する正解）を忖度する関係性も再構成されていくでしょう。

「教科する」授業は，ホンモノの活動とそこで求められるものの見方・考え方にふれることで，結果として能力を高めテスト学力をも保障し，世界や社会への関心や生き方をゆさぶることを志向するものです。すなわち，**「ホンモノの活動」のプロセス**を「味わう」

経験を保障する（体験目標）。その中で，結果として，活動の骨組みとなる「**資質・能力**」の要素が「育成」される（到達目標）とともに，既知の中に未知が見出され，問いが生まれ，「**自己**」と自己をとりまく世界との「**つながり**」の「編み直し」が促されることで（方向目標），生活が知的なものへと再構成されるというわけです。たとえば，香川大学教育学部附属高松中学校の一田幸子教諭による中学３年生の国語の授業。「空」をテーマにそれぞれが自由に俳句を詠み，自らの句についての鑑賞文を書いた上で，グループに分かれて句会を開きます。メンバーの句について互いに鑑賞文を書き，作者のそれとも比較しながら，一番表現の広がりが感じられる作品を選びます。クラスメートそれぞれの感性に触れ，作者の思いと違う解釈が生まれそれに作者自身が感じ入る，そういった俳句の楽しみ方を味わいます。その中で，自ずと季語の使い方や表現技法の工夫についても生きて働く形で習熟していき，助詞の使い方一つでもイメージされる情景が変わることの気づきや言葉を丁寧に選ぶ経験は，生徒一人ひとりの言語生活を豊かにしていくといった具合です。

「治水」に関する社会科の授業（概念（内容知）の深化に関わる）が示すように，わかっているつもりは，現実世界の複雑さから，また，俳句に関する国語科の授業（実践（方法知）の洗練に関わる）が示すように，できているつもりは，その文化や領域の追究の厚みからゆさぶられることで，教科の知と学びは血が通ったものになっていくのです。

（２）知識構築学習は練り上げ型授業をどう問い直すものなのか

また，「教科する」授業は，日本の伝統的な授業像のエッセンス

表8-5　日本の伝統的な授業像の発展的継承

日本の伝統的な「教科内容を豊かに学ぶ」授業像	「教科する」授業の提起する授業像
教師に導かれた創造的な一斉授業（練り上げ型授業）による知識発見学習	子ども同士の創発的コミュニケーションによる知識構築学習
導入が豊かすぎる，「わたり」があって「もどり」のない，「尻すぼみ」の単元展開（科学的概念としての知識）	出口が豊かで「もどり」（生活への埋め戻し）がある，「末広がり」の単元展開（現実世界を読み解く眼鏡（見方・考え方）としての知識）
名人芸的な教師のアートと強い学級集団に依拠して，教師と子どもと教材が対決する授業	学びの場づくり（課題，学習形態，教具・メディア，時間や空間のアレンジ）とゆるやかなコミュニティで，学びを触発する授業
教科書で教える授業，一時間の終わりにすっきりわかる授業（内容の本質性）	（複数教科の）教科書を資料にして学ぶ授業，もやもやするけど楽しい授業（プロセスの本質性）
つまずきを教師が生かす授業	つまずきを子ども自身が生かす授業
「強いつながり（コミュニティ感覚）」と堅くて重いコミュニケーション・確固たる自己，長いスパンで大きな物語で人生の意味を捉える心性，垂直的に体系化された共通の客観的真理という基盤	「弱いつながり」とコミュニケーション・アイデンティティ・知のソフト化・多元化，いまここの「生」を楽しむ心性と思考や集中力のスパンの短さ，水平的にネットワーク化され局所的に当事者によってつくられるものとしての知識，子どもたちの生活感覚や学び感覚の変化（カフェ的な語らいも生かす形へ）

を継承しつつ，刷新することをめざすものでもあります（表8-5）。第1章（p. 20）でも述べたように，日本的なよい授業のイメージは，発問と集団思考による，クラス全体での練り上げ型授業でした。しかし，練り上げ型の創造的な一斉授業は課題を抱えています。もともと練り上げ型授業は，一部の子どもたちの意見で進む授業となりがちでした。かつては教師のアート（卓越した指導技術）と強いつながりのある学級集団により，クラス全体で考えているという意識

を持って，発言のない子どもたちも少なからず議論に関与し内面においてある程度思考が成立していました。しかし，近年，練り上げ型授業を支えてきた土台が崩れてきています。

教師の世代交代が進む中，知や技の伝承が難しくなっています。また，価値観やライフスタイルの多様化，SNSをはじめ，メディア革命に伴うコミュニケーション環境の変化によって，子どもたちの思考や集中のスパンは短くなっているし，コミュニケーションやつながりも局所化・ソフト化してきており，強いつながりで結ばれた学級集団を創るのが困難になってきています。クラス全体の凝集性を求める強い集団よりも，気の合う者同士の小さいグループの方が居心地がいいし，強いつながりの中で堅い議論をこってりとするのは肩がこるし気恥ずかしいし，ゆるい関係性で行われるカフェ的な対話の方が居場所感や学んだ感をもてる，といった具合です。このことは子どもたちに限ったことではありません。実は大人の中でもすでに起こっています。大人向けの研修会や研究会でも，また校内研修でも，最近は，講義型よりむしろワークショップ型の方が主流だと思います。昔は仕事後に頻繁に先輩が後輩をつれて食事に行くという文化があって，夜，先輩が授業について理想や哲学やコツを語るということがよくありました。しかし，近年はそれをしんどく感じてしまう人も多いかもしれません。

このように，「**弱いつながり**」をベースにしたコミュニティ感覚を子どもたちは持っています。こうした状況だからこそ，むしろ学校において，強いつながりや議論の知的な堅さや言葉の重さやより統合された確固たる自己を意図的に実現することは重要ですが，実践の出発点において，上記のような子どもたちの志向性（課題でもあり強みでもある）を生かすことも必要です。教師のアート（直接的な指導性）から，**学習のシステムやしかけのデザイン**（間接的な指導性）へ，そして，クラス全体での練り上げから，**グループ**単位でなされる**創発的なコミュニケーション**へと，授業づくりの力点を相対的にシフトしていく必要性が高まっており，知識構築学習など，**学習者主体の参加型の授業**が強調される本質的背景はこのような点にあるのです。

（３）教材と深く対話するとはどういうことか

資質・能力を育む主体的・対話的で深い学びとは，教科としての本質的な学びの追求に加えて，取ってつけたように，資質・能力や見方・考え方を実体化した汎用的スキルの指導や，込み入ったグループ学習やICTを使った学習支援ツールなどの手法を組み込んで，目新しい学びを演出することではありません。子どもたちが教材と出会いその世界に没入し，彼ら個人や彼らを取り巻く生活を豊かにするような，それゆえに，問いと答えの間が長く，見方・考え方などに示された活動やプロセスが自ずと生起するような学びを，また，**教材と深く対話する**ことで，それぞれの教科の本来的な魅力や本質（ホンモノ）を経験する学びを追求していくことが肝要なのです。改めて，学び深めを実現する視点を示しておきましょう。

子どもと教師が教材と向かい合う

教材との深い対話を実現する上で，そもそも子どもたちが教材と向かい合えているかを問うてみる必要があります。子どもたちが活発に話し合っているように見えても，形の上で子どもたちに委ねているように見えても，鵜飼のように教師が手綱をしっかりと握っていて，教師を忖度する関係になってはいないでしょうか。第5章の図5-4で示したように，子どもたちが，そして教師自らが教材と向かい合えているかを絶えず吟味することが大切です。

学びを深める手立て

教材に正対しそれに没入できているか，そして，見方・考え方に例示されているような，教科として本質的なプロセスを経験できるような教材への向かい方ができているかを吟味した上で，その経験の質や密度を高めるべく，新たな着想を得ることで視野が開けたり，異なる意見を統合して思考や活動がせりあがったりしていくための指導の手立て（**枠組みの再構成**や**ゆさぶり**）が考えられる必要があります。学びが深まる経験は，グループでの創発的なコミュニケーションの中で，さまざまな意見が縦横につながり，小さな発見や視点転換が多く生まれることでもたらされる場合もあります。また，クラス全体でもう一段深めていくような対話を組織することを通じて，なぜなのか，本当にそれでいいのだろうかと，理由を問うたり前提を問い直したりして，一つの物事を掘り下げることでもたらされる場合もあります。グループでの子ども同士の学び合いのあと，各グループからの話し合いの報告会や交流で終わるのではなく，子どもたちが気づいていない複数のグループの意見のつながりを示したり，子どもたちが見落としているポイントや論点を提示したりして，子どもたちをゆさぶる投げかけをすることを日々意識するとよいでしょう。教師が子どもに教え込む（タテ関係）だけでも，子ども同士で学び合う（ヨコ関係）だけでもなく，教材をめぐって教師と子どもがともに真理を追求し，子どもたちが先行研究者としての教師に挑み，教師も一人の学び手として**子どもたちと競る関係**（ナナメの関係）を構築していくことが重要です。

教材の豊かさと深さ

さらに，**思考の密度**（中身の詰まり具合）については，子どもたちが，ただ想像し推理するのではなく，十分な質と量の知識を伴って，すなわち，確かな思考の材料と根拠をもって推論することを保障するのが重要です。教科書でわかりやすく教える授業を超えて，教科書をも資料の一つとしながら学ぶ構造を構築した上で，複数の資料を机に広げながら，思考の材料を子ども自身が資料やネットなどから引き出しつなげていくこと（**知識の吸い上げ**）を促すことで，学習者主体で学びの質を追求しつつ，知識の量や広がりも担保できるでしょう。たとえば，世界史の授業で，モンゴル帝国の世界史的影響をグループで議論する際，教科書，資料集，授業プリントや参考文献，果ては歴史漫画なども持ち出して机の上に広げ，ページをめくりながら，バラバラに教科書に載っている，モンゴル帝国と同時代の西洋，東洋それぞれの歴史の出来事や特徴を見直しつなげて考えていくという具合に。

最後に改めて，学びの深さ以前に，**教材自体の深さ**を吟味する必要性を指摘しておきます。「深い学び」というとき，浅く貧弱な教材に対して，思考ツールや込み入ったグループ学習の手法を用いることで，無理やりプロセスを複雑にし考えさせる授業になっていないでしょうか。読み手を試す読み応えのある連続型テキストと格闘させず，非連続型テキストからの情報選択・編集作業に終始していないでしょうか。教材それ自体の文化的価値が高く，内容に深みがあればこそ，その真価をつかむためにはともに知恵を出し合わざるを得ず，協働的な学びや深い学びが要求されるのです。

〈引用・参考文献〉

石井英真 2015『今求められる学力と学びとは―コンピテンシー・ベースのカリキュラムの光と影―』日本標準。

石井英真 2015『増補版・現代アメリカにおける学力形成論の展開―スタンダードに基づくカリキュラムの設計―』東信堂。

石井英真監修，太田洋子・山下貴志編著 2015『中学校「荒れ」克服10の戦略―本丸は授業改革にあった！―』学事出版。

石井英真 2017『中教審「答申」を読み解く』日本標準。

石井英真編 2017『小学校発　アクティブ・ラーニングを超える授業』日本標準。

石井英真編著 2017『アクティブ・ラーニングを超えていく「研究する」教師―教師が学び合う「実践研究」の方法―』日本標準。

石井英真編 2018『授業改善８つのアクション』東洋館出版社。

新潟大学教育学部附属新潟中学校編 2019『「主体的・対話的で深い学び」をデザインする「学びの再構成」』東信堂。

第９章　授業の構想力を磨く校内研修のデザイン

Opening Question

下記のような，校内研修でありがちな状況に対して，あなたならどのように対応するでしょうか？　研修担当者になったつもりで考えてみましょう。

【シチュエーション①】
授業者からの一言の後，ベテランなど発言力のある一部の教師だけが発言し，最後は外部講師が一般的な話でまとめて儀式的に終わる。

【シチュエーション②】
研究授業の検討会の話題が，そもそも論や授業者の技量の未熟さの指摘に終始し，授業者が落ち込んで終わる。

【シチュエーション③】
ワークショップで，子どもの姿や授業の一幕について活発に議論はなされるのだけれど，何かを学んだという実感に乏しいし，学んだことが積み上がっていかない。

第1章において，教師の技量の中核には判断力（授業の構想力）があり，そうした技量を磨く上で，教師の学びは，模倣と省察の過程で理論知と実践知を統一する研究的な学びとして遂行されねばならないと述べました。すなわち，教師の技量を磨くには，授業の構想・展開・省察の全過程を，教師自身の学習の機会としてどう充実させられるかがポイントとなるわけです。そして，日本の教師たちは，そうした学びの機会を内在させた実践研究の文化やしかけを蓄積してきました。本章では，そうした日本の教師たちの実践研究の文化を再確認しながら，授業の構想力や子ども一人ひとりを見取る力を育てるツールや仕掛けについて述べます。

本章のポイント

・日本の教師たちは実践研究の文化を持ち，自分たちの実践を語る自前の言葉と論理（現場の教育学）を蓄積してきた。

・教育活動が教師の実践研究のサイクルとなるかどうかは，それを通して教師の哲学，理論，技能の洗練や再構成（ダブル・ループの省察）が促されるかどうかにかかっている。

・授業の事前の準備や構想検討は，指導案の形式を整えることではなく，授業のイメージを問い，構想を練るための書く活動を充実させることに集中すべきである。

・日常的な事後検討会においては，授業を見られる者の立場の弱さを自覚しつつ，授業者が公開してためになったと思える検討会にしていくことが重要であり，子どもの話題から議論を始めるなど，事実に即した検討会にしていくことが必要である。

1．日本の教師たちの実践研究の文化

（1）教師による実践研究のルーツとは

近年，「**授業研究**（lesson study）」（授業公開とその事前・事後の検討会を通して教師同士が学び合う校内研修の方法）をはじめ，日本の教師たちの実践研究の文化が再評価され，アジア諸国や米国などでも注目されています。日本における授業研究の歴史的起源は，明治初期にさかのぼります（佐藤・稲垣，1996）。欧米式の一斉授業方式の導入と普及がめざされる中，模範とされる方法を実践的にマスターするために，詳細な指導案を作成し，研究授業を公開し，観察者を交えた授業批評会を行うという形での教師の研修が実施されるようになりました（**効果検証志向の授業研究**）。

他方，こうした授業方式の開発・普及を志向する授業研究を，教育の実際から問い直す動きが，大正期の新教育運動において出現します。大正自由教育の代表的な実践校の一つである，「児童の村小学校」の教師たちは，私小説をモデルとする物語調の実践記録のスタイルを生み出しました（浅井，2008）。実践記録は，授業の方式よりも，教室での固有名の教師や子どもたちの生きられた経験を対象化するものです。それは，国家の意思を内面化した教師を超えて，自分たちの実践経験を自分たちの言葉で語り意味づけていく，そうした研究的な実践家としての教師の誕生を意味しました（**経験理解志向の授業研究**）。

子どもたち，教師，教材が織りなす相互作用の中で，教師は，子どもたちの個性的な反応を受け止め共感したり，それに合わせて技

術を組み合わせたり新たに創造したり，思い切って当初の計画を変更したり，授業の目標自体を設定し直したりと，即興的な判断が求められます。日本の教師たちが「授業研究」で追究してきたのは，まさにそうしたドラマとしての授業であったのです。多くの教師たちは，研究授業に参加したり実践記録を読み合ったりしながら，「授業でこんな表情を子どもたちは見せるのか」「問いかけや言葉かけ次第で，こんなふうに子どもたちが動き出すのか」「子どもたちの背景までこんな風に深く理解しながら，こんなことまで考えながら授業をしているのか」といった，すぐれた教師の実践の凄みに授業づくりの可能性とロマンを感じ，先達の背中から学んだり技を盗んだりしながら，クラフツマンシップを持って，いわば「授業道」を追究してきたのです。

（2）日本の教師たちの実践研究の本質的特徴とは

以上のような日本の教師たちの実践研究の文化については，単に事例研究を通じて効果的な授業方法を実践的に検証している，授業や子どもの見方を豊かにしているといったレベルを超えて，哲学することをも伴って**研究する志向性**を持っていた点を認識しておく必要があります（石井，2018a）。ドラマや映画や小説のように，教師自身が，教室での固有名の子どもたちとの出来事ややりとりを，一人称の視点から物語調で記述する実践記録が多数刊行されてきたことを抜きに，日本の教師たちの実践研究の文化は語れません。多種多様な教師向けの教育雑誌，書店に並ぶ教師による多数の実践書や理論書は，諸外国には見られない特徴であり，日本の教師たちの読書文化や研究文化の厚みを示すものでした。

さらに言えば，日本の教師たちは実践記録を綴るのみならず，実践に埋め込まれた「**実践の中の理論**（theory in practice）」（ショーン，2007）を自分たちの手で抽象化・一般化し，それを比喩やエピソードも交えながら明示的かつ系統立てて語ってきたという事実に注目する必要があります。またそこでは，単なる技術や手法だけではなく，教育の目的，授業の本質，教科の本質，子ども観など，実践経験に裏付けられた豊かな哲学や思想も語られていました。小西健二郎，斎藤喜博，東井義雄，大村はまといった著名な実践家の一連の著作は，実践記録という域を超え，いわば「**求道者としての教師**」の道を説く側面を持ち，良質の教育思想や教育理論のテキストでもありました[(1)]。

（3）自分たちの実践を語る自分たちの言葉を持つことの意味とは

専門職としての教師の力量形成を考える時，教師自身が，自分たちの授業の構想・実施・省察のプロセスを語る自前の言葉と論理（**現場の教育学**）を生成・共有していくのを促進することが重要です。こうして，一人ひとりの教師が借り物でない自分の実践と理論を創っていくことをサポートすることが，授業の標準化・形式化を回避し，**教師集団の自律性**を確立していくことにつながるのです。

ところが近年，実践的指導力重視の教員養成改革が展開する中，それが即戦力重視へと矮小化され，実務家として実践できること（コンピテンシー），あるいは教育公務員としての組織人的な責任感や態度（まじめさ）が過度に強調されているように思われます。一方で，目の前の子どもたちに誠実に向き合い，教師としての公共的使命や理想とする教育のイメージや実践の方向性を内的に熟考し，社会や人間や子どもや教育に関する観や思想を深めていく学びの機会が，養成段階でも現職研修の段階でも空洞化しているように思われます。そうして今や教師たちは，教育の理念や方向性を，自らの実践の意味を，学習指導要領などからの借り物の言葉でしか語れなくなってしまってはいないでしょうか。

さらにいえば，教員の養成・研修でも体験・実習重視の傾向が強まる中，日本の教師たちの読書し研究する文化と**教師のリテラシー**は危機に瀕しています。教育雑誌や教育書は，まとまった論理的な文章でまとめられたものというよりも，図解ヴィジュアル重視で，頁数も一頁あたりの文字数も減り，内容もどんどん手軽なもの，柔らかいものになってきましたが，近年，そもそも教育雑誌が存続できなくなり相次いで廃刊されている状況は，問題の深刻さを示しているように思います。

2017年改訂の学習指導要領でのアクティブ・ラーニング（主体的・対話的で深い学び）の強調については，教育内容のみならず，授業の進め方や**授業を語る言葉**までもがより直接的に制度的に規定されることにより，教師の仕事が下請け化していくことが危惧されます。「授業のヤマ場」「ゆさぶり」「練り上げ」など，現場で創造・共有されてきた，教師たちの自前の言葉や論理がやせ細り，それとともに，それらの言葉が生まれる元にある，日本の教師たちが追求してきた，職人技と思想性が光る深みのある授業が，流行のカタカナ言葉と合う軽いタッチの授業で塗り替えられてしまうことが危惧されるのです。

こうした，日本の良質の教育実践と実践研究と現場の教育学の危機の中で，日本の教師たちの実践研究の文化の内実とそのエッセンスを再確認することが必要です。そこでまず，ここまでで述べてきた日本の教師たちの実践研究の文化の意味を明らかにする上でも，教師の学びと成長の道筋についてまとめておきましょう。

2．教師としての力量形成の基本的な道筋

（1）教師の学びが研究的なものになるためには

教師の力量は，大学での教員養成において完成するものではなく，生涯にわたる「**研修**」（研究と修養）を通じて形成されていくものです。ここで研修という場合，自治体などが提供する制度化された研修のみならず，校内研修，公開研究会，研究サークルへの参加といった自主的な研修，さらには日常的な力量開発も含んでいます。では，現場での研修やさまざまな経験を通じて，教師の実践的な技や判断力はどのようにして磨かれていくのでしょうか。

第1章でも確認したように，それは，スポーツや芸道などの技の学習一般がそうであるように，基本的には，「**なすことによって学ぶ**」という形を取ります。教師の力量を磨くには，授業の構想・実施・省察の全過程（授業研究のサイクル：図9-1）を，教師自身による実践研究として遂行していくことが重要です。授業研究のサイクルは，**教師の哲学**（理想とする子ども，授業，学校の姿，および，それを根拠づける思想）によって発展の方向性が規定されます。また，教師が理論的学習や実践的経験を通して構築してきた教科内容，学習者，授業展開や学級経営の方法などに関する「**実践の中の理論**」（暗黙知の部分と形式知の部分から成る）によって，それぞれのフェーズでの判断の妥当性が規定されます。逆に，教育活動の構

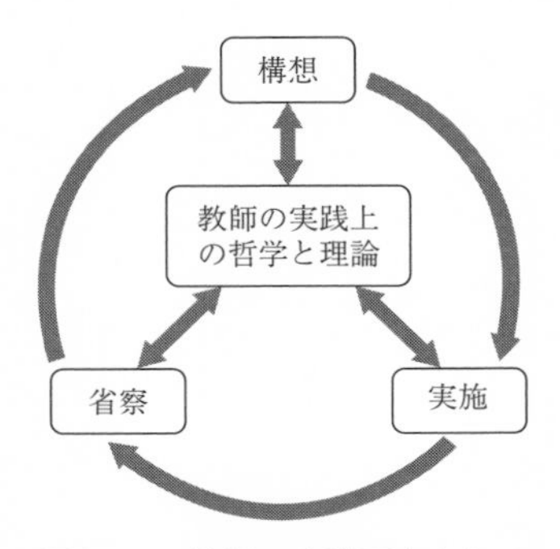

図9-1　教師の実践研究としての授業研究のサイクル

想・実施・省察のサイクルの中で，教師の実践上の哲学と理論は再構成されていきます。

教育活動の構想･実施･省察のサイクルが，**教師の実践研究**のサイクルとなるかどうかは，それを通して教師の哲学，理論，技能の洗練や再構成（教師としての学びと成長）が促されるかどうかにかかっています。その際，特に「**省察**（reflection）」のフェーズが，シングル・ループ学習として展開されるか，ダブル・ループ学習として展開されるかが重要となります（アージリス，2007)。たとえば，サーモスタットは，温度が高すぎたり低すぎたりすると，それを感知して設定した温度に調節します。これがシングル・ループ学習です。これに対して，設定温度自体が本当に適切なのか，さらに，快適さと節電のどちらを優先するかという前提価値をも問い，作動プログラムや基本方針自体を見直すのが，**ダブル・ループ学習**です。省察が，授業での子どもの学習の評価や次の授業での改善の手立てに関する議論（問題解決：シングル・ループ学習）に止まることなく，目標や評価の妥当性自体も検討対象とし，教育活動の構想・実施のあり方や子どもの学習過程に関する理解をも深める議論（**知識創造**：ダブル・ループ学習）となることが重要なのです（図9-2)。そして，そうした知識創造を促す上で，構想・実施・省察のサイクルを他者とともに共同的な営みとして遂行していくことが有効であり，日本の授業研究が諸外国から注目されるポ

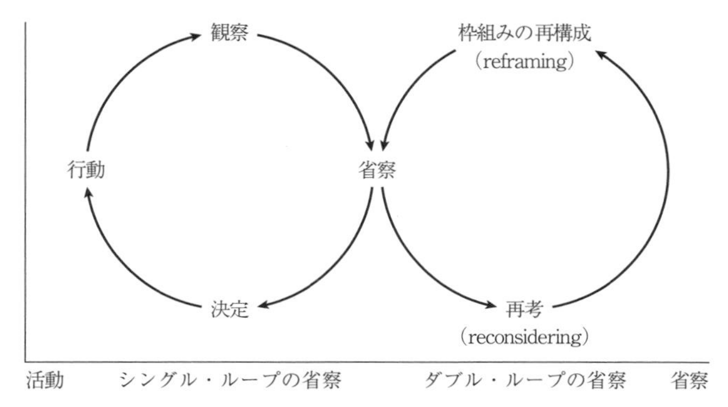

図９－２　省察のシングル・ループとダブル・ループ

（出所）センゲ（2014）p. 236. 訳語は改めた。

イントもそこにありますし，実践記録の相互批評などの日本の教師の実践研究が，こうした教師の学びの道筋に沿ったものであることは明らかでしょう。

（２）教師はどのように教師になっていくのか

教師は，さまざまな困難に直面するたびに，自らの**教職アイデンティティ**を問い直すことで成長していきます。教師の学びや成長は，個別の手法や方式（skills）の**獲得**（acquisition）という短期的に成果の見える表層的な部分のみならず，判断力や技量（competencies）の**熟達化**（expertise），さらには観やアイデンティティ（beliefs and values）の**編み直し**（アンラーン：unlearn）といった長期的で根本的で深層的な部分も含んで，重層的に捉えられる必要があります。長いスパンで教師としての成長を捉えるなら，教職生活において教師には，授業観，子ども観，さらには教育観全体に関わる変化や転機があるものです。それは，問題を抱えた子どもたちとの出会いと交流の経験，すぐれた先輩や指導者との出会いのみならず，職務上の役割の変化や個人および家庭生活における変化など，学校内外のさまざまなことがきっかけとなって生じます（山﨑，2009；大脇，2019）。そうした転機やそれが生み出す**ライフコース**は，基本的には個々人によって多様ですが，その平均的なステップを描くなら，おおよそ表9-1のようになるでしょう。

職場コミュニティの中であこがれの教師をモデルにその根っこをまねつつ，考えながら実践を進め，振り返り省察を深めることで，経験から学んでいく。一方で，書物を読み，理論を学び，専門職としての軸と哲学の核を形成し，実践を捉え語る枠組みを豊かにしていく。さらに，学校外での私生活などで，時に教師であることを中断しながら，一人の人間として多様な経験を重ねることで，人間性が磨かれ，それが教師としての実践にもにじみ出てくるのです。

こうした教師の成長のプロセスは，学校や同僚に支えられながら，子どもから学ぶ余裕があってこそ可能になるものです。しかし，昨今の教師をめぐる状況は厳しいものがあります（久冨，2017，油布，2015）。教育に対する要望や期待は高まる一方で，教師や学校に対する信頼は崩れ，教師は「失敗」が許容されず，大胆な取り組みもできにくい状態です。何より，本業以外の事務作業や保護者対応などの増加により，手応えの得られない徒労感や多忙感が，教師を精神的・肉体的に追い詰めています。子どもをめぐる問題が複雑化し，教職の高度化が求められる今だからこそ，教師が本業である教育活動に専念でき，そこにこそ余裕を持って時間がかけられるという意味での「**働き方改革**」，および，信頼と尊敬を持って教師の専門家

表９-１　教師のライフコースの平均的なステップ

初任期①（入職後約５年間）
・リアリティ・ショック（入職前に抱いていた教師と児童・生徒関係についてのイメージと現実とのギャップによるショック）を受け，そのショックをかかえながらも無我夢中で試行錯誤の実践に取り組む。 ・自分の被教育体験によって無意識的に形成されたモデルに基づいて実践しがち。 ・「教師にとってはじめての３年間がその後の教職生活を左右する」とも言われるように，教師の仕事のイメージを育む大事な時期であり，試行錯誤や困難が，子どもや教育への深い見方を育てうる。
初任期②（入職後およそ５年〜10年）
・新任時代の荒波を乗り切って，小学校では６年間，中・高なら３年間，入学から卒業までの生活をともにすごすことで，子どもたちのようすが見えてくる。教師にもいくぶん気持ちの余裕が生まれる。 ・当初は「子どもが好き」という思いだけで教職に向かった教師たちも，もう少し確かなものを得たいと思うようになってくる。より大きな社会的文脈の中で自分自身の仕事の意味を確認し，教育実践を確かなものにしたいという思いがわきあがってくる。研究会に参加するなどして，教育実践の工夫に力を注ぐようになる。 ・自分が取り組んでいきたい実践課題を自覚し，これから自分はどのような教師として教職生活を過ごしていくべきか考えるようになる。
中堅期（20歳代後半〜40歳代前半）
・15年から20年ほど経つと，教師としての自己を育て一通りの仕事を身につける。職業的社会化（その職業で必要とされる技能やふるまいを習得すること）を終え，一人前の教師になっていく。 ・男性教師は，比較的早い段階から校務分掌などの役割を担い，先輩教師や管理職教師などとも公的な関係を築きながら教師としての発達と力量形成を遂げていく。30歳代中頃から学年・研修の主任職などを担うようになり，学年・学校全体や教員集団のことに目を向けざるを得なくなるなど，役割変化が教職生活上の危機を生む場合もある。 ・女性教師の多くは，20歳代後半から結婚・出産・育児・家事といった人生上の出来事に直面し，その経験を通して教師としての発達と力量形成を遂げていく。一方で，家庭生活上の負担が重くのしかかり，離職の危機が生じる場合もある。 ・社会の変動による子どもたちをめぐる環境の変化，加齢による子どもたちとの世代ギャップ，経験を重ねることによる教師としての役割の硬直化などによって，中年期に危機が生じることがある。
指導職・管理職期（40歳代半ばあたりから，指導主事や教頭・校長などに就くことを契機に）
・教育という営みを捉える視野を拡大させるとともに，学校づくりという新しい教育実践を創造していく可能性をもたらす。 ・学級という自らの実践のフィールドを喪失し，教育実践家からの離脱化（それまで育んできた教職アイデンティティの切断）を余儀なくされるために，戸惑いも大きく，年齢からくる体力や健康の不安，職場内に気軽に相談できる相手がいなくなる孤独感などが生じ，離職の危機を迎えやすい。

（出所）山﨑（2012），高井良（2006）をもとに作成

としての仕事や成長が社会的に支えられ，子どもの成長によって喜びと手ごたえと自らの仕事への誇りを感じられるような「**働きがい改革**」のための環境づくりが急務です。

（3）日本の教師たちの実践研究の課題とは

さまざまな学びの場とその課題

日本においては，日々の実践の中での教師個々人のインフォーマルな学びに加えて，下記のような**教師の学びの場**が重層的に存在しています（石井，2017）。①教育委員会や大学における講習や研修（教師たちは理論や教育方法についての講義やワークショップを受ける），②民間教育研究団体や研究サークルなど，学校外での自主的な研究会（実践報告や実践記録を持ち寄り交流し，共同で批評し合う），③教師の授業研究を中心とした校内研修（授業を学校内や学校外に公開し事前・事後の検討会を行う）。①は主に知識や手法の獲得を目的とします。②③は主に実践交流，実践の省察，実践的な理論や方法の共同創出を目的とします。

近年，諸外国の理論の紹介もあって，さまざまな「リフレクション」の考え方や方法が示されています（REFLECT，2019，ネットワーク編集委員会，2019）。それらは日本の教師たちがもともと大事にしてきた学び合いや実践研究の意味を再確認する契機になればいいのですが，その協働的で全人的な性格や学びの場の重層性に光を当てずに，各学校単位の校内研修にフォーカスした，個人主義的で認知主義的でスマートでお手軽なツールや言語により，日本の教師文化をやせ細らせることに陥らないよう注意が必要です。

また，「実践の中の理論」の意識化と再構成を促すものとして，

③の授業研究を軸とした校内研修の意味が再評価され，特に事前よりも事後の検討会から学ぶこと（事例研究）の重要性が強調されてきました。しかし，PDCA サイクルの現場への浸透という文脈において，教師の実践研究としての授業研究も，授業改善・学校改善を効率的に達成する手法として，その中に組み込まれ形骸化していくことが危惧されます。指導案の検討は，各自治体などが開発した標準的な指導案に沿って項目を埋めることに，他方，授業後の検討会は，PDCA サイクルに沿った授業の振り返りと改善計画の立案という形をなぞることに矮小化されてはいないでしょうか。

授業の構想力を育てる研修の必要性

事前準備（指導案づくり）に力をかける一方で，本章冒頭のシチュエーション①のように，事後の検討会が形式化・儀式化したり，教師の指導技術の論評会になったりしている（だから授業研究をやりたがらない）といった傾向に対して，子どもたちがどう学んでいたかを話題の中心として，事後の検討会を充実させる取り組みも広まっています。

しかし，こうした近年の校内研修の在り方については，「**授業の構想力**」を育てるという視点の弱さを感じざるを得ません。多くの場合，事前検討会は，授業の構想を練ることではなく，指導案を仕上げることに矮小化されています。一方で，子どもの事実を軸にした事後検討会は，指導案づくりを否定するあまり，授業の構想をどう進めるかを主題化する点で弱さがあり，子どもの姿（学びの瞬間）のレベルで議論が推移し，教師の教えとの関連でそれを検討する視点を欠きがちです。

教授・学習過程である授業の研究は，教師の指導技術の研究のみにも，逆に子ども研究・学習研究のみにも解消されるものではありません。子どもの学習を含む授業の事実は，教師の意図的な働きかけ（教える内容・素材・方法）との関係において検討されねばなりません。さらに，そうした授業中の子どもや教師の観察可能な行動を通して，授業前や授業過程の教師の内的な判断・配慮の過程，あるいは子ども・教材・教師の間で経験されている意味世界が対象化されねばなりません。教師の大量退職と大量採用に伴い，教材研究や授業づくりに課題を抱える若い教師が増えている日本の現状においては特に，テクニック中心でも子ども中心でもない，本書が提示してきた，授業の構想力に注目し**アートとしての授業**をめざす授業研究の蓄積に着目することが重要となるでしょう。

以下，構想段階での**事前検討会**のあり方，実施段階での**授業記録**の取り方，省察段階での**事後検討会**のあり方について説明していきましょう。なお，一部のスーパーティーチャー的存在のがんばりや名人芸によるよりも，組織的対応の重要性が相対的に高まっていることも鑑みて，以下の部分では，校内研修，特に学校単位での協働や同僚性の構築に焦点化して論じていきます。かつての「求道者としての教師」たちは，実践記録を綴り携えて，民間教育研究団体や教育サークルなど，職場以外の教師間の出会いと学びと成長の場に参加しながら，インフォーマルな懇親会での教育談義なども熱く戦わせながら，教師としての力量や自己を形成してきました。フォーマルな校内研修を充実させつつも，教員養成課程の同窓生や教員採用の同期のつながりや，メンター制度や，SNS上でのコミュニティなども活用しつつ，各人の職場を越えたつながりやサークル文化を，新しい形で構築し直していくこと，また，国立大学附属学校園などで，授業づくりのロマンや授業へのあこがれを感じさせるような，挑戦的で実験的な取り組みや授業の卓越性の追求がなされることの重要性も指摘しておきたいと思います。

3．授業デザインの過程に埋め込まれた実践的な学びの機会

（1）授業の構想力を育てるとはどういうことか

1990年代以降，子どもの「学び」の研究としての事例研究が強調される一方で，授業を緻密に計画し詳細な指導案を書くことは，授業の定型化や形式化と結びつけて捉えられがちでした。しかし，授業を構想することは，指導案の項目を埋めることとは異なります。事前に授業の構想を練ることは，それを書き記すこととも異なります。**授業の構想**は，言語化しにくいものもふくめ，子どもの具体的な動きとしてイメージされるものです。よって，整理された文章で表現できなくても，**イメージ**を尋ねられた時に感覚的表現なども使いながら具体的に説明できれば，事前の構想としては十分です。

また，授業の構想を書き記すことは，指導案を仕上げることとも異なります。イメージとしての授業の構想をすべて言語化できないとしても，できる限りそれを言語化し書き記そうとすることは，事前の構想力を磨く上で有効です。ただそれは，指導案という形式にこだわる必要はなく，メモ書きや教科書への書き込みでも十分です。事前の準備や構想検討は，指導案の形式を整えることではなく，授業のイメージを問い，構想を練るための書く活動を充実させることに集中すべきなのです。

実際，1990年代以前には，授業を管理し画一化するものとしてで

はなく，授業を構想することの本来的なプロセスに沿って，書けば書くほど教師の授業デザインの力を高めるような，**上達論のある指導案**の形式や事前協議の方法もさまざまな形で模索されていました（吉本，1988；岩下・向山，1991）。

そもそも日本の学校で作成される**指導案**では，教師と子どもとの相互作用（特に教師の働きかけに対する子どもの発言や行動や思考の予想，さらにはそれに対する教師の切り返しのパターン）が詳細に記述されます。加えて，そうしたコミュニケーションや思考のプロセスを可視化し整理する板書の計画も記述されます。第6章でも述べたように，日本の教師たちは，授業での思考の練り上げのプロセスを板書によって可視化することを重視してきました。日本における板書技術の発展は，一時間の授業をドラマとしてとらえ，一時間一時間の授業を単位にした内容の習得や理解の深まりを重視する，日本の授業文化をよく表しています。

（2）上達論のある指導案とは

たとえば，斎藤喜博が校長を務めた**島小学校の指導案**は，表9-2のような項目で構成されており，目標（展開の角度）の明確化に先立って，教師の主体的な教材解釈が要求されています（図9-3）（斎藤，2006）。すなわち，第4章（p. 99）でも述べたように，「授業を想定した教材解釈」に先立って，「自分自身の教材解釈」が位置づけられているわけです。そこには，教師自身が，教える者としてではなく，一人の人間として自分自身の教養や考え方を豊かにしていく，いわば**学習者としての教師の成長**の機会として，教材研究を位置づける視点が見て取れます。

表９－２　群馬県島小学校の授業案の形式

1．題材
2．教師の解釈
3．授業展開の角度
4．全体の指導計画（○時間予定）
5．この時間の目標
6．この時間の計画

展開の核	子どもの可能性	授業の結晶点	予想される難問

（出所）斎藤（2006）pp. 197-198.

また，島小学校の指導案では，「展開の核」という形で教師の発問や働きかけが明確化され，それに対して子どもたちがどう反応するか（「子どもの可能性」），その結果，どのような学びや成果が達せられるか（「授業の結晶点」），その際，どこでつまずくことが予想されるのか（「予想される難問」）といった形で，授業展開をリアルに想像することが促されるような構成になっています。授業技術の核となる授業中の指導言を磨くという点では，「**教育技術の法則化運動**」（第１章 p. 5参照）が提起したような，主発問や指示などを明確化する指導案の形式（図９－４）も参考になります。

さらに，日本の指導案では，その授業で特に教師が注意を払いたい数名の子ども（抽出児）の学習や生活の状態も記載されることがあります。「**カルテと座席表**」という形で，一人一人の子どもについて，単元のトピックに対してどのように思考を進めてきて，その授業でそれぞれの子どもがどのように思考したり発言したりすることが予想されるか，そして，実際にどのような思考や発言があった

理科・三年　　　　　　　　　　　　　　川島　環

一，題材「溶解」（水にみょうばん，硫酸銅をとかす）

二，教師の解釈

溶解というのは溶媒（水）の分子と分子とが自由に運動している間に，溶質（みょうばん，硫酸銅）の分子が細かくわかれてまざりこむことだと思う。だから完全に透明になったときを溶解という。それはちょうど土の団粒のなかを肥料が通っていくようなものだ。

にごりができているときは，分子が細かくわかれないのだ。完全に透明になると，溶質（みょうばん，硫酸銅）は目にみえない。けれども，小さな分子にわかれて，溶媒（水）の分子と分子の間に確かにはいっているのであって，溶質はなくなってしまったのではない。ちゃんと存在しているのである。その証拠には，再結晶として得られる。

溶解をこのように考えれば，温度を上げたとき溶質（みょうばん，硫酸銅）がたくさんとけることも理解できる。すなわち，温度が上がったことによって溶媒（水）の分子の運動が活発になり，分子と分子の間の空間が広くなるため溶質の分子がたくさんまざりこむことができるためだと考えられる。

混合したものは，分子と分子の間にまざりこむのでないから，いくら温度を上げても透明にならない。この点が溶解と混合のちがうところだと思う。

化学変化は分子やイオンを理解しないと，理解できない。溶解のところで以上のように考えておくと，化学変化の理解がしやすくなると思う。また，この教材は化学実験の操作の上からもたいへん重要な教材だと思う。溶解によって，とけるものと，とけないものにわけたり，沈澱を出したり，これをろ過したりする実験上の操作を学習するのによい教材だと思う。

三，教材展開の角度

溶解というのを一般には「とけた」ということばであらわしているが，このことばでは〈二〉で解釈するような溶解を表わす内容とふくらみがない。むしろ「まざりこんでいる」とか「はいりこんでいる」とかいう表現のほうが溶解の本質をあらわしているのではないだろうか。

子どもから出たことばの「まざって，はいっている」「とけている」ということを問題にして，硫酸銅（溶質）の分子が水（溶媒）の分子と分子の間にはいりこんでいるのだということを理解させたい。これには，溶解と混合をはっきり区別させればわかると思う。

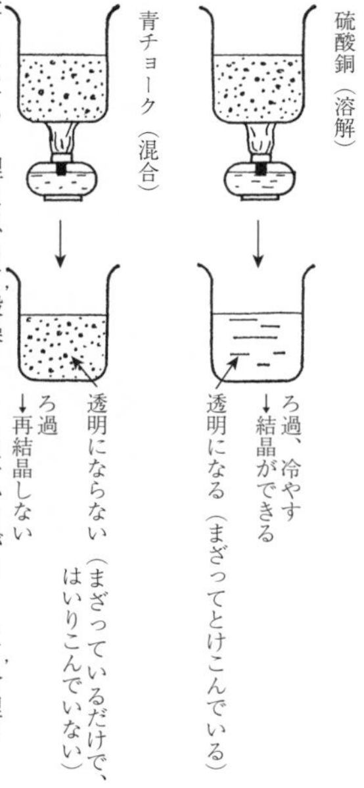

硫酸銅（溶解）
青チョーク（混合）
ろ過、冷やす
↓結晶ができる
透明になる（まざってとけこんでいる）
透明にならない（まざっているだけで、はいりこんでいない）
ろ過
↓再結晶しない

図9-3　島小学

（出所）斎藤（1970）pp. 585-589.

水のなかに硫酸銅をとかしてみる。これを熱するとすっかり透明になってしまう。
水のなかに青チョークの粉をとかしてみる。硫酸銅の水溶液と同じようにみえるが，熱してもとけない。どうしてだろうという疑問が当然出るだろう。これを考えさせば子どもたちは，この二つのとけ方がちがうのだと解釈することができるだろう。

四，全体の指導計画（４時間予定）

○　硫酸銅を水にとかすと，すっかり透明になるときと，にごるときとがある。にごった液を熱すると透明になる。しかし，硫酸銅はなくなってしまったのではない。その証拠には，透明の液から，また硫酸銅が得られること（再結晶）をわからせる。……２時間

○それならば透明になったとき，硫酸銅は水のなかでどうしているのだろうか考える。……１時間

○硫酸銅を水にとかして熱すると透明になる。青チョークを水にとかしたのは熱しても透明にならない。青チョークを水にとかしたものは，ろ過すると色のない水になってしまう。この二つのちがいから溶解と混合のちがいをはっきりさせる。……１時間（本時）

五，この時間の目標

青チョークを水にとかしたものは，なぜ熱しても透明にならないのか，硫酸銅の水溶液は，熱するとなぜ透明になるのかという問題を考え，混合と溶解のちがいをはっきりさせる。そうすれば硫酸銅が水にとけるというのは，硫酸銅の分子が細かくわかれて水の分子と分子の間にはいりこんでいるのだということがはっきりする。

六，この時間の計画

展開の核	子どもの可能性	授業の結晶点	予想される難関
◇水に硫酸銅をとかす。  「この水はふつうの水とおなじだろうか」と発問する。 ○液を蒸発すると硫酸銅がとれる。 ○これもやはり色のついた硫酸銅だ。	硫酸銅の色のついた水 硫酸銅とあとの水 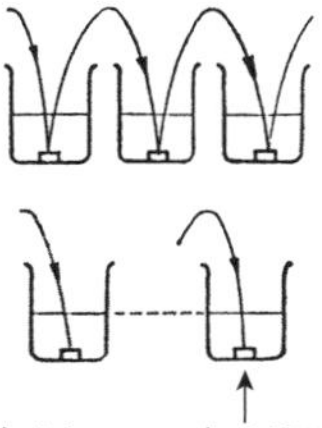 白くなって，水はだんだんうすくなる。 ○お湯になっちゃった。 ○お湯にとけちゃった。	透明でも硫酸銅がとけていることをわからせたい。 硫酸銅は色と物質にはわけて考えられないことをわからせたい。 硫酸銅に色がついているので，色だけはとり出せないことがわかる。	硫酸銅を色と物質にわけてしまうだろう。

（後略）

校の授業案

第3学年5組　理科学習指導案　　　　　指導者　岩下　修

1，単元　　空気でっぽう

2，目標　　空気には弾性があることを理解させる

3，指導計画　（8時間完了——本時　6/8）

(1)　空気でっぽうづくり——2時間

(2)　玉の飛ぶしくみ————3時間

(3)　水で玉は飛ぶか————2時間　（本時1/2）

(4)　まとめ　　　　————1時間

4，本時の指導

(1)　目　標　水は空気と違って，閉じこめて押されても物を動かす働きのないことを理解させる。

(2)　準　備　①　水そう…各グループ1（水を入れておく）

②　O・H・P（空気のちぢみ方のイラスト図3枚程）

③　空気でっぽうの筒と玉…各自1セット

④　イラストを書き込むワークシート…各自1枚

⑤　トラペンアップ　1台

(3)　指導課程

時間配分	教師の働きかけ	予想される児童の活動	〔技術・原則〕
5分	1，「空気の縮み」のイメージ化 (1)　前時のまとめとして，全員にかかせた図の中から，次の2種類をT.P.で見せる。① 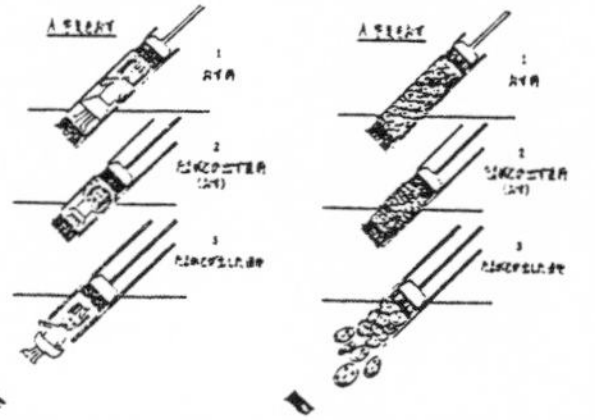	(1)に対して，次のような声が出されるだろう。 ア．おもしろい イ．空気のちぢみ方がよくわかる ウ．もっとたくさんのイラストを見せて エ．先生，きょうは何の実験するの	①視覚に訴えすばやくイメージ化させる
5分	2，空気でなく水を入れたときの予想 (2)　次の発問・指示で予想される。 発問1　空気のかわりに水を入れてピストンをゆっくり押すと，玉はどうなりますか。② 指示1　次のA.B.Cの中のどれになるか選び，○をつけなさい。理由も記入しなさい。③　3分間です。 A　空気のときよりよくとぶ	(2)の発問に対しては興味を持って，さっそく実験したいという気になるだろう。	②同じ装置同じ実験を違う素材で行い，両者の違いを発見させる ③選択肢を設け，思考の手が

図9-4　岩下

（出所）岩下・向山（1991）pp. 88-89.

	B　空気のときと同じくらいとぶ C　ほとんどとばない (3)　発問１・指示１を続けて言った後ワークシートを配布し，記入させる。④ (4)　グループ化（４人）はしてあるが，個人作業とさせる。⑤	(3)の指示１に対する各自の選択は分裂するだろう。 B.C.Aの順で多いと考えられる。	かりとする ④指示内容をしっかり把握させる ⑤個の思考の尊重
10分	3，予想の発表と討論 (5)　グループ１人の子（計９人）にA，B，Cのいずれを選択したかを発表させる。⑥ (6)　選択した理由を自由に発表させる。⑦	(6)の発表で次のような意見が出されるだろう	⑥子どもの考えを徐々に言わせ，意欲的にさせる ⑦理由の発表は強制しない
10分	4，実験での確認 (7)　下記のような装置で実験させる。⑧ (8)　実験の前に，次の指示を出す。 指示２　グループで１人ずつ順番に実験していきなさい。⑨　８分間です。 (9)　２回りめになったら，筒の水の中に少し空気を入れるように机間巡視でアドバイスしていく。⑩	ア　Aに賛成 ・水でっぽうはよくとぶ ・水の方が重いから強い イ　Bに賛成 ・水もやわらかい ・水もにげるところがない ウ　Cに賛成 ・スポンジから水がもれる	⑧玉の動きを見やすくさせる ⑨全員を実験に参加させる ⑩教師がグループに個別対応し，意欲化を促す
6分	5，実験結果の発表 (10)　水だけのときと，空気を少し入れたときの両方を発表させる（各グループ１人）⑪	(8)の指示２の結果，実験する子と見守る子全員が集中するだろう	
7分	6，実験のイラスト化 (11)　「イラスト記入用紙」に，図を記入させる。⑫	(9)の助言により意欲的に実験を行うだろう。「あっ，空気があるととぶ」	⑪結果を確認させる ⑫水のちぢまない性質を楽しく理解させる
2分	(12)　トラペンアップを用い，イラストの中から３点をT.P.化して見させる。 7，次時課題の予想 (13)　次時に実験したいことを３名に聞く。⑬	(10)では例外なく「水は球がとばない」と発表されるに違いない (11)(12)では，喜んでイラストを見るに違いない。	⑬全員に次時への意欲を促す

式指導案

書き込んだ座席表授業案

1	2	3（K男） 由次意見はすぐに試そうとする。おうぎ形にして並べる考えもすぐ試すと思われる。全体へ広めたい。
15の考えと同じだったが，ひもを使ったりして周りの長さが同じでも面積が異なることを説明できた。	6（T男） 戸惑うことなくキの考えで求めた。カーブについての疑問に説得力のある説明ができると思われる。	7（A子） 27児の考えについて聞き返し，どう思うか考えさせる。途中まででも考えたことを認める。
11	12（H男） 説明の際にひもなど，具体物を使わせ，みんなに伝わるようにしたい。	13（E子） 意見は取り上げなかったが，考えが言えたことは認めたい。15の考えがよくわかったと言っていた。
円を正方形に変形して求めるやり方を主張。教師の資料提示で周りの長さは同じでも面積が異なることを指摘した。	17（M子） 12児にかかわって意見を言うことを期待する。	18（G子） 7児にかかわって意見を言うことを期待する。
21 周りの長さが同じでも面積が異なるという意見を言った。	22（B子） 27児と考えが似ている。かかわって話させたい。	23 周りの長さが同じでも面積は異なるという意見から，28，33の考えもちがってくることに気づいた。
27（S男） 自分の考えはきっと反対されると考えている。みんなが考える糸口になるので，考えたことを認めていく。	28（C子） エの考え方。アやイと数値の違うことに気づかせたい	29
周りの長さが同じでも面積がちがうことを，畑を例にあげて説明した。	周りの長さが同じでも面積は異なるという考えから自分の考えもちがうことに気づいた。	33

（前時） 円の面積の求め方を考えよう

ア 11

16等分して1つを直角三角形として計算する
・はみ出しが余分
・実際の大きさでないと高さが出ない

（本時）

円の面積の求め方を他の方法で考えて

ウ　27　22
正六角形をかき三角形が6こできる
正方形でもできる
すき間ができるすき間を三角形として考える 22

エ　26，28，23，33，29
円周の長さの1／4を求めそれを底辺とした三角形4つとして求める

オ　2，7，13，18，19
周りをどうしていいかわからない

直線にしてしまうと面積が変わる

を三角形とした ×4

円の面積により近い

面積はちがってくる

小グループで話し合わせる

平行四辺形や長方形として

求められる

模型でほぼ長方形になることを確認する

細かくすればカーブがなくなる

周りの長さが同じでも面積はちがう

長方形として求められる

（次時） 計算で面積を求めよう

授業での生徒Sの実際の反応：
「周りの長さが同じでも面積がちがうことを，畑を例にあげて説明した。」

授業での生徒Sの反応の予想：
「（一つの考えを示したが，）自分の考えはきっと反対されると考えている。みんなが考える糸口になるので，考えたことを認めていく。」

図9-5　座席表

（出所）上田・静岡市立安東小学校（1999）pp. 114-115. 図中の四角囲みと解説は

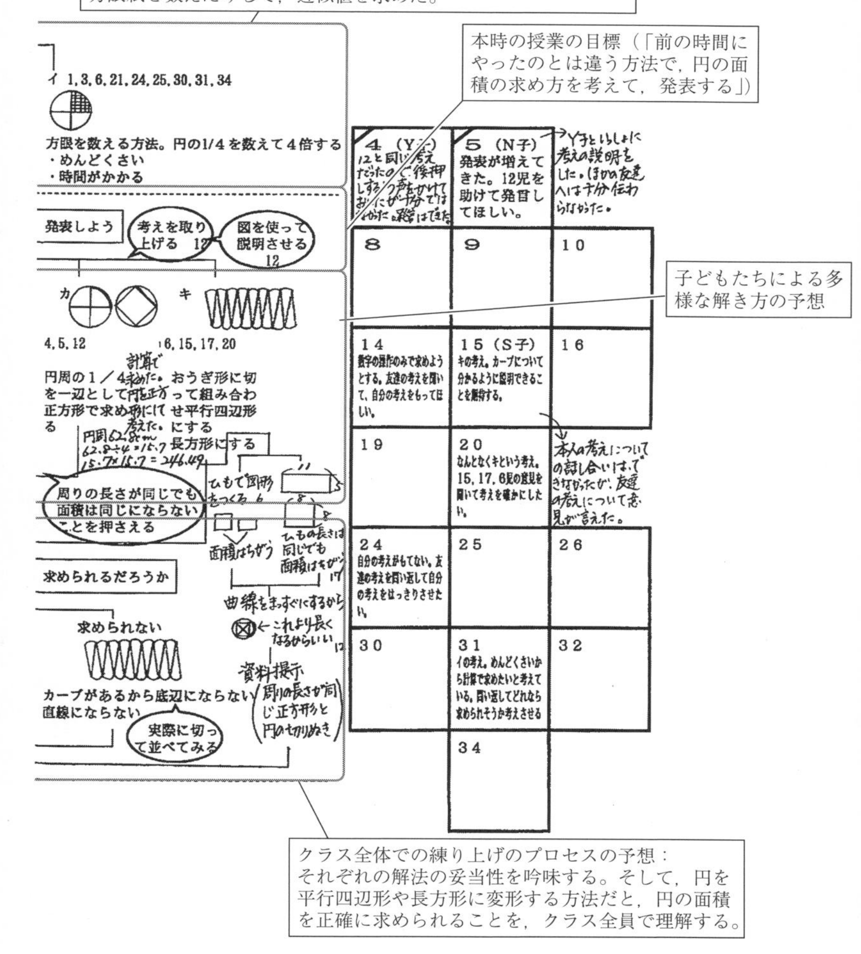

前時の目標（「円の面積の求め方を考えよう」）とその追究過程：円を16等分して１つ１つの扇形を直角三角形として計算したり，方眼紙を数えたりして，近似値を求めた。
本時の授業の目標（「前の時間にやったのとは違う方法で，円の面積の求め方を考えて，発表する」）
子どもたちによる多様な解き方の予想
クラス全体での練り上げのプロセスの予想：それぞれの解法の妥当性を吟味する。そして，円を平行四辺形や長方形に変形する方法だと，円の面積を正確に求められることを，クラス全員で理解する。
イ 1, 3, 6, 21, 24, 25, 30, 31, 34
方眼を数える方法。円の1/4を数えて４倍する
・めんどくさい
・時間がかかる
発表しよう
考えを取り上げる 12
図を使って説明させる 12
カ
キ
4, 5, 12
6, 15, 17, 20
円周の１／４を一辺として正方形で求める
おうぎ形に切って組み合わせ平行四辺形にする
長方形にする
周りの長さが同じでも面積は同じにならないことを押さえる
求められるだろうか
求められない
カーブがあるから底辺にならない
直線にならない
実際に切って並べてみる
4（Y子）
5（N子）
発表が増えてきた。12児を助けて発言してほしい。
8
9
10
14
数字の操作のみで求めようとする。友達の考えを聞いて，自分の考えをもってほしい。
15（S子）
キの考え。カーブについて分かるように説明できることを期待する。
16
19
20
なんとなくキという考え。15，17，6児の意見を聞いて考えを確かにしたい。
24
自分の考えがもてない。友達の考えを聞き返して自分の考えをはっきりさせたい。
25
26
30
31
イの考え。めんどくさいから計算で求めたいと考えている。聞き返してどれなら求められそうか考えさせる
32
34

授業案

筆者による

かを，座席表に細かく記述する教師たちもいました（図9-5）。そこまで厳密でなくても，多くの教師は，子どもたちの帰った教室で，座席表を眺めながら，一日の子どもたちの姿を一人ひとり振り返り，その日どんな姿だったか思い出せない子がいることに気づいたりして，一人ひとりの子どもを捉える目を鍛えてきたことでしょう。クラス集団全体だけでなく，子どもたち一人ひとりについての豊かな子ども理解が，創造的な一斉授業を可能にしてきたのです。

（3）事前の構想を練る際の基本的なポイントとは

授業のポイントを外さないためには，まず，第3章や第4章で詳しく説明してきたように，教科書や指導書等を批判的に分析し，単元のポイントや教材の本質を理解することが必要です。研究授業をする際には，その単元に関連する専門書や新書本を読むなど，**教材研究**を積み上げることが求められます。教師の教材研究のプロセスに沿うなら，「教材観（何がその教材の本質，すなわち中心的で教師が教えたい内容なのか）→児童・生徒観（その本質を理解する上で子どもたちは何を知っていて，どこでつまずくことが予想されるか，その内容を学ぶことの子どもたちにとっての意味はどの点にあるのか）」の順で記述するのがよいでしょう。

さらに本時案の作成においては，第8章で述べた「目標と評価の一体化」を意識して，教科の本質を探り意識的に見るべきものを絞り込み，その本質的な目標について，授業の準備段階で評価を意識し，**目標を子どもの姿でイメージする**。さらに，そうした教師の想定を授業後に検証し，子どもが実際にどう学びどこでつまずくのかを解釈することを日々意識するとよいでしょう。こうした「目標と評価の一体化」のプロセスは，そのサイクルを繰り返すほどに，教科の本質的な内容を子どもがどう認識するかを教師が学び深めていくことにつながるのです。

教師の構想力の発達の核にあるのは，目の前の具体的な子どもたちの思考過程に添って，授業のプランを読んだりリアルに想像したりできるかどうかです。教材観を明確にし，子どものつまずきを想像し，１時間単位の目標に閉じないより長期スパンのゴールやねがいもイメージしながら，教材研究を積み重ねていくことで，長期スパンの見通しが持てるようになり，若手教師は自分の頭にあるカリキュラム構想を豊かにすることができるでしょう。

事前検討会については，同じ教科の教師だけで実施する傾向があります。特に，中高で授業研究が実施される場合，専門外の教科の授業に対して無関心だったり，発言を躊躇したりする傾向がみられます。そうした「**教科の壁**」は，授業研究を閉鎖的なものとし，授業研究を進めるほどに教科ごとに教師集団が分断される事態を招きがちです。これに対して，異なった教科の教師も事前検討会に入ることで，**学習者に近い視点**から教科の内容や授業展開のポイントを検討することが促されます。授業内容や授業の進め方についてわからないと思ったら，わからないと素直に指摘すればよいのです。その教科の教師たちにとって自明なことが一般の人々にとってはそうでなかったり驚きだったりすることへの気づきは，学習者のつまずきの予想につながったり，学習者にとっての意外性を生かした教材づくりにつながったりするでしょう。

4．教育実践を記録する方法論

（1）授業をどう観察し記録するか

公開された授業を参観する際には，事後検討会に備えるためにも，何らかの形で**記録**を残しておくことが重要です（二杉他，2002；ネットワーク編集委員会，2018)。記録をするとそれに集中してしまうので，授業の事実をまずは見てその雰囲気を肌で感じることが大事だとする見方もあります。しかし，特に授業についての理解の未熟な段階で授業を見ても，漠然とした印象が残るだけになりがちです。授業を細部にわたって捉える目を育てるためにも，後で見直して細部が思い出せる程度に授業の事実をノートなどに記録することが重要です。

記録に際しては，ビデオやボイスレコーダーを利用するのも有効です。ビデオやボイスレコーダーの記録は，ただ見直すだけでも授業者が自分の姿を客観視するきっかけとなりますし，学術的な分析を施す際には不可欠です。しかし，日常的な授業研究においては，毎回ビデオの記録をもとに検討するのは現実的ではありません。そこで以下の部分では，ノートへの記録の方法を中心に説明しますが，記録するポイントはビデオやボイスレコーダーでの記録にも当てはまります。また，ある程度の研究的な関心にも耐えるような客観的で詳しめの記録の方法を提示していますので，授業を見る際の着眼点は学んで，記録自体は，目的に応じて記録する事項をしぼって，ざっくりとメモする感じでもよいでしょう。

教室に入ったら，学年・クラス，教科・単元，授業者（公開研究会の場合は学校名も）を記した上で，机の配置や掲示物などの教室環境，教師と子どもとの距離や応答性やクラスの雰囲気などについてもメモしておくとよいでしょう。教室での立ち位置ですが，授業の後方から壁の花のようになって観察している姿を見かけますが，これでは教師の指導のみで子どもたちの表情や学びのようすを観察することはできません。もし授業者の許しが得られるのであれば，子どもたちの学びと教師の指導の両方を見ることができるよう，できる限り教室の前方から観察するようにするとよいでしょう。ビデオを撮影する際にも，同様の発想で，逆光にならないことも配慮しながら，可能なら，教室の窓側の前方から撮影するとよいでしょう。また，三脚を使うなどして，授業開始から終了まで止めずに撮影できるようにします。ビデオカメラやタブレットでは，音声を十分に拾えないこともあるので，グループ内での発言などはボイスレコーダーで補う必要があります。

授業が始まったら，**教師の働きかけ**と**子どもたちの反応**について記録していきます。板書されたことについても，「ＢＢ」などの略語を効果的に用いて，それとわかるようにその都度記録をとります（授業の最後に残った板書も，改めてカメラに収めたりメモしたりします）。活動が切り替わったりする授業の節目や，子どもから重要な発言が飛び出した時など，折に触れて時間を記録しておくことも忘れてはなりません。

授業過程での言語的コミュニケーションについては，安易にまとめず，できる限り発言に忠実に記録することを心がけましょう。特に，主発問や重要な指示については，その微妙な言い回しの違いで学習者の反応が大きく変わることがあるため，一言一句違わないように記録しておきましょう。また，子どもの発言とそれに対する教師の受け止めにおいては，教師による言い換えが起こったり，解釈にずれが生じたりすることがしばしば起こるので，そういった点も注意して見ておくとよいでしょう。発言している子どもだけでなく，その周りの子どもの様子や他の子どもたちがどう聴いているかも重要です。さらに，そうした言語的コミュニケーションだけでなく，教師の声のトーン，視線，テンポ，間，子どもたちの態度や行動，クラスの雰囲気などの非言語的な部分についても，気付いたことをメモしておきましょう。なお，グループ学習や個人作業が中心の授業においては，個人やグループに張り付いて定点観測的に，あるいは，複数名で観察するなら役割分担して観察し記録を取るとよいでしょう。

授業記録は，授業後の記憶の鮮明なうちに見直して，情報を補足したり，発言や行動のつながり（事実関係・因果関係）を見極めたり，疑問点，考えたこと，発見したことなど，事後検討会で発言したいことを色ペンで示したりしておきましょう。

（２）実践記録とは何か

教育実践をどう記録するかという点に関係して，民間教育研究団体などでの実践研究のベースになってきた，実践記録について触れておきましょう。**実践記録（教育実践記録）**とは，保育士や教師など，子育てや教育の仕事に携わる者が，自らの実践のプロセスや成果を書き言葉で綴った記録のことです[(2)]（坂元，1980；田中，2009；大泉，2005）。それは，学校や教室における教師の教えの履歴と，子どもたちの学びの履歴（ドラマ）を質的に物語的に記録し可視化するものです。

生活指導を対象にするか，授業での教科指導を対象にするかという違いはあっても，実践記録と呼ばれる場合，教師から子どもへの働きかけ，子どもたちの学習活動，さらには，子どもたちをとりまく家庭や地域の状況や活動の事実を，実践者本人が自らの問題意識に即して切り取り，**物語的様式**で記述したものが想定されていました。これに対して，1960年代以降，授業の科学的研究の進展に伴って，教室にテープレコーダーやビデオカメラを持ち込み，実践者以外の者が授業を直接観察し，子ども（Student）たちと教師（Teacher）のやり取りの客観的な記録（S-T 型授業記録）を作成するようになりました。こうした授業の客観的な記述をめざす記録は，一般に**授業記録**と呼ばれ，実践記録とは区別されます。なお，後述する**ストップモーション方式**に関連して，授業記録に教師による判断過程の内観や観察者の実況中継を加えた記録方法もあります（図９-６）。

実践者本人による物語調の実践記録に対しては，それが主観的で文芸的なものであり科学的研究の資料とするには問題があるなどという批判もありました。しかし，事実の強調・省略や物語的な記述ゆえに，実践記録は，実践過程のアクチュアルな現実（内側から体験された現実や風景や心情）を，実践の切り取り方に埋め込まれた教師の実践知（ものの見方・考え方や知恵）を伝えるものとなりうるのです（竹沢，2005）。

人間は自分の生活と意識をさまざまな形で記録し，分析して，反省の材料にしてきました（生活記録）。日記や自伝，あるいは，精神科医の治療カルテや社会福祉関係者の活動日誌などがその例です。

あいさつが終ると，教師は黙ったまま教卓の上におかれた袋の中からゆっくりと実験機具をとり出す。直径4cmくらいの試験管と綿，それにハツカダイコンの種の紙袋である。子どもは身をのり出して見ている。

『今日の3時間目まで花から実，種までやってきたけど，今度はその種が芽を出すというところに入ってゆきます』

この時間から発芽をテーマにすることを告げる。落ち着いた静かな声である。しかし，子どもには届いている。

最初の2分間を使い，教師は子どもの目の前で下図〔3〕のような実験装置をつくってみせた。手順は以下のとおりである。

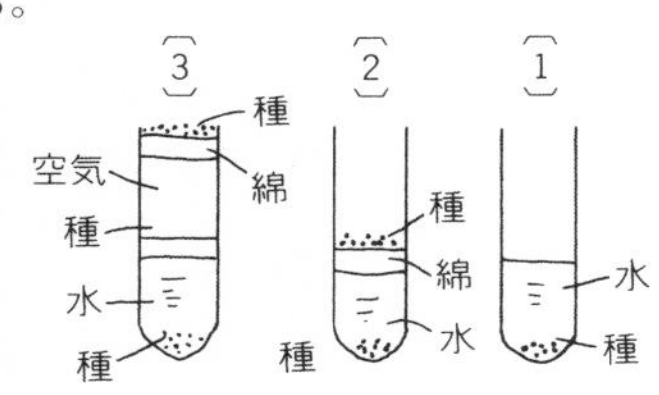

①『これ，ただの水』と言って，ビーカーの水を空の試験管の中ほどまで注ぐ。教師は教卓の横に立ち，子どもからよく見えるように試験管を高く掲げて一つひとつの手順の進行を子どもに示す。

②『ハツカダイコンの種』と言って種の袋を見せてから種を少量手の中にあけ，試験管に入れる。子どもは小さな声をあげながら，一つひとつのなりゆきに反応している。種を沈ませるため試験管を数回振る。『下に沈んでいるね』と確認させる。（ここまで図〔1〕）

③『その上に綿を置きます』と言って，綿を試験管の中の水面にふれるところまで押し込む。

「何それ？」『ただの綿です』

「カット綿？」『そう，カット綿』

作業を続けながらいろいろやりとりする。綿の入れ方に一度失敗し，やり直す。

④『この綿の上に種を入れます』

種を試験管の綿の上にのせる。（ここまで図〔2〕）

⑤『その上にね，また綿を置いて……』

綿を試験管の上部につめる。意外に手間のかかる作業だ。『意外とね，大変』とつぶやく。

⑥もう一度種を綿の上にのせる。「あ，またやるんだ」の声。子どもは興味深そうに試験管に注目している。

⑦出来上った試験管（図〔3〕）を高く掲げて見せる。

出来上った状態の試験管をもちこんで説明するより，このように演示しながら装置をつくるほうがはるかによい。子どもは三箇所の種の状態をイメージに描くことができるからである。

図9-6　「種の発芽」2分間の授業記録〈改訂版〉

（出所）藤岡（1991）pp. 88-89.

生活記録を綴ることで，自らの生活のようすを自覚的に捉え，そこから明日の生活をよりよいものにするヒントを得てきたのです。実践記録は，「**教師の生活記録**」であり，実践の省察を促すことで，授業や子どもの事実に関する新たな気づきや，実践的見識・技量の発達のための有効なツールとなるのです。

（３）実践記録をどう読むか

教育実践の出来事を記した実践記録は，小説や文学作品を読むのと同じように，時間軸に沿って，教室の風景，雰囲気やリズム，学習者の発言や行動などを具体的に想像しながら読むとよいでしょう。教師と子どもたちが織りなす**ドラマ**（思考錯誤と成長の物語）をまずは共感的に味わいましょう。その一方で，下記のような視点を意識するとさらに読みが深まるでしょう。

まず，実践記録には，子どもの学習の過程と結果が，それを生み出した教師の意図的な働きかけとの関係において，教師の内的葛藤も含めて記述されています。よって，実践記録を読む際には，教師の心の動きを共感的に理解することを通じて，その**判断過程**（学習者の実態をどう読み取り，どのような葛藤と見通しのもとでその働きかけを選択したのか）に学ぶ姿勢を持ちましょう。その際，マニュアルのように，「こういうときはこうする」という対応を学ぶのではなく，個別の状況における判断過程を丁寧に読み取ることが重要です。

また，実践記録は個別具体的な事実の表現であるとともに，事実の切り取り方や解釈を通して教師の思想・理論をも表現しています。それゆえ，実践記録を読む際には，記録された実践の客観的な中身に着目するだけでなく,「この実践者がなぜ, この実践をしようと思ったのか」「この記録をどんな思いでまとめたのだろうか」「なぜあそこには着目せずここに着目したのか」といった点を推測しながら, 記録された事実の意味や, **事実の切り取り方**にも注目しましょう。実践記録を読む際,「時代が違うので現在の実践には役立たない」と思う前に, 判断過程や事実の切り取り方（実践を捉える視点）といった, 教師としての根っこの部分から学ぶ姿勢が重要です。

実践記録の多くは成功の物語として描かれがちなため, 読者は「自分にはできない」と思うかもしれません。また逆に, 実践を対象化できずに心酔してしまうこともあるかもしれません。こうした極端な反応に陥らないためにも, 事実の強調・省略ゆえに**語られていない部分**（予想される問題点, 実践を可能にしている同僚の支えや学校の条件, その実践に至る**教師のライフヒストリー**）に意識を向け, それを想像したり, 関連文献を読んで補ったりしてみるとより学びが深まるでしょう（石井他, 1996；藤原他, 2006；加藤・和田, 2012）。完璧な実践などありませんし, 名人といわれる教師も, 様々な悩みや挫折を経てそうなったのです。

実践記録の意味は, 集団で読み合い, 批評し合うことでさらに高まります。実践記録を書いて持ち寄り, 互いに批評し合うことは, そこに埋め込まれている実践家の言語と理論を明示化し練り上げていくことにもつながります。こうして, **実践の記録と批評**という営みを通して, 教師たちは, 実践改善のヒントを得るのみならず, 研究の主体となり自らの実践の主人公となるのです。

実践記録を自ら綴ることは, かなりハードルが高いと感じるかもしれません。しかし, 今ならタブレット等で子どもたちの姿を写真で残し，それをストーリーに沿って並べるだけでも展開が見えますし，そこに少し解説めいたものをつけて，アルバム的な感じで記録として残しておくことで，それをもとに自らの実践の振り返りや学びの履歴（ティーチング・ポートフォリオ）に生かせますし，**学級通信**で保護者と共有することもできるでしょう[(3)]。

5．事後検討会の方法論

（1）事後検討会にはどのような方法があるのか

授業後の**事後検討会**というと，近年は「学び」の研究としての事例研究というイメージで捉えられがちですが，「教えること」の研究としての事例研究も存在します。

「学び」の研究としての事例研究の例としては，稲垣忠彦，佐藤学らの「授業カンファレンス」を挙げることができます（佐藤・稲垣，1996）。そして，佐藤学は，子どもの学びの意味やつながりを明らかにする視点をより強調するようになりました。さらに，1990年代には，教師による自らの実践の振り返りをサポートするリフレクション・ツールの開発も進みました。たとえば，藤岡完治（2000）の開発したカード構造化法（授業を実施したり観察したりして，問題と思ったことや気になったことを，一つの事柄につき一枚のカードで，自由に思いつく限り記述する。→カードの束を二つのグループに分類し，各々についてさらに二つのグループに分類するという作業を繰り返す。→分類されたカードのグループにラベリングし，構造図を作成する。→ラベル同士のつながりを線で示したり，グルーピングの理由や気づきをメモしたりする。）は，授業者が自らの授業の見方を可視化し，さまざまな気づき（awareness）を得るのを促すしかけです。

「教えること」の研究としての事例研究の例としては，斎藤喜博（1977）の「介入授業」や，藤岡信勝（1991）の「ストップモーション方式」を挙げることができます。斎藤の「介入授業」は，授業途中に，指導的教師が，授業者に代わって子どもに発問を投げかけたりして，授業に介入する方法です。こうした斎藤の方法は現実的ではありませんが，藤岡によるストップモーション方式では，授業のビデオ記録を一時停止して個々の場面での教師の教授行為について議論がなされます。その際，「なぜあの場面でこういう行動を取ったのか？　なぜこのような発問をしたのか？」「あの時子どもたちの学びについて何を見ていたのか？」といった点を問うことで，行動の背景にある授業者の意図や判断過程を検討することがめざされます。授業中のその出来事が起こった瞬間に介入するのではなく，授業後に，その状況で自分ならこうする，あるいは，この「教師の出」の意味はこう解釈できるといったことについて議論するわけです。

事後検討会においては，知識創造につながるような省察がめざされねばなりませんが，授業者の授業観や学習観や子ども観の再構成にも至るような，ダブル・ループの省察は，簡単には生じません。そういう省察が起こる可能性を高める上では，**事例研究の日常化**が重要です。そしてそのためには，「学び」の研究としての事例研究を重視し，事前準備に力を入れすぎず，子どもの学びや教室での出来事の解釈を目的とした，リラックスした雰囲気での対話の機会を積み重ねていくことが有効でしょう。それに加えて，研究授業や教育委員会主催の研修のように，より**フォーマルな事例研究**の場においては，詳細な授業記録などをもとに，あるいはカード構造化法のようなリフレクション・ツールを用いたりして，自らが授業や授業観察で何に注目しているかを可視化し，自らの授業の見方について自覚化や気づきを促す特別な機会を持つことも有効でしょう。特に，経験の浅い教師には，授業の組み立て方や子どもの見方を学び，自分なりの授業スタイルを確立していくために，ち密な教材研究はもちろん，ストップモーション方式などにより，授業の過程を丁寧に振り返る機会も重要でしょう。

（２）知識創造につながる事後検討会にするためには

最後に，知識創造をめざして**日常的な事後検討会**を実施する上での留意点をまとめておきましょう。日常的な事後検討会においては，授業を見られる者の立場の弱さを自覚しつつ，授業者が公開してためになったと思える検討会にしていくことが重要です。そして，参加者が対等な立場で対象に向かい合う研究的な関係を構築し，事実に即した検討会にしていく上で，子どもの学習を話題の中心とすることは有効です。教え方から議論し始めると，本章冒頭のシチュエーション②のように，事後検討会は授業の論評会となり，授業者が責められる構図となりますし，授業観や授業スタイルの違いをぶつけ合うだけになる危険性もあります。また，教材解釈の妥当性から議論し始めると，教科の壁で全員参加が難しくなるし，そもそもそれは授業するまでもなく事前でもできた議論になる傾向があります。子どもの学習や授業の実際から話を始めることで，直接問題だと指摘しなくても，事実が問題点に気づかせてくれるし，事実をく

Round Studyガイド①

さあ、
Round Studyをはじめよう！

準備とホストの役割

準 備　**まず、リラックスした雰囲気を会場につくることが大切です！**

○1テーブルに4人の座席（4人グループができないときは、3人グループにする）
○模造紙・3～4色のマジック（グループ数）
○まとめ用の短冊（2色それぞれ2枚・四つ切画用紙を横に3等分程度）
＊短冊の準備は、Final Roundの進め方によって変わる場合もある。
○模造紙の中央に話題にするテーマを書く（「授業の魅力と課題」など）
○お菓子、飲み物、花、カラフルなテーブルクロス、BGM等、それらは企画者の工夫次第

ホスト　**各テーブルには、席を移動しないホストが一人ずついます！**

□Roundがはじまる前、緊張したみなさんに、楽しい話題をふって、テーブルの雰囲気を和らげましょう。
□まず、アイスブレーキング。そう、氷が解けるようにみなさんの心をリラックスさせましょう。Round全体を通して言えることですが、堅苦しくなく、会話を楽しみながら、今日の授業について、研究について、そして、教育について語り合うことのできる雰囲気づくりをすることがホストのお仕事です。それには、まず、かんたんな自己紹介とちょっとした雑談。教育とは関係ないお題について、一言ずつコメントをいただくのもよいでしょう。
＊マイブームは？　＊最近、嬉しかったことは？
□Roundがはじまったら、みんなが会話に参加できているかどうか気にかけましょう。発言のない人がいたら、「どうですか？」と発言を促しましょう。
□グループでのRoundは、模造紙にかきながら（文字を書く・絵を描く・図を描くなど）話します。これは、なかなかむずかしいことです。話に夢中になってなかなかかけない人がいたら、ときには、話していることをかいてあげてください。また、「かいて、かいて！」とグループのメンバーに促してください。
□Round 2 は席替えです。Round3 は Round1 のグループに戻ります。
しかし、ホストだけは席を移動しません。
□Round２では、新しく訪れた人をおもてなししましょう。そして、新しいメンバーにRound１で話し合われたことを、模造紙をみながら簡単に説明しましょう。同様にRound３でも、戻ってきたメンバーにRound２の様子を伝えましょう。
□ホストは、決して司会者ではありません。テーブルの皆さんが、会話を楽しむことができるように場の雰囲気をさりげなくコーディネートしましょう。そして、他の人たちとともに会話を楽しみましょう。そのとき、気にかけていただきたいことは、会話がテーマから離れてしまっていないかということです。離れかけているようであれば、中央に書かれたテーマを今一度みんなで確認して修正しましょう。

図９－７　Round

（出所）原田（2017）pp. 18-19.

Round Studyガイド②

さあ、
Round Studyをはじめよう！

全体の流れ

展開

会話から新しい知が生まれる。その確信に基づいて
Round Studyは行われます！

Round 0 参加者全員 10分	□本研修の目的（明らかにしていきたいこと）を示します。 □Round Studyについて（展開とマナー）の説明をします。 □アイスブレーキング
Round 1 グループ 10分	□テーマについて、各々が自分の考えを伝えます。 □「かきながら話す」ことを心掛けましょう。 □まず、とにかく同じグループの人たちとの会話を楽しみましょう。
Round 2 グループ 10分	□ホストを残して席を移動します。 □ホストは、訪れた人にRound 1の様子を模造紙を見ながら伝えます。 □比べたり、つなげたりしながら、語り合います。
Round 3 グループ 10分	□Round 1のときの席に戻ります。 □テーマについて、グループとしての意見を短冊にまとめます。 □（例）授業の魅力を青色の短冊に、課題を黄色の短冊にかきます。
Final Round 参加者全員 15分	□短冊を示しながらグループごとに発表します（各グループ90秒）。 □示された短冊をボード上で分類・整理します。 □それを見ながら、全体でまた語り合います。
Round E 参加者全員 5分 〈後日〉	□「パフォーマンス評価」「自由記述」を用いて、Roundの振り返りをします。 □評価シート、討議の内容等から、Round Studyの成果をニュースペーパーにまとめ、後日、配付します。 □評価・分析から、次のRound Studyのテーマを設定します。

Roundのマナー

経験や肩書きにしばられないこと
全員に話す機会が与えられること
すべての意見が、まず、受容されること

Study ガイド

表9-3　事後検討会の進め方の例

- ①子どもや授業の事実，②取り入れたい方法，③改善を要する点を，三色の付箋に記していく（授業中に記すようにしてもよい)。
- 指導案の模造紙大の拡大コピーを準備し，時系列に沿って振り返り，気づいたことを記した付箋を貼りながら話を進める。
- 模造紙大の指導案は机の上に置く。壁に貼る場合は，指導案をコの字型で囲む。
- 書いた付箋を全部貼ってから，順番にコメントしていくのではなく，指導案をもとに授業を振り返りながら，その場面に関して付箋にコメントを書いた人が，付箋を貼りながら話し，関連した付箋がある人が続けて「私も……」といった形でつないでいく。その中で授業者も発言する。検討会の場で思いついたことも追加で付箋に書いていく。検討会で口頭で出た意見については，記録係がマジックで模造紙大の指導案に書き込んでいく。
- 「こうすべきだった」という話は最後まで我慢して，検討時間の半分から5分の3くらいは，児童・生徒の様子や授業の雰囲気といった事実について話し合う。その際，どのような授業であっても，児童・生徒はしたたかに学んでいるという視点をもって，授業で起こっていた事実の深い理解を目指す。残り時間の半分で，目標や教材の妥当性（その単元や授業で学ぶべき本質的な内容は何か）を問い，さらに残り半分で，授業の進め方や教師の手立てについて議論する。
- 指導助言者も一参加者として途中で発言してよい。ただし，理論的な知見や教育改革の方向性との関係で，授業での事実を意味づける役割を意識する。

ぐることで，事後検討会だからこそできる教材研究（子どもの学習過程に即した教材解釈の妥当性の検討）が可能になるのです。

ただし，子ども研究から出発しながらも，教師の教材解釈や授業中の指導との関連でそれを検討する視点を持たなければ，**教授・学習過程**である授業を研究したことにはなりません。子どもの学習から教師側の働きかけにさかのぼる，あるいは，子どもの学習の事実と教材の本質を確認した上で，教授方法の議論に進む（事前の構想と同じ順序）など，**子ども**，**教科内容**，**指導技術**の3つの話題の配列と時間配分を工夫することが求められます。例として表9-3に示したのは，筆者が教育現場で実施している事後検討会の進め方で

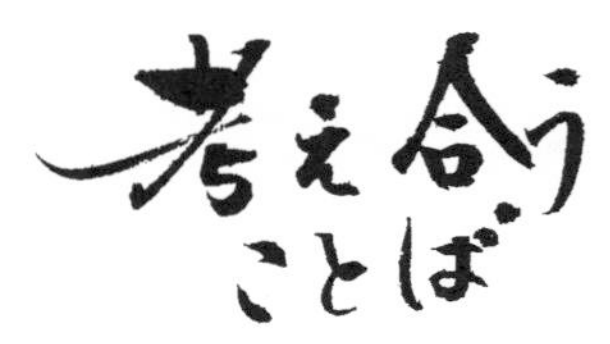

■話題から逸れないで話す

「そもそも――」と、廊下側の一等後ろの席からAの声が飛んだのは、話し合い活動の終盤だった。思わず振り向く子どもたち。

「――絶対3本ずつないとあかんというわけではないから、余りの2本も答えに入れることにしました。」

と、Aは述べた。拍手が起きる。それは、この授業の参観者が一様に声をそろえる"本時、最も印象的なことば"だった。

＊　＊　＊　＊　＊　＊

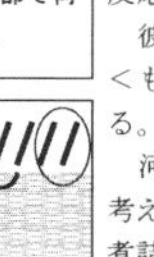

◎アイス問題

食べ終わったぼうを３本あつめると、もう１本もらえるアイスがあります。このアイスを２０本買うと、全部で何本食べることができるでしょう。

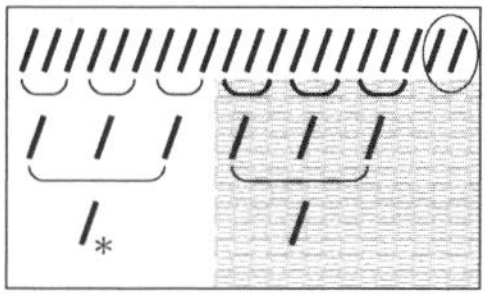

本時の課題は『アイス問題』(左)だ。教科書に載っているものとしては、相当に難度の高い文章題である。何が難しいのか。――その答えは、この時間の子どもたちの反応が教えてくれる。

彼らは「当たり付きアイス」を買った生活経験から、＜もう１本もらえる＞という仕組みはすぐに理解できる。「６本食べたら２本や。」等のつぶやきも見られる。

河部先生は途中まで図(　)をかいて見せ、続きを考えさせることにした。ノートに図式化する個人学習が煮詰まったのを確認すると、先生は子どもたちにこう呼びかける。

「図で迷っている人に、続きをかいてもらいます。そのとき、どこで迷っているかも話してください。」

Bが立ち上がる。「前へ出て説明します。(板書しながら)最初に先生が３本ずつかいてくれていたので、ここまで(　三つ)はできるけど、２本余る(○)から困っています。」すぐさま声が上がる。C「あ、分かった。今のBちゃんので分かった！」 D「ここ(＊)にもまだ１本あるから、ここ(＊)とここ(○)の余っている２本を足したらいいと思います。」　＜本書掲載のため中略＞

この先生の「迷っていることを ―」という指示は極めて重要である。「迷う」という状態は「分かる」と「分からない」の間にあるからである。個人の「分かりかけ」の状態を全体の場に引き出して、全員で考え合うという値打ちのある流れである。「それで分かった！」という周りの反応も、その学び方がとても興味深く面白いものであることを証明している。

ロシアの心理学者ヴィゴツキー(L.S.Vygotsky ／1896~1934)は、『発達の最近接領域』という理論で有名である。その考えをごく簡単にまとめるならば、「子どもが今日一人でできる発達水準を超えたところに、明日には一人でできるかも知れない発達水準がある。その子が明日以降にできることは、指導者の導きや仲間との学び合いにより、今日達成させてやることができる。それこそが教育なのだ。(大杉の要約)」ということになる。既にできることをさせても学習にはならない。次に「できそう・分かりそう」という、そのぎりぎりの部分を課題とすることが大事である。先生の指導は、まさに「発達の最近接領域」をとらえたものであったと言えるだろう。

図９－８　研究通信『Angle』(新旭北小学校／2011年／第１面)

(出所)大杉 (2017) p. 43.

す（石井他，2015）。時にはグループ活動も取り入れながら，能動的な活動や交流の仕掛けを組み込んだワークショップとして事後検討会を組織していくことも有効です（図9-7）。

以上のように事例研究を通じて，一つの授業の出来事の意味を深く解読する一方で，その事実から一般化・言語化を図り共有可能な知を創出する契機を埋め込むことも重要です。事後検討会の中に，ベテラン教師や研究者が軸となって，あるいは，参加者全員で，事例から何が一般化できるかを考える時間を組み込んだり，「研究だより」のような形で，**知の一般化・言語化・共有化**を図ったりする工夫も考えられます（図9-8）。これにより，教師の授業研究において，教育実践を語り意味づける自分たちの言葉と論理（「**現場の教育学**」）が構築されるのです。

そうした「現場の教育学」は，研究者などが生み出す系統化・構造化された理論を学んでいる程度によってその質が規定されます。たとえば，大学での学びの中で，教育学や人文・社会科学の古典を読むことは，自らの実践を意味づける概念や構造を鍛えることにつながるとともに，実践で迷ったときに立ち返り，自分がぶれていないかを確かめる**思想上の羅針盤**を形成することにつながるでしょう。こうして，豊かな読書経験に裏付けられた良質かつ硬質の理論を核として形成された「現場の教育学」こそが，表面的な改革に左右されない，専門職としての教師の自律的で手堅い実践の基盤となるのです。

ここまでの論述をふまえつつ，日常的な事後検討会のあり方を見直す視点を表9-4にまとめておきましょう。日常的な事後検討会は，それを継続させていくためにも，その会での経験自体が，参加

表９－４　日常的な事後検討会のあり方を見直す視点

●検討会（プロセス）自体の有意義感（学んだ感，つながり感，参加できた感）：
- ・立場の上下や専門性の有無にとらわれない民主的な関係性が構築されているか？
- ・参加者全員が自由に発言し，参加意識や議論に貢献できている感覚が持てているか？
- ・議論に活気があり，出された意見がつながり，新しい意見や発見が生まれるような，創発的なコミュニケーションが成立しているか？
- ・参加者が，明日の授業改善へのヒントを得られるものになっているか？
- ・子どもや教室の断片的な事実の交流を超えて，教授・学習過程の構造的な理解につながっているか？
- ・ダブル・ループの省察（枠組みの再構成によるアンラーン），暗黙知の形式知化につながっているか？

●教師の一人ひとりの成長や学校改善（成果）につなげる工夫：
校内研修を繰り返す中で，
- ・教師個々人の学びが深まり，成長が促されているか？
- ・教師集団の共同的な知識（知恵や理論）の構築・共有がなされていっているか？
- ・同僚性や研究する協働文化の創出につながっているか？

者にとって有意義感のあるものであるかどうかがまず問われる必要があります。有意義感には，学びの深さのみならず，自由で民主的な雰囲気で同僚とつながることができたか，会に主体的に参加できたという意識が持てたかといった点も含まれます。そして，議論の質ということについては，コミュニケーション自体が意見のつながる創発的なものであったかどうか，そして，明日の授業のヒントが得られたかどうかという地平を超えて，授業の構造的な理解，あるいは，見方や観の変革につながりうる方向でそれがなされていたかどうかがポイントとなります。

そうして一回一回の検討会を経験として充実させるとともに，本章冒頭のシチュエーション③で示したようなやりっぱなしに陥らず，それを確かに教師の成長や学校改善につなげていくためには，適切な形でシステム化がなされねばなりません。その際には，教師一人ひとりの研究マインドを触発し，成長に向けて学びを蓄積していくことだけでなく，後述するように，学校としての集合的な知を蓄積する**組織学習**の一環として，また，同僚性や協働文化の創出という**学校経営**の核として，それは位置づけられねばならないのです。

（3）授業改善を学校改革へとつなぐには

学校をめぐる問題が複雑化し，教師や学校への信頼がゆらいでいる中，教師個々人の力を伸ばすという視点だけでなく，**学校の組織力**を高めるという視点から，学習する組織の中心（教師たちが力量を高め合い，知を共有・蓄積し，連帯を生み出す場）としての授業研究の意味にも注目が集まっています（北神他，2010）。教師個々人の力量形成や授業改善の営みと，教師集団の組織力の構築や学校改善の営みとを結びつけて考えていく視点が求められるのです。

授業改善をめざすといった時に，しばしばそれは新しい手法の導入と，その効果を検証しながらよりよい手立てを探る効果検証型の研究として遂行されがちです。しかし，そうした取り組みは，手法の洗練に止まりがちで，**教師の成長**と**学習する組織**の創出といった視点が見落とされているのではないでしょうか。たとえば，現場ではアクティブ・ラーニングへの注目度は高いですが，何のためのアクティブ・ラーニングなのかを問うことなく，「どうやったらアクティブ・ラーニングを実践したことになるのか」と，特定の型を求める技術主義に陥っていないでしょうか。また，教師個人レベルでの授業改善に止まっていないでしょうか。

教師個人レベルの授業改善が進むことが必ずしも，学校改善や子どもの学びの充実につながるとは限りません。教師によって子どもたちが態度を変えているような状況は，学校として崩れにくい安定した状況とは言えません。「この先生の授業（だけ）は信頼できる，この先生の授業を受けられてよかった」ではなく，「この学校の授業は信頼できる，この学校の授業を受けられてよかった」という，その学校の授業に対する**面の信頼**を構築していくことが肝要です。

授業のクオリティは，教師同士が学び合いともに挑戦し続けるような**同僚性**と**組織文化**があるかどうかに大きく規定されます。すぐれた教師がたくさんいる学校がよい学校なのでは必ずしもなく，その学校にいると普通の先生が生き生きとしてすぐれた教師に見えてくるような，挑戦が認められみんなが高め合っている，**伸びていく空気感のある学校**がよい学校なのです。そして，そうした学校のさまざまな次元の社会関係資本（つながりの力）や組織力を土台として，子どもたちの学力や学びの質は高まっていきます。

このように，一過性の改革ではなく，持続的な授業改善・学校改善につなげていくためには，教師たちが目の前のすべての子どもたちの学びにチームとして責任を引き受け，協働で授業改善に取り組むシステムと文化の構築が重要です。小学校は学級王国，中・高は教科の壁が高く，それが教師同士の協働や連帯を妨げているといわれますが，高校については，同じ教科内でそれぞれの主張や流儀に干渉し合わない風土があるのではないでしょうか。専門職としての各人の自律性を尊重しつつも，それが対話の機会を欠いて授業を私物化するようなことにならないよう，目の前の子どもたちにとって本当の意味での最善を同僚とともに考えていくことが重要でしょう。

（4）授業改善を軸にして学校改革をどう進めるか

ヴィジョンの対話的共有と協働する場づくり

本業である授業を通して**学び合う組織と文化**を創っていく上では，**ヴィジョンの対話的共有**と**協働する場づくり**の両者を関連付けつつ追求していくことが有効です（石井，2018b）。

まず，教師たちが協働で，子どもや学校の実態や課題について話し合い，「自分たちの学校ではどんな子どもを育てたいのか」を問い，改革のゴール・イメージとしての**学校教育目標**（めざす子どもの姿によって語られ学校全体で追求され続けるべき改革の**ヴィジョン**）を共有することが肝要です。コンピテンシー・ベースや資質・能力ベースのカリキュラム改革（第2章 p. 31 参照）などを一つのきっかけにしながら，めざす価値や社会のあり方についての議論を，目の前の子どもの姿に即してやっていく。そうした学校の診断的な自己評価に裏付けられたボトムアップの協働的な目標づくりによって，実践の基本的な方向性や目標を共有する一方で，それぞれの教師の実践哲学や授業スタイルを生かした創意工夫を尊重し，新たな実践の提案を期待するわけです。

また，対話・協働する場づくりという点について，**授業研究**をヴィジョンの共有の営みと結びつけて展開していくことが有効でしょう。めざす子ども像をただ掲げるだけでなく，その実現を目指して実践を積み重ね，その具体的な学びの姿を，また，それを生み出す手立てや方法論等を教師集団で確認・共有していく。主体的・協働的に学ぶ子どもたちの具体的な姿とはどのようなものか，子どもたちにゆだねるとはどういうことなのか，これらの問いについて実践を通して教師同士がともに学び合っていくことが重要なのです。新しい取り組みのよさを頭で理解するだけでなく，それに向けて実践し，実際に子どもたちの姿が変わってはじめて，教師たちは取り組みの意味を実感し授業は変わっていきます。たとえば，思い切って子どもたちに思考をゆだね，その試行錯誤を見守り教師が出ることを待ったところ，一見，授業は冗長に見えたが，事後の検討会で観察者から子どもたちが確かに学んでいた事実が語られた。これをきっかけに，授業者，そして同僚の教師たちは，子どもたちにゆだねて大丈夫なんだという安心感や見通しを得ることができ，その学校の授業が変わり始めた，といった具合です。

その際，学校教育目標を授業研究で評価するという具合に，PDCA サイクルとして校内研修を捉えると，どうその授業を改善するかという手立ての議論を急ぎがちで，子どもの姿や授業の実際を丁寧に確認，理解する作業がおろそかになります。ヴィジョンはただ掲げただけでは，お題目やスローガンで終わりがちです。それが実現できたときの子どもたちの姿を授業の具体で確認し，共有していく場として，**ヴィジョンへの理解を深める場**として校内研修を位置づける必要があります。研究授業の機会などを生かして少し背伸びして挑戦をするとともに，そこでの学びの事実と意味を丁寧に読み解くことで，挑戦したからこそ生まれる子どもたちの普段と違う学びの可能性に気づくといった具合に，PDCA サイクル（成果や方法へと急ぐ評価的思考）としてではなく，逆に，出来事の意味のエピソード的理解（学びの多様性やプロセスの一回性を掘り下げる解釈的思考）としてでもなく，**めざす子ども像**の内実をこそ実践においてさぐり確認しつづけること（**価値追求的思考**），そして，子どもの学びのプロセスや授業という営みの本質に関する理解をも研究的に深めることが重要なのです。

教師たち自身の学びの変革

授業改革をめざすなら，めざす学びのプロセス（協働することや思考が深まること）のイメージを，教師たち自身が自らの学びにおいて追求し自分の身体をくぐらせて理解しておくことが重要です。主体的・協働的な学びをめざしながら，教員研修でペアやグループで話し合う機会があっても活発な議論にならない，正解のない問題に対応する力を育てたいといいながら，「新学習指導要領の弱点や課題は何か」という点を考えたこともないという状況はないでしょうか。**子どもの学びと教師の学びは相似形**であって，学びの変革に取り組むとともに，自分たちが子どもたちの学びのモデルとなっているかどうかを問い，子どもたちに経験させたい学びを教師たち自身が経験するような，**教師の学びの変革**も同時に追求される必要があります。

特定の手法を現場の外側で学び適用していくことは，手法自体の洗練に向かうなら，一過性の取り組みになりかねません。学んだ手法の意味を自らの実践において子どもの変容で確かめつつ，自分のものとしていく。その過程で，手法の背景にある教育観や思想をもつかむことで，自らの技量や観を磨いていく。こうしたプロセスは，自律的に研究的に学び合う教師集団があってこそ効果的に促されます。教師個人のレベルで，また，学校組織のレベルで，新しい手法が触媒となって挑戦的な学びが起こり，新しい手法がそれぞれの現場の実践や文化に埋め戻され，個性化される。新しい手法や考え方の個人や集団による個性化の過程（手法からの卒業と現場の知恵と文化の豊饒化）を促すことが重要なのです。

新しいスタート　担任はサンニ(ゴリラ)先生

今日から新しい学年のスタートです。子どもたちと会えることをホントに楽しみにしていました。

担任の霜村三二＝シモムラ・サンニと言います。これまで担任した子どもたちは「サンニ先生」と呼んでいます。子どもたちはちょっと調子にのると、「サンニゴリラ!!」と呼び捨てにしたりしますが。この「ゴリラ」と呼ぶのは、僕の風貌から来ているのだけど、そう呼ばれると、「ウォー!」と怒ったふりをしてみる。お約束・の行動をとっています。

でも、僕は実は「ゴリラ」という愛称を気に入っているんです。だって、ゴリラのあの哲学的な表情やナイーブさに学びたいと思っているぐらいなのですから。変ですか?

♡学級通信♡

え?「サンニ」というのも変だって?

これは我が父の言葉遊びのセンスによるものです。三月二日生まれ、三番目の子どもで二男だから三二。僕は子どもたちと言葉遊びをいっぱい楽しみますが、ルーツはここらにあるのかもしれません。

愛しい子どもたちと

長い教員生活の中で、ここ八年間、一・二年の子ばかり担任してきました。望んでそうなったというのではないけれど、かつて「高学年担当教師」と呼ばれていた僕は、この中で大きく変わることができました。

まず第一に、子どもが無条件に愛しいと思うようになりました。それまでも高学年の子どもたちを可愛いと思わないわけではなかったけれど、この時は常に条件的なものでした。○○している子はいいとか、ある子のこれはいいけどあれはだめとか…。でも、低学年の子たちと日々を過ごす中で、存在そのものが愛しいと思うようになりました。好奇心のかたまりのような彼らに見つめられていると、今では至福の感情に浸ることができます。

二つめのことは、子どもの好奇心ともかかわっていますが、日々の授業(学び)を子どもから発想することができるようになりました。マニュアルをこえて、目の前の子どもの存在から学びを創ります。

安心を広げて

三つめ、親の「愛」をより強く感じます。しかし、その「愛」故に、保護者のみなさんはとても不安をかかえています。「我が子は学校生活になじむだろうか」「学習についていけるだろうか」「いじめられない(いじめない)か」「先生は子どもを受けとめてくれるか」etc.。

この不安は放っておけば不信に変わります。「信頼してください」という言葉も根拠を示さねば、かえって不安、不信を増大させます。

子どもの存在それ自体が本来は希望であり、子どもを見守ることは楽しいことです。だから僕は皆さんの「愛」に応えるため「安心」をメッセージしていきます。一年間に子どもを愛しいと思う・手紙・を何通も届け(毎日)、安心の気持ちを広げたいと思っています。『らぶれたあ』は子どもたちへの「愛」を共有したいと考えて日々綴る学級通信です。だから「愛ある手紙」(『らぶれたあ』)なのです。

図9-9　学級通信『らぶれたあ』

(出所)霜村(2006)pp. 8-9.

〈注〉

(1)　本書巻末のブックガイドを参照。実践記録から，そこに埋め込まれた教師の思想をどう読み解き，学んでいくのかについては，園田（2010）を参照。

(2)　日本の教師たちは，創造的な実践を展開するとともに，実践で直面する課題とその克服のプロセスを実践記録にまとめてきた。特に，戦後初期には，無着成恭『山びこ学校』（1951年）を皮切りに，生活綴方など「生活と教育の結合」をめざす教師たちにより，注目すべき実践記録が相次いで発表された（「実践記録ブーム」）。この時代に発表された実践記録の多くは，子どもの綴方（作文）とそれをめぐる生活指導を中心としたものだった。これに対して，『未来につながる学力』（1958年）をはじめとする，斎藤喜博と島小学校の教師たちの実践記録は，授業での教師と子どもの経験を綴ったものであり，授業という営みの可能性を事実で示した。有名な実践記録のいくつかは，本書のブックガイドで取り上げている。

(3)　図9-9のように，日本の教師たちは，子どもたちの書いた作文や教室での学びや生活のエピソードを掲載した学級通信を作成してきた（霜村，2006）。それは保護者との間で，ともに子どもを見守る関係を構築し，子どもの見方を共有するものであるだけでなく，実践記録の一つの形とみることもできるだろう。

〈引用・参考文献〉

アージリス，C. 2007「『ダブル・ループ学習』とは何か」DIAMOND ハーバード・ビジネス・レビュー編集部編訳『組織能力の経営論』ダイヤモンド社。

浅井幸子 2008『教師の語りと新教育』東京大学出版会。

石井順治・牛山栄世・前島正俊 1996『教師が壁をこえるとき―ベテラン

教師からのアドバイス―』岩波書店。
石井英真監修，太田洋子・山下貴志編著 2015『中学校「荒れ」克服10の戦略―本丸は授業改革にあった！―』学事出版。
石井英真編著 2017『アクティブ・ラーニングを超えていく「研究する」教師へ―教師が学び合う「実践研究」の方法―』日本標準。
石井英真 2018a「現代日本における教師教育改革の展開」田中耕治・高見茂・矢野智司編『教職教育論』協同出版。
石井英真編 2018b『授業改善８つのアクション』東洋館出版社。
岩下修・向山洋一 1991『上達論のある指導案の書き方』明治図書。
上田薫・静岡市立安東小学校 1999『安東小発　個を見つめる授業』明治図書。
大泉溥 2005『実践記録論への展開―障害者福祉実践論の立場から―』三学出版。
大杉稔 2017「教えと学びについての理解を深める校内研修」石井英真編著『アクティブ・ラーニングを超えていく「研究する」教師へ―教師が学び合う「実践研究」の方法―』日本標準。
大脇康弘編 2019『若手教師を育てるマネジメント―新たなライフコースを創る指導と支援―』ぎょうせい。
鹿毛雅治・藤本和久編 2017『「授業研究」を創る』教育出版。
加藤公明・和田悠編 2012『新しい歴史教育のパラダイムを拓く―徹底分析！ 加藤公明「考える日本史」授業―』地歴社。
金井壽宏・楠見孝編 2012『実践知―エキスパートの知性―』有斐閣。
北神正行・木原俊行・佐野享子編 2010『学校改善と校内研修の設計』学文社。
久冨善之 2017『日本の教師，その12章―困難から希望への途を求めて―』新日本出版社。
斎藤喜博 1970『斎藤喜博全集　別巻１』国土社。

斎藤喜博 2006『授業の展開（新装版）』国土社。
斎藤喜博編著 1977『介入授業の記録（上）』一茎書房。
坂元忠芳 1980『教育実践記録論』あゆみ出版。
佐藤学・稲垣忠彦 1996『授業研究入門』岩波書店。
佐藤学・秋田喜代美・志水宏吉・小玉重夫・北村友人編 2016『岩波講座 教育　変革への展望4　学びの専門家としての教師』岩波書店。
霜村三二 2006『らぶれたあ』かもがわ出版。
ショーン，D. A.（柳沢昌一・三輪健二監訳）2007『省察的実践とは何か―プロフェッショナルの行為と思考―』鳳書房。
センゲ．P. M. 他（リヒテルズ直子訳）2014『学習する学校』英治出版。
園田雅春 2010『いま『学級革命』から得られるもの―小西健二郎の実践思想とスキル―』明治図書。
高井良健一 2006「生涯を教師として生きる」秋田喜代美・佐藤学編『新しい時代の教職入門』有斐閣。
高橋勲 1991『授業記録の技術』明治図書。
竹沢清 2005『子どもが見えてくる実践の記録』全障研出版部。
田中耕治 2009「『実践記録』の性格と方法をめぐって」田中耕治編『時代を拓いた教師たちⅡ―実践から教育を問い直す―』日本標準。
ネットワーク編集委員会 2018『授業記録を読もう！書こう！』学事出版。
ネットワーク編集委員会編 2019『リフレクション大全』学事出版。
原田三朗 2017「Round Study 研修法とは？」石井英真・原田三朗・黒田真由美編著『Round Study　教師の学びをアクティブにする授業研究』東洋館出版社。
藤岡完治 2000『関わることへの意志』国土社。
藤岡信勝 1991『ストップモーション方式による授業研究の方法』学事出版。
藤原顕・遠藤瑛子・松崎正治 2006『国語科教師の実践的知識へのライフ

ヒストリー・アプローチ―遠藤瑛子実践の事例研究―』溪水社。
二杉孝司・藤川大祐・上條晴夫編著 2002『授業分析の基礎技術』学事出版。
学び続ける教育者のための協会（REFLECT）編 2019『リフレクション入門』学文社。
山﨑準二 2002『教師のライフコース研究』創風社。
山﨑準二 2009『教師という仕事・生き方―若手からベテランまで教師としての悩みと喜び，そして成長―（第２版)』日本標準。
山﨑準二 2012「教師のライフコースと発達・力量形成の姿」山﨑準二・榊原禎宏・辻野けんま『「考える教師」―省察，創造，実践する教師―』学文社。
油布佐和子編 2015『現代日本の教師』放送大学教育振興会。
吉本均 1988『続授業成立入門―「呼びかける」指導案の構想』明治図書。

巻末特別付録・ブックガイド

1．新任教師のスタートアップのために

教師になったばかりで授業をどうすればよいのか，学級づくりをどうするか，そもそも学校でのいろいろな仕事をどう優先順位をつけてこなしていけばよいのか等，悩める新任教師がまず読んで役立ちそうなものとして，**長瀬拓也『ゼロから学べる授業づくり』**（2014年，明治図書），および，同じ**「ゼロから学べるシリーズ」の学級経営，生徒指導，仕事術**を挙げることができます。また，同氏による**『若い教師のための読書術（新版）』**（学事出版，2013年）を手掛かりに，教師としての読書生活を始めていくとよいでしょう。

前田康裕『まんがで知る教師の学び１～３』（さくら社，2016～2018年）は，漫画で読みやすくかつ本質が捉えられています。また，**渡辺貴裕『授業づくりの考え方』**（くろしお出版，2019年）は，大学生が模擬授業をして振り返る架空の勉強会場面を通して，実習生や初任者が陥りやすい問題について学び深め，授業づくりの基本的な考え方を学べるテキストです。

そのほかにも，たとえば，**野中信行『新卒時代を乗り切る！教師１年目の教科書』**（学陽書房，2019年）など，保護者対応といった実務的な部分も含め，具体的な仕事術を示す著作も多く刊行されていますし，**『THE 教師力シリーズ』**（明治図書）は，いじめ指導，学級通信，教室環境といった，実践的に悩みそうな個別のトピックについて，とてもコンパクトにポイントがまとめられています。**堀裕嗣『一斉授業10の原理・100の原則』**（学事出版，2012年）など，同氏の「10の原理・100の原則」シリーズは，新任の時期はもちろん，その後も困ったときに原則を学び直せる著作です。

授業づくりについては，**大西忠治『授業づくり上達法』**（1987年），

『発問上達法』（1988年）（いずれも民衆社）は，手軽に読めて今こそ確認し直したい基本がわかる名著です。少し背伸びして，**斎藤喜博『授業入門（新装版）』**（国土社，2006年）などにも触れることで，授業という営みと子どもの可能性を感じることができるでしょうし，**大村はま『新編 教えるということ』**（筑摩書房，1996年）からは，教育者としての姿勢を学ぶことができるでしょう。教師として生きることや長いキャリアをイメージする上では，**石井順治・牛山栄世・前島正俊『教師が壁をこえるとき』**（岩波書店，1996年）や**山﨑準二編著『教師という仕事・生き方（第２版）』**（日本標準，2009年）が参考になります。

２．子ども理解を深めるために

教師の力量の核心は，子どもが「見える」ようになることであり，子どもの学びの経験や内面世界や生活世界について理解を深めていくことは重要です。**西林克彦『間違いだらけの学習論』**（新曜社，1994年），**稲垣佳代子・波多野誼余夫『人はいかに学ぶか』**（中央公論新社，1989年），**佐伯胖『新版・「わかる」ということの意味』**（岩波書店，1995年）からは，子どもの学びのメカニズムを理解するベースとなる見方を得ることができるでしょう。**銀林浩『子どもはどこでつまずくか』**（国土社，1994年）は，算数のつまずきから子ども目線で考えることの意味を教えてくれます。

子どもたちは，さまざまな社会の矛盾や生活を背負って学校に来ています。そして，人間関係などに苦しんだりもしながら，学校という場を生きています。**庄井良信『癒しと励ましの臨床教育学』**（かもがわ出版，2002年），**ホルト，J.（渡部光・佐藤郡衛訳）『教室のカルテ』**（新泉社，1979年）は，教室で子どもたちはどのような困難や傷つきを抱え，日々どうその場を生きているのかに気づかせてくれるでしょう。特に，「友だち地獄」とも表現される，近年の若者や子どもたちの，ネット等で「つながり」や承認を求め続けなければならない生きづらさについては，**浅野智彦編『検証・若者の変貌』**（勁草書房，2006年），**土井隆義『つながりを煽られる子どもたち』**（岩波書店，2014年）などが参考になるでしょう。

さらに，深刻さを増す貧困問題といった，子どもたちの生活基盤の変化については，**子どもの貧困白書編集委員会編『子どもの貧困白書』**（明石書店，2009年）などから学ぶことができます。**本田由紀『社会を結びなおす』**（岩波書店，2014年）が示す，教育・仕事・家庭の戦後日本型循環モデルの破綻という見方を学んだり，**木村元『学校の戦後史』**（岩波書店，2015年）から社会と学校の関係の歴史的展開を学んだりすることで，学校の置かれている状況の変化や子どもたちの生活・発達環境全体の変化の背景が見えてくるでしょう。子どもを通して，社会の変化をつかんでいくことが重要です。

そうしたさまざまな次元での生きづらさをふまえて，いじめや不登校や問題行動などをどう見るか，子どもの問題をどう見立てるかという点について，**高垣忠一郎『生きることと自己肯定感』**（新日本出版社，2004年）では，共感的自己肯定感の必要性が，**桑原知子『教室で生かすカウンセリング・アプローチ』**（日本評論社，2016年）では，子どもの問題を「解決」「除去」するのとは違う，人間である子どもたちへの向き合い方（カウンセリングのエッセンス）が語られています。また，**赤木和重『目からウロコ！驚愕と共感の自閉症スペクトラム入門』**（全国障害者問題研究会出版部，2018年）は，発達障害や「気になる子」への一見よさげでありがちな見方や対応を，子どもの側から見直すきっかけを与えてくれるでしょう。後に挙げる実践記録，特に生活綴方教師たちの作文を通した子ども理解から学ぶことは多いですし，子どもの姿勢・しぐさ・動作といった言葉にならないサインやメッセージから学ぶ上で，**上條晴夫『実践・子どもウォッチング』**（民衆社，1993年）は参考になります。

3．学級づくりと学級経営について学ぶ

本書のテーマである教科の授業づくりと並び，学校での教育実践において重要な位置を占めるのが，学級づくりや学級経営です。それは，授業や学校生活の安定の土台や秩序形成（管理）というだけでなく，学校

や学級の生活場面で起こる対立・葛藤をも含んだ出来事や社会的経験を生かして，コミュニケーション能力や自治の力や情緒や価値規範（昨今注目されている非認知的能力）を積極的に育成する教育活動として，教師の仕事で大きなウェイトを占め，「生活指導」という呼び方で実践が積み重ねられてきました。

戦後における生活指導実践の出発点となったのは，生活綴方（子どもたちが自らのありのままの生活を作文に綴り，それを共感的に読み合うことで，文章表現力，および，生活への認識を育てるとともに，仲間意識・つながりや集団を形成していく実践）です。**無着成恭『山びこ学校』**（青銅社，1951年，岩波文庫，1997年で復刊）や**小西健二郎『学級革命』**（牧書店，1955年，国土社，1992年で復刊）などは，一人の問題をクラスみんなの問題として捉え，自分たちでともに解決していく子どもたちの姿をドラマチックに描き，戦後日本の実践記録ブームの火付け役となりました。

戦後初期のすぐれた生活綴方実践は，**宮原誠一・国分一太郎監修『教育実践記録選集１～５』**（新評論，1965年）に所収されています。現代の生活綴方実践の記録としては，**土佐いく子『子どもたちに表現のよろこびと生きる希望を』**（日本機関紙出版センター，2005年），**西條昭男『心ってこんなに動くんだ』**（新日本出版，2006年），**増田修治『「ホンネ」が響き合う教室』**（ミネルヴァ書房，2013年），**小松伸二『学級の困難と向き合う』**（かもがわ出版，2015年）などを挙げることができます。**制野俊弘『命と向き合う教室』**（ポプラ社，2016年）は，東日本大震災後，親しい人を失った中学生たちと綴方を通して関わり，その心をときほぐしていった実践です。

仲間意識やつながりの形成に解消されない，ルールや規律といった集団指導の側面，および，子どもたちが自分たちで自治的に集団を形成し運営する力を強調する実践として，**大西忠治『核のいる学級』**（明治図書，1963年）の刊行は画期となりました。そこから，1959年，全国生活指導研究協議会（全生研）が発足し，学級集団づくりの方法論が定式化されました（**全生研常任委員会編『子ども集団づくり入門』**明治図書，

2005年，**全生研近畿地区全国委員連絡会他編『共同グループを育てる』，『同　実践シリーズ』**クリエイツかもがわ，2002～05年）。**塩崎義明『スマホ時代の学級づくり』**（学事出版，2012年）は，学級集団づくりの現代的なあり方を考える上で参考になりますし，**竹内常一・佐藤洋作編著『教育と福祉の出会うところ』**（山吹書店，2012年）では，さまざまな困難や生きづらさを抱えた現代の子どもたちに対する，学校に止まらないさまざまな場での支援やケアの実践が描かれています。以上のような，生活指導の理論と実践の概要をつかむ上では，**山本敏郎・藤井啓之・高橋英児・福田敦志『新しい時代の生活指導』**（有斐閣，2014年）が参考になります。

近年，**河村茂雄『授業づくりのゼロ段階』**（図書文化，2010年）は，簡便な方法で学級の状態を診断するＱ－Ｕ（Questionnaire-Utilities）というテストを提案しています。それは，「荒れ」の兆候を捉える手助けとなるでしょうし，ルールとリレーションの二軸で学級の特徴を類型化するなど，集団指導のポイントをふまえたものになっていますが，あくまでも学級のようすを捉える上での一つの手がかりとして用い，子どもたちや学級の固有の文脈に即して考えることを忘れてはなりませんし，手法が独り歩きしないよう注意が必要でしょう。また，学級経営に関わる重要問題の一つである「いじめ問題」については，個人の特性の問題というより，集団の力学の問題として捉える見方が重要であり，**尾木直樹『いじめ問題をどう克服するか』**（岩波書店，2013年），**内藤朝雄『いじめの構造』**（講談社，2009年），**森田洋司『いじめとは何か』**（中央公論新社，2010年）などが参考になるでしょう。凝集性の高い集団ゆえにいじめなどは起こりますし，そうした学校の生きづらさに対して，後述するように，よりゆるやかなつながりや個に応じていく自由さを理想化する傾向も強まっていますが，それが学びの個別化に収斂することで，学校や学級で場を共有しながらともに学ぶことの意味まで解体してしまわないよう注意が必要でしょう。

4．実践記録で綴る戦後教育史① 経験主義と系統主義の振り子

変化が激しく予測困難といわれる現代，現在の自分たちの立ち位置を確認し，少し先の未来を見通す上でも，歴史に学ぶことは重要ですし，実践記録を通して先達の歩みを追体験することは，授業はこうあらねばならないといった固定観念を問い直し，自分が経験してきたのとは違う授業の姿へのイメージや，改革に翻弄されない自分なりの理想の授業像（軸）を形成していく上でも有効でしょう。

教育の歴史は，ざっくり言えば，経験主義（子どもの生活経験から出発することを志向する立場）と系統主義（科学的概念を系統的に教えることを志向する立場）の間を振り子のように揺れ動いてきました。戦後新教育の時代，全国の教室では経験主義の教育が実践されました。和光小学校の実践をはじめ，現在の総合学習につながる問題解決学習が展開され，コア・カリキュラム連盟（1948年発足，1953年に日本生活教育連盟（日生連）に改名）は，その全国的な展開を支えました。先述の大村はまは，国語科で単元学習を展開しました。また，戦前の生活綴方を継承し「生活と教育の結合」をめざす実践も広がりを見せました。**東井義雄『村を育てる学力』**（明治図書，1957年）は，生活綴方実践をもとに，子どもの生活に根ざした素朴な考え方や「つまずき」を大切にすることの意味を教えてくれます。さらに，1950年代になって，教育への国家統制が強化される中，**斎藤喜博『未来につながる学力』**（麦書房，1958年）は，教室の事実のリアルな記述を通して，「授業」という営みの創造的な性格と教師の仕事の可能性を示しました。

戦後新教育への活動主義批判，および，学習指導要領が「試案」ではなく「告示」とされたことを背景に，1960年代には，数学教育協議会（数教協），仮説実験授業研究会（仮実研），歴史教育者協議会（歴教協）などの民間教育研究団体が，「科学と教育の結合」をめざして，独自のカリキュラムや教材の開発を進めました（教科内容の現代化）。**庄司和晃『仮説実験授業と認識の理論（増補版）』**（季節社，2000年）では，仮説実験授業を軸に庄司独自の理科教育が示されています。**鈴木正気『川口港から外港へ』**（草土文化，1978年）では，目に見える事物を手

掛かりに，目に見えない科学的な概念・法則の獲得につなげていく社会科の授業が提示されています。

1970年代，能力主義的な教育政策の展開の中，「落ちこぼれ」問題が顕在化します。これに対して，**岸本裕史『見える学力・見えない学力』**（大月書店，1981年）は，「落ちこぼれ」を出さない実践をめざして，「百マス計算」などの基礎学力定着の方法を提起するとともに，子どもたちの家庭での生活・文化環境や文化資本に着目する必要性を説きました。この時期，相対評価への批判意識から，すべての子どもたちに確かな学力を保障すべく到達度評価運動も展開されました（**全国到達度評価研究会編『だれでもできる到達度評価入門』**あゆみ出版，1989年）。**仲本正夫『学力への挑戦』**（労働旬報社，1979年）は，教材・教具の工夫により，底辺校の生徒たちに「微分・積分」をも楽しく教えられることを事実で示しました。

また，1970年代から1980年代にかけて，数教協や仮実研も「楽しい授業」を追求するなど，教材・教科内容の価値を子どもや生活の側から問い直す動きが生まれました。**安井俊夫『子どもが動く社会科』**（地歴社，1982年）では，歴史の当事者，特に民衆の視点に立って共感的に理解することで，生徒が歴史的事実を自分の問題として考える実践が紹介されています。

5．実践記録で綴る戦後教育史②「教え」と「学び」の間

教育の歴史は，「教え」と「学び」との間でも揺れ動いてきました。1980年代半ばには，授業不成立への対応など明日の授業づくりに悩む教師たちの求めから，発問，指示，板書といった授業技術への注目が高まりました。**向山洋一『跳び箱は誰でも跳ばせられる』**（明治図書，1982年）は，「教育技術の法則化運動」の出発点となりました。また，**有田和正『子どもの生きる社会科授業の創造』**（明治図書，1982年）は，子どもが本気になって追究する「ネタ」を中心に置いた社会科授業づくりを提起しました。教育方法学研究者の藤岡信勝は，1988年，「授業づくりネットワーク」を立ち上げ，教師たちが実践を交流し指導力を高めて

いくフォーラムを形成しました（**藤岡信勝『ストップモーション方式による授業研究の方法』**学事出版，1991年）。

1990年代になると，「学びからの逃走」が進行する中で，子どもを真に学びの主人公とすべく，学校での学びの意味を問い直す授業が生まれました。**築地久子『生きる力を育てる授業（新装版）』**（黎明書房，1999年）は，カルテと座席表で個を育てることをめざしてきた，社会科の初志をつらぬく会（1958年発足）の典型的な実践の一つです。**大津和子『社会科＝１本のバナナから』**（国土社，1987年）は，バナナという身近な素材を出発点に開発教育・グローバル教育を展開する「現代社会」の授業の記録です。歴教協や数教協などにおいても，子どもの学びの主体性をより重視する実践が生まれてきました。たとえば，**加藤公明『わくわく論争！考える日本史授業』**（地歴社，1991年）では，生徒自身が仮説を立てて日本史の謎を追究し討論する授業が展開されていますし，**小寺隆幸『地球を救え！数学探偵団』**（国土社，1996年）は，「関数」という眼鏡を使って，フロンガスによるオゾン層破壊，ゴミ問題といった環境問題に挑戦する数学の授業を提起しています。さらに，**吉田和子『フェミニズム教育実践の創造』**（青木書店，1997年）では，現代社会の課題にリンクする生徒たちの生活現実から，生徒たち自身が学習課題を設定し探究する家庭科の授業が，**鈴木和夫『子どもとつくる対話の教育』**（山吹書店，2005年）では，時事問題への関心を日々耕したうえで，缶コーヒーから学べることについて生徒が自由に学習課題を設定して探究し，南北問題を自分の足元の生活と結び付けて認識し行動につなげていく実践が示されています。

日生連の生活教育を背景に持つ，**金森俊朗・村井淳志『性の授業　死の授業』**（教育史料出版会，1996年）には，生と死のリアリティの回復をめざす「いのちの学習」の記録が収められています。**今泉博『学びの発見　よみがえる学校』**（新日本出版社，2001年）では，子どもの間違いをポジティブに捉え，何でも自由に発言できる雰囲気づくりを大切にする授業実践が示されています。さらに，「教え」から「学び」への転換を主導した佐藤学は，教室における子ども同士の学び合い，授業研究による教師の同僚性の構築，親や地域住民の参加などにより，学校を「学びの共同体」として変革する実践を進めました。その出発点となった，茅ケ崎市立浜之郷小学校の学校改革については，**大瀬敏昭（佐藤学監修）『学校を創る』**（小学館，2000年）に，また，「学びの共同体」のこれまでの歩みと現在については，**佐藤学『学びの共同体の挑戦』**（小学館，2018年）にまとめられています。

1990年代以降，「教え」や「学力」から「学び」への転換が進みますが，2000年代に入り，学力問題がクローズアップされるようになりました。「百マス計算」がメソッド化される一方で，**久保齋『学力づくりで学校を変える』**（子どもの未来社，2002年）や「力のある学校」の取り組み（**志水宏吉『公立学校の底力』**ちくま新書，2008年）など，不平等や格差に挑戦する実践も展開されました。また，若い教師が増え指導技術への要請が高まる中で**堀裕嗣の企画**により刊行された，**『エピソードで語る教師力の極意』**シリーズ（明治図書，2013年）では，教育技術がその教師の生きざまや来歴と結び付けてまとめられており，石川晋，山田洋一など，「法則化運動」や「授業づくりネットワーク」などで授業力を磨いた世代が名前を連ねています。さらに，本書第２章で紹介したように，学習者主体の授業で活用する力や資質・能力を育成する取り組みも進められています。

田中耕治編著『時代を拓いた教師たちⅠ・Ⅱ』（日本標準，2005年，2009年）には，戦後日本を代表する教師たちの実践と研究の歩みがコンパクトにまとめられています。

６．カリキュラムや学校の学習の当たり前を問い直す

教科で分けられたカリキュラムを，同年齢集団で教室で一緒に学んでいくといった学校の学習の当たり前を問い直す挑戦も，日本では大正自由教育期，戦後新教育期に，特に子ども中心主義や経験主義の立場からなされてきました。たとえば，**稲垣忠彦『総合学習を創る』**（岩波書店，2000年）は，過去の，海外の，そして現代の総合学習の実践事例を紹介することで，定型化した一斉授業の改造を目指した教師たちの草の根の

挑戦に光を当てています。

そうした歴史的蓄積に起源をもちつつ，1998年版学習指導要領における「総合的な学習の時間」の創設により，総合学習の実践が進展しました。総合学習のあり方を考える上で，現代社会の問題に取り組む総合学習を展開する，**和光小学校『和光小学校の総合学習（全3巻)』**（民衆社，2000年），**大瀧三雄・行田稔彦・両角憲二『育てたいね，こんな学力—和光学園の一貫教育—』**（大月書店，2009年），子どもの追究したいことを尊重する，**小幡肇『そこが知りたい「子どもがつながる」学習指導—なぜ「奈良女子大学附属小学校の子」の学習は深まるのか—』**（大阪書籍，2007年），地域生活に根差した教育を展開する，**伊那市立伊那小学校『共に学び共に生きる１・２』**（信州教育出版社，2012年），子ども中心のプロジェクト活動を軸にした，**堀真一郎『きのくに子どもの村』**（ブロンズ新社，1994年）といった，先進校の事例を読み比べてみるとよいでしょう。**小笠原和彦『学校はパラダイス』**（現代書館，2000年）は，1970年代以降，個別化・個性化教育を先進的に進めてきた緒川小学校の実践と歩みを生き生きと描写しています。**鳥山敏子『賢治の学校』**（サンマーク出版，1996年）では，宮沢賢治の思想とシュタイナー教育を実践する，現在の東京賢治シュタイナー学校の理念が語られています。

高等学校において，探究的な学びも広がっています。そうした動きを牽引してきた京都市立堀川高校の取り組みについては，**荒瀬克己『奇跡と呼ばれた学校』**（朝日新聞出版，2007年）が，また，高校における探究の取り組みを広くみる上では，**田村学・廣瀬志保編『「探究」を探究する』**（学事出版，2017年）が参考になります。

海外の教室から学ぶことも有効です。**赤木和重『アメリカの教室に入ってみた』**（ひとなる書房，2017年）では，著者の在外研究中の体験をもとに，アメリカの貧困地区の学校の実際，インクルーシブ教育の姿がリアルに記述されています。さらに，海外の教育に触発されながら，オランダ流イエナプランなどの自由な教育を日本で展開しようとする動きもあります（**リヒテルズ直子・苫野一徳『公教育をイチから考えよう』**日本評論社，2016年)。**藤川大祐編著『授業づくりネットワークNo.27**

越境する授業―オルタナティブ教育に学ぶ―』（学事出版，2017年）が示すように，教育機会確保法の成立を背景に，フレネ教育，シュタイナー教育，夜間中学，通信制高校など，伝統的な学校教育とは異なるオルタナティブ教育の選択肢も拡大しています。

「民間」的発想で学校の当たり前を問い直す取り組みも2000年代になって活発化しています。**藤原和博『公立校の逆襲』**（朝日新聞社，2004年）は，東京都初の民間人校長の著者による杉並区立和田中学校での取り組みのエッセンスがまとめられており，学校の本業とは何か，どう外部の人材を巻き込み学校を活性化するかという点でヒントを得ることもできるでしょう。近年では，**工藤勇一『学校の「当たり前」をやめた。』**（時事通信社，2018年）をはじめ，宿題，定期試験，固定担任制など，学校の当たり前に風穴を開ける挑戦も進んでいます。ただし，これら学校の特殊ルールや当たり前を問い直す実践は，「働き方改革」も手伝って，捨ててはいけないものまで切り捨ててしまうかもしれませんし，先述の海外の自由な教育を日本に持ち込む動きのように，教育界や日本の学校の外に理想郷を求めすぎると，足元の現実の中にある希望を見失うおそれもあります。一見斬新に見える「流行」はいつか来た道であることが多く，**石井英真編著『流行に踊る日本の教育』**（東洋館出版社，2020年）は，教育学的な見方・考え方で，昨今の改革を読み解きます。

7．教育方法学をさらに深く学ぶために

授業や学びの場のデザインに関する理論的な知見については，さまざまなアプローチがあります。現場の実践から理論化を図る際にも，「教えること」のアート（教授学）を解明しようとするアプローチもあれば，子どもの「学び」から出発するアプローチもあります。前者には，本書以外に，**藤岡信勝『授業づくりの発想』**（日本書籍，1989年），**吉本均『授業の構想力』**（明治図書，1983年），**中内敏夫『中内敏夫著作集Ⅰ』**（藤原書店，1998年），**柴田義松『21世紀を拓く教授学』**（明治図書，2001年），**横須賀薫編『授業研究用語辞典』**（教育出版，1990年）などがあります。後者には，**佐藤学『教育の方法』**（左右社，2010年），**秋田喜**

代美『学びの心理学』（左右社，2012年），奈須正裕代表編集『学力が身に付く授業の「技」（全５巻）』（ぎょうせい，2006年）などを挙げることができます。

行動科学や認知心理学等の科学的研究に基づく授業デザインの方法論も発展してきました。OECD 教育研究革新センター編（有本昌弘監訳）『学びのイノベーション』（明石書店，2016年），ダーリング-ハモンド，L.（深見俊崇編訳）『パワフル・ラーニング』（北大路書房，2017年）には，学習科学の知見のエッセンスが集約されていますし，向後千春『上手な教え方の教科書』（技術評論社，2015年），稲垣忠・鈴木克明編『授業設計マニュアル』（北大路書房，2011年）からは，教えることの科学と技術を実証的に追求してきた，教育工学のインストラクショナルデザインについて学ぶことができます。

ワークショップをはじめ，必ずしも学校に限らず，広く学びの場をデザインする知も理論化されてきました。中野民夫『学び合う場のつくり方』（岩波書店，2017年），山内祐平・森玲奈・安斎勇樹『ワークショップデザイン論』（慶應義塾大学出版会，2013年）からは，具体的な方法論を学べます。上田信行・中原淳『プレイフル・ラーニング』（三省堂，2013年）は，日本におけるワークショップ型の学びの先駆者である上田の半生を通して，ワークショップの根っこにある精神に触れることができるでしょう。井庭崇編『クリエイティブ・ラーニング』（慶應義塾大学出版会，2019年）は，創造社会という未来像につながる，つくることによる学びの可能性を示しています。

教育方法学研究の諸系譜とその歴史的な展開については，田中耕治編著『戦後日本教育方法論史（上）（下）』（ミネルヴァ書房，2017年），石井英真「教育方法学」下司晶他編『教育学年報11 教育研究の新章』（世織書房，2019年）で，その全体像と基本的な論点，および現代的な課題をつかむことができるでしょう。

初出一覧

本書の以下の箇所は，既刊の雑誌や書籍に掲載された文章の一部を抜粋して大幅に加筆修正したものである。

第１章：第１節から第３節までは，石井英真 2016「授業の構想力を高める教師の実践研究の方法論」『教育方法の探究』第19号の第２節と第３節をもとにしている。

第２章：第１節から第２節，および第３節（５）は，石井英真 2016「連載　なぜ，今，アクティブ・ラーニングなのか」『学校教育』No. 1184, 1185, 1186, 1187, 1188, 1192を，第３節（１）～（４）は，石井英真 2015「アクティブ・ラーニングをどう捉えるか―『教科する』授業をめざして―」『TEADA』No. 18をもとにしている。

第３章：第１節は，石井英真 2015「教育目標と評価」西岡加名恵・石井英真・田中耕治編『新しい教育評価入門―人を育てる評価のために―』有斐閣の第１節を，第４節（１）（２）は，石井英真 2013「小・中・高の系統性を考えよう」西岡加名恵・石井英真・川地亜弥子・北原琢也『教職実践演習ワークブック―ポートフォリオで教師力アップ―』ミネルヴァ書房を，第４節（３）は，石井英真 2016「カリキュラム・マネジメントで求められる評価のあり方」『教育展望』Vol. 62(３）の第４節をもとにしている。

第４章：第１節，第２節（１），第３節（１）（２），第４節は，石井英真 2013「単元の教材研究をしよう」「教科書の比較研究をしてみよう」西岡加名恵・石井英真・川地亜弥子・北原琢也『教職実践演習ワークブック―ポートフォリオで教師力アップ―』ミネルヴァ書房をもとにしている。

第5章：第1節，第3節は，石井英真 2007「授業の流れをどうつくるか」「授業時間の弾力的運用」田中耕治編『よくわかる授業論』ミネルヴァ書房を，第5節は，石井英真 2008「学力を育てる授業」田中耕治・井ノ口淳三編『学力を育てる教育学』八千代出版の「子どもの学びを支える学習集団」の部分をもとにしている。

第6章：第1節（1），第2節，第3節，第4節は，石井英真 2007「教師の指導言」「深い思考を促す発問の工夫」「教室における非言語的コミュニケーション」「板書法」「机間指導」田中耕治編『よくわかる授業論』ミネルヴァ書房をもとにしている。

第7章：第1節，第2節（1），第3節，第4節は，石井英真 2018「教育評価」篠原正典・荒木寿友編著『教育の方法と技術』ミネルヴァ書房を，第2節（2）（3）は，石井英真 2019「観点別学習状況―新三観点と情意領域の評価をどう考えるか―」『指導と評価』No. 773をもとにしている。

第8章：第2節，第3節（1）（2）は，石井英真 2017「目標と評価の一体化」「ドラマとしての授業」「アクティブ・ラーニングを超える授業とは」同編『小学校発　アクティブ・ラーニングを超える授業―質の高い学びのヴィジョン「教科する」授業―』日本標準を，第3節（3）は，石井英真 2019「今求められる授業づくりの方向性―教科の本質を追求する『教科する』授業へ―」『附属新潟中式「主体的・対話的で深い学び」をデザインする「学びの再構成」』東信堂の第4節をもとにしている。

第9章：第1節から第3節，第5節（1）（2）は，石井英真 2017「日本における教師の実践研究の文化―『研究する』教師たち―」同編『教師の資質・能力を高める！　アクティブ・ラーニングを超えていく「研究する」教師へ―教師が学び合う「実践研究」の方法―』日本標準を，第４節は，石井英真 2013「授業研究をしてみよう」「実践記録を読もう」西岡加名恵・石井英真・川地亜弥子・北原琢也『教職実践演習ワークブック―ポートフォリオで教師力アップ―』ミネルヴァ書房を，第５節（３）（４）は，石井英真 2018「学び合えるチームが最高の授業をつくる」同編『授業改善８つのアクション』東洋館出版社の「カリキュラム・マネジメントの先に何を目指すのか」「子どもの具体的な学びの姿を通してヴィジョンを対話的に共有する」「子どもと授業の事実を軸に教師たちが対話し協働する場の組織化」の部分をもとにしている。

索　引

あ　行

か　行

さ 行

た　行

な　行

は　行

ま　行

や　行

ら　行

わ　行

A～Z

《著者紹介》

石井　英真（いしい・てるまさ）

京都大学大学院教育学研究科博士課程修了　博士（教育学）

現　在　京都大学大学院教育学研究科准教授

主　著　『今求められる学力と学びとは—コンピテンシー・ベースのカリキュラムの光と影—』（単著）日本標準，2015年。
『授業改善８つのアクション』（編著）東洋館出版社，2018年。
『教育学年報11　教育研究の新章』（共編著）世織書房，2019年。
『再増補版　現代アメリカにおける学力形成論の展開—スタンダードに基づくカリキュラムの設計—』（単著）東信堂，2020年
『未来の学校—ポスト・コロナの公教育のリデザイン—』（単著）日本標準，2020年。

授業づくりの深め方
——「よい授業」をデザインするための５つのツボ——

2020年６月10日　初版第１刷発行
2024年４月30日　初版第９刷発行

〈検印省略〉

定価はカバーに
表示しています

著　者　石　井　英　真
発行者　杉　田　啓　三
印刷者　中　村　勝　弘

発行所　株式会社　ミネルヴァ書房
〒607-8494　京都市山科区日ノ岡堤谷町１
電話代表（075）581-5191
振替口座　01020-0-8076

中村印刷・新生製本

ISBN 978-4-623-08770-9

Printed in Japan